中国经济文库·应用经济学精品系列（二）

王建军◎著

生态文明视阈下青海省产业转型升级研究

中国经济出版社
CHINA ECONOMIC PUBLISHING HOUSE
北 京

图书在版编目（CIP）数据

生态文明视阈下青海省产业转型升级研究 / 王建军著. --北京：中国经济出版社，2022.1
ISBN 978-7-5136-6616-9

Ⅰ. ①生… Ⅱ. ①王… Ⅲ. ①产业结构升级-研究-青海 Ⅳ. ①F269.274.4

中国版本图书馆 CIP 数据核字（2021）第 272079 号

组稿编辑 葛 晶
责任编辑 冀 意
责任印制 马小宾
封面设计 华子设计

出版发行 中国经济出版社
印 刷 者 北京艾普海德印刷有限公司
经 销 者 各地新华书店
开　　本 710mm×1000mm 1/16
印　　张 17.5
字　　数 297 千字
版　　次 2022 年 1 月第 1 版
印　　次 2022 年 1 月第 1 次
定　　价 88.00 元
广告经营许可证 京西工商广字第 8179 号

中国经济出版社 **网址** www.economyph.com **社址** 北京市东城区安定门外大街 58 号 **邮编** 100011
本版图书如存在印装质量问题，请与本社销售中心联系调换（联系电话：010-57512564）

前言

建设生态文明是中华民族永续发展的千年大计。习近平总书记指出："绿水青山就是金山银山""生态环境保护的成败，归根结底取决于经济结构和经济发展方式"。在新发展格局下，面临新形势新任务，必须坚持新发展理念，以生态文明建设引领经济结构调整和产业转型升级，推动高质量发展。

青海省自然资源富集，生态地位极端重要又极其脆弱。改革开放以来，青海经济在实现了持续30多年的高速增长后，资源环境约束趋紧，潜在增长率趋于下降，生态系统退化等问题日益严峻，传统的粗放型增长方式难以为继，必须深入实施可持续发展战略，促进经济和社会发展全面绿色转型。青海加快推进产业转型升级，是实施创新驱动发展战略，落实"一优两高"战略，调整经济结构和转变经济发展方式的应有举措，更是践行习近平总书记在视察青海时指出的"青海最大的价值在生态、最大的责任在生态、最大的潜力在生态"的必然要求。因此，研究生态文明视阈下青海产业转型升级具有重要的理论价值和积极的现实意义。本书具有的特点如下：

一是坚持以马克思主义中国化的生态经济思想为指引，提升研究的科学性。本书通过对马克思、恩格斯经典生态经济思想的梳理，着重探讨了马克思主义中国化的生态经济思想，并以此为指导，系统研究了产业生态化理论，奠定了产业转型升级研究的理论基础。

二是坚持定量研究与定性研究相结合，科学把握青海生态经济发展和产业转型升级的现状。本书在能值理论的基础上，改进生态足迹和生态承载力计算模型，对青海生态经济总体发展水平和46个市（县、区）的生态经济发展水平进行了测度；运用地理信息技术和ArcGIS软件，结合生态足迹与生态承载力测度结果，借助生态经济综合评价指标，对青海生态经济协调发展能力进行系统评价，指出了青海生态经济协调发展存在的主要问题；在青海产业转型升级演进分析的基础上，构建创新驱动转型发展评价指标体系，对青海产业转型升级能力进行评价，并与陕西、甘肃、宁夏、新疆进行定量对比分析，系统把握生态文明视阈下青海产业转型升级的能力水平。

三是坚持产业生态化发展方向，提出了生态文明视阈下青海产业转型升级的路径与保障措施。本书围绕青海产业转型升级如何转变、向哪里转变，探讨了生态文明视阈下青海产业转型升级的总体思路、总体目标和产业政策的功能定位，并提出：第一产业要坚持规模化、集约化、绿色化、有机化、品牌化方向，向高质量和高效率的现代农牧业转型；第二产业要走绿色、低碳、集约、循环的新型工业化道路，提高传统产业的产品技术水平、节能环保水平、制造智能化水平，推动战略性新兴产业加快崛起；第三产业要从传统服务业向现代服务业转变，促进服务业向专业化和高端延伸的价值链转型，构建现代服务业体系。

四是坚持理论服务实践和问题导向，开展了柴达木循环经济试验区产业生态化发展的案例研究。本书通过构建“点—线—网”生态化水平评价指标体系，对柴达木循环经济试验区产业生态化水平进行实证分析，揭示了园区产业生态化存在的问题，并针对“点”状生态化、“线”状生态化、“网”状生态化，分别提出了路径选择建议，以期为园区产业生态化发展提供参考。

“四个扎扎实实”重大要求，照亮了青海前行的道路，唤醒了各族群众的梦想。青海607万人民对生态文明不懈追求，对生态文明建设积极探索，加快了生态文明理论创新发展。本书的完成，得益于作者对生态文明建设的持续关注和多年来从事产业生态化教学和研究的成果积累。生态文明建设任重道远，产业转型升级方兴未艾，许多问题有待进一步探索。青海省通过完善生态文明领域统筹协调机制，坚持全面绿色转型发展，必能走上经济与生态协调发展和创新与开放共享发展之路。对于文中不足之处，敬请批评指正。

王建军

2020年12月

目录

图目录

表目录

第一章 绪 论

第一节 生态文明建设提出的背景和意义

一、生态文明建设提出的背景

从全世界范围来看，人类始终面临着资源短缺、气候变化、环境污染等生态问题的威胁，生态环境保护任重而道远。人们开始清醒地认识到以牺牲资源和环境为代价而换来的经济跨越式发展是暂时的。人们在享受经济成果的喜悦之时，也开始品尝到因经济过快增长而带来的前所未有的“苦果”。资源开发力度成倍增加造成生态环境的恶化，对资源进行的加工和消耗所产生的大量污染物加剧了生态环境的恶化，出现了诸如环境污染、生态退化、资源枯竭及全球气候变暖等问题。这些问题的出现，大多是人类为了满足眼前利益，一味追求经济的快速发展，忽略客观自然规律而造成的。

环境危机使各国政府、学者、民众逐渐认识到生态环境的重要性，对发展开始了新的思考和探索。人类发展所面临的种种困境，提醒我们在追求经济增长过程中，一定要尊重自然规律，保护生态平衡，要转变传统思想，重新定义经济发展与保护自然的意义，牢牢树立可持续发展观，寻求绿色经济、循环经济、低碳经济、生态经济的科学发展之道。1972 年在斯德哥尔摩举行的“联合国人类环境会议”上，可持续发展理论被正式讨论，为人类探索科学发展之道提供了方向。1987 年，世界环境与发展委员会在《我们共同的未来》中系统探讨了人类面临的一系列重大经济、社会和环境问题，提出了“可持续发展”概念，标志着人类对环境与发展问题思考的重要飞跃。2012 年，联合国可持续发展委员会在《我们憧憬的未来》中明确要发展绿色经济，这逐渐成为各国应对生态环境挑战的共识。

就中国而言，在近几十年的社会主义建设中，经济发展虽然取得了巨大成就，但是在生态环境方面作出了巨大牺牲。我国目前面临着资源约束趋紧、环境污染严重、生态系统退化的严峻形势。进入二十一世纪后，我国生态治理步伐明显加快，尤其是党的十九大报告将“生态文明”的相关内容正式纳入了“两个一百年”的奋斗目标中。习近平总书记强调“建设生态文明是中华民族永续发展的千年大计”，进一步指出“各地区各部门要切实贯彻新发展理念，树立‘绿水青山就是金山银山’的强烈意识，努力走向社会主义生态文明新时代。”[1]这既明确了新时代生态文明建设的方向，又强调了新发展理念在生态文明建设中的引领作用。就环境保护而言，习近平总书记多次提及良好生态环境是最普惠的民生福祉，要将环境保护放在突出位置，“坚持生态为民，生态惠民，生态利民”[2]，而“生态环境保护的成败，归根结底取决于经济结构和经济发展方式”[3]。经济结构调整和产业转型升级是我国面临的重要任务，为了实现我国经济长期健康发展，必须以生态文明理念引领未来的发展。

就青海省而言，“生态资源就是最大的资源、生态优势就是最大的优势、绿色发展就是最大的发展”。青海省位于我国青藏高原东北部，境内地形复杂，地貌多样。西北部的柴达木（蒙古语为盐泽之意）盆地是我国内陆海拔最高的盆地，自然资源十分丰富，被誉为“聚宝盆”，是主要的资源、能源接续地。青海又是长江、黄河、澜沧江等大江大河的发源地，被誉为“中华水塔”，长江总水量的25%、黄河总水量的49%、澜沧江总水量的15%都来自青海的三江源地区。青海省是我国及北半球气候的“启动区”和“调节区”，也是中华民族的“生态源”，具有显著的生态战略地位。改革开放以来，青海省的经济和社会发展取得了巨大成就，为实现跨越式发展、绿色发展、和谐发展及全面建成小康社会打下了坚实的基础。然而，这一时期，由于受全球气候变暖、环境友好理念较薄、粗放式的经济增长方式等因素影响，青海生态环境退化加剧。习近平同志在青海考察期间发表重要讲话时反复强调，“建设生态文明是关系人民福祉、关乎民族未来的大计，生态环境保护是功在当代、利在千秋的事业”。当前，严峻的生态环境形势对青海省的经济和社会发展、生态安全和生态屏障功能形成了严重的制约，迫使我们不得不深刻反思这一时期的发展理念、思路、方式和路径，寻求经济社会健康协调、生态环境友好、人与自然和谐的发展模式和发展路径。中共青海省委在十三届四次全体会议审议通过《中共青海省委青海省人民政府关于坚持生态保护优先推动高质量发展创造高品质生活的若干意见》，提出了实施“一优两高”的战略部署。这一战略突出青海省极为重要的生态地位，强调推进青海经济和社会高质量发展，致力于带领各族群众创造高品质生活，开辟了谋划青海经济和社会发展的新境界。

二、生态文明建设的意义

生态文明建设是实现中华民族伟大复兴的根本保障，生态文明建设是建设美丽中国的必由之路。生态文明是实现中华民族伟大复兴的基础和底色。历史的经验告诉我们：一个国家、一个民族的崛起必须有良好的自然生态做保障。随着生态问题的日趋严峻，生存与生态从来没有像今天这样紧密联系。大力推进生态文明建设，实现人与自然和谐发展，已成为中华民族伟大复兴的基本支撑和根本保障。

生态文明建设是发展中国特色社会主义的战略选择。党的十八大以来，以习近平同志为核心的党中央站在战略全局高度，对生态文明建设和生态环境保护提出一系列新思想、新论断、新要求，为努力建设美丽中国，实现中华民族永续发展，走向社会主义生态文明新时代指明了前进方向和实现路径。习近平同志指出，建设生态文明关系人民福祉，关乎民族未来，生态环境保护是功在当代、利在千秋的事业。我们要清醒认识保护生态环境、治理环境污染的紧迫性和艰巨性，清醒认识加强生态文明建设的重要性和必要性，以对人民群众、对子孙后代高度负责的态度，真正下决心把环境污染治理好，把生态环境建设好。

生态文明建设是推动经济和社会科学发展的必由之路。随着我国经济快速发展，资源约束趋紧、环境污染严重、生态系统退化的现象十分严重，经济发展不平衡、不协调、不可持续的问题日益突出，要求我们必须树立尊重自然、顺应自然、保护自然的生态文明理念，把生态文明建设融会贯穿到经济、政治、文化、社会建设的各方面和全过程，大力保护和修复自然生态系统，建立科学合理的生态补偿机制，形成节约资源和保护环境的产业结构，打造绿色和谐的生产、生活方式，从生态源头上扭转生态环境恶化的趋势。

生态文明建设是顺应人民群众新期待的迫切需要。随着人们生活质量的不断提升，人们不仅期待安居、乐业、增收，更期待天蓝、地绿、水净；不仅期待殷实富庶的幸福生活，更期待山清水秀的美好家园。生态文明发展理念强调尊重自然、顺应自然、保护自然；生态文明发展模式注重绿色发展、循环发展、低碳发展。大力推进生态文明建设，就是为子孙后代保留优美宜居的生活空间，山清水秀的生态空间。这正是为顺应人民群众新期待而作出的战略决策，顺应时代潮流，契合人民期待。

第二节　产业转型升级理论的内涵与外延

一、产业转型升级的概念界定

国外学者主要从微观和宏观两个层面界定产业转型升级的内涵，说明产业转型升级的目的。在微观层面上，Humphrey 和 Schmitz（2000）认为，产业升级是通过获得技术能力和市场能力，以提升其核心竞争能力及从事高附加值的活动[4]。Kaplinsky（2001）认为，产业转型升级是制造出质量更好的产品，更加有效地制造产品，或从事需更多技能的活动[5]。在宏观层面上，为了体现地区产业结构优化程度，Kuznets（1973）根据各产业的比重来度量产业升级，认为产业转型升级是各产业从劳动密集型产业占优势比重逐级向资金、技术、知识密集型占优势比重演进[6]。同时，Poon（2004）考察了企业竞争能力的提高及企业在产业价值链中的地位变化，将产业转型升级定义为生产经营者角色的转换过程，是从生产劳动密集型、资源密集型的低附加值产品转向生产资本或技术密集型的高附加值产品[7]。

我国学者关于产业转型升级基础理论的研究，主要是借鉴和引进国外学者的主要观点，初步形成了一定的研究成果。刘志彪等（2000）基于产业转型升级是产业竞争力和价值链地位的提升这一观点，把产业转型升级界定为产业内低效企业与高效企业间的资源转移[8]。张耀辉（2001）认为产业转型升级的实质是产业创新与产业替代[9]。潘悦（2002）认为产业升级过程如上阶梯状递进，即由伊始的“最终产品的加工”，经过“中间产品的生产和加工”和“零部件的分包生产和出口”，最终实现“自创品牌的生产和出口”[10]。金京等（2013）认为开放条件下的产业转型升级具有两层含义：一是推进工业化发展进程，实现产业发展的“从无到有”，即建立新产业。二是促进一国在全球产业价值链中的攀升，从微观角度来看，就是学术界通常所说的向“微笑曲线”两端攀升，以获取更多的国际分工利益[11]。刘颖（2014）认为产业转型升级是指产业从低附加值向高附加值升级，从高能耗高污染向低能耗低污染升级，从粗放型向集约型转型，并强调产业转型升级并非只是产业结构的改变，而是产业发展能力的改变与提升，即实现经济发展方式的转变和产业竞争力的提升[12]。高铂睿和李珊珊（2015）认为应从宏观和微观两个层面来理解产业转型升级：宏观层面的产业转型升级是指在一定历史时期内，一个国家或地区根据国内外经济、科技、教育等方面的发展趋势和现状，通过特定政策措施，对现存的产业结构各个方面进行直接或间接的调整，以使其达到一种更加优势的状态；而微观层面的产业转型升级则是指在一个行业内，产业间资源存量的再配置，即将生产因素从衰退的产业转移到新兴产业[13]。何璇和张旭亮（2015）认为产业转型升级分为产业横向升级和产业纵向升级两类：一类是产业横向升级，即产业结构调整，各产业内及产业间比例的变化；另一类是产业纵向升级，即产业技术进步，制造商成功地从生产劳动密集型低价值产品角色向生产更高价值的资本或技术密集型产品的角色转变，其核心内涵是产业由低技术水平、低附加值状态向高技术、高附加价值状态的演变[14]。

总而言之，产业转型升级的概念界定是一个从关注微观经济到兼顾微观和宏观经济，并且不断深化的过程，同时将经济的可持续发展、产业结构转换、技术创新等纳入了产业转型的内涵之中。简而言之，产业转型升级是指产业结构向更有利于经济、社会发展方向发展，其核心是转变经济增长的“类型”，即把高投入、高消耗、高污染、低产出、低质量、低效益转为低投入、低消耗、低污染、高产出、高质量、高效益；其基本特征是技术进步，通过技术进步实现生产效率的提升，经济增长动力的转换，实现经济发展方式从破坏环境、消耗资源向环境友好、资源再生的方向转型；在发展动力上，是从资源拉动到资本拉动再到创新拉动的转变过程；在要素密集层面，是从劳动密集型向资本密集型、技术密集型再到智能密集型转换的过程；在与环境关系上，是从破坏环境、耗竭资源向环境共生、资源再生转变的过程。

二、产业转型升级发展的理论基础

（一）产业结构演变理论

1. 配第–克拉克定理[15]

17 世纪初期，英国经济学家威廉·配第（William Petty）通过分析不同国家的国民收入与产业结构的关联，研究产业与产业之间的关系，发现工业比农业的利润高，而商业的利润比工业更高。因此，社会经济的发展促使劳动力首先由农业向工业转移，然后由工业转向商业。配第阐述了产业结构在经济发展过程中的变化，并得出不同产业之间的附加值也不同的结论，这就是配第–克拉克定理（配第定律）。20 世纪 30 年代，英国经济学家阿·费希尔在其著作《安全与进步的冲突》中首次提出产业分类方法，将第一产业与第二产业之外的所有产业称之为第三产业。英国统计学家科林·克拉克在费希尔的基础上，基于国民收入与劳动力流动之间的关系，运用经验主义方法分析多个国家的经济数据，得出三次产业结构的依次交替的规律及其对经济发展的影响，即最初主导经济增长的是第一产业；随着人均国民收入提高，经济增长的主导权转移到第二产业，相应的劳动力由第一产业流向第二产业；当人均国民收入大幅提高时，主导权转移到第三产业，劳动力也由第二产业流向第三产业。这种在不同收入水平的条件下，劳动力流动对产业结构变化产生影响的规律称为配第-克拉克定理。世界很多国家的经济发展过程证实了这种产业结构变化规律的存在。

2. 库兹涅茨的现代经济增长理论[16]

在配第和克拉克等人研究成果的基础上，20 世纪 40 年代，美国著名的经济学家库兹涅茨（Kuznets）突破了以往研究采用产业就业人口单一指标衡量产业结构变动趋势的限制，通过分析不同产业的劳动力就业分布情况及三次产业创造的国民收入的变化趋势，研究产业结构的演进规律，得到了库兹涅茨法则，即在农业就业的劳动力占所有劳动力的比例是逐渐下降的，当农业生产力发展到相对稳定时，农业创造的国民收入占整个国民收入的比例随之降低；与农业不同，随着科学的进步、技术水平的提高与投资的不断增加，在工业（第二产业）就业的劳动力占所有劳动力的比例不变或者略有上升，但是创造的国民收入占整个国民收入的比例是不断上升的；与农业和工业都不同，第三产业的两个比值都是逐渐上升的。基于人均国民收入和劳动力在三次产业中的分布趋势，库兹涅茨对现代经济增长的特点进行总结，指出经济增长和产业结构演变的如下特征：在数量方面，人口、产量及生产率呈现较高的增长率；在经济结构方面，变革速度很快，经济结构变化首先由第一产业转向第二产业，继而由第二产业转向第三产业；在社会结构和意识结构方面，经济增长是导致技术水平提高、社会制度变化和意识形态变化的原因；在国际扩散方面，经济增长在世界各国扩散，但是对每个国家的影响不均衡。

3. 霍夫曼定理[17]

德国经济学家霍夫曼在库兹涅茨研究的基础上，对产业结构内部进行了更细致地划分，将工业分为消费产品工业和生产产品工业两个子产业，重点探索消费产品工业与生产产品工业之间的比例在工业化进程中的变化趋势，其中消费产品工业净产值与生产产品工业净产值的比值被定义为霍夫曼比例。

霍夫曼通过对20多个国家的时间序列数据分析，发现霍夫曼比例的数值在工业化过程中并非固定不变，而是逐步降低的。因此，按照霍夫曼比例数值划分，工业化进程可以分为四个阶段。第一阶段，为了满足国内消费的需求，消费品工业在工业生产中占据主导地位，资本品工业由于资金和劳动力短缺而发展缓慢，霍夫曼系数为5（±1）。第二阶段，投资方向和要素开始向资本品生产转移，增速开始加快，而消费品工业经过第一阶段的发展形成了较大的规模，增速开始下降或者保持不变，其增速已经落后于资本品的生产，净产值远高于资本品的生产，霍夫曼系数为2.5（±1）。第三阶段，随着二者增速的此消彼长，资本品工业与消费品工业的规模逐步不相上下，霍夫曼系数为1（±0.5）。第四阶段，资本品工业逐步在工业发展中占主导地位，资本品工业的规模最终超越消费品工业规模，此时工业化基本完成，霍夫曼系数为1以下。

4. 钱纳里工业化阶段理论[18]

美国经济学家霍利斯·钱纳里分析了经济发展过程中的制造业内部各产业部门比重的变化，进而研究了制造业内部的产业结构调整的内在驱动力，也就是通过研究各产业间的相互联系和影响，探究产业结构变化的规律。按照钱纳里的工业化发展阶段理论，制造业的发展主要依赖于人均国民收入、需求和投资率，手工业品和初级产品输出率的影响较小。在此基础上，钱纳里将工业化发展阶段分为三个阶段：初级产品生产阶段、工业化阶段和经济发达阶段。按照经济发展的不同时期进行划分，制造业发展可以分为三个时期：初期产业、中期产业和后期产业，各产业分别对应不同时期里对经济发展起主导作用的制造业部门。初期产业主要包括食品、纺织等部门；中期产业是指石油、化工、煤炭制品等重工业部门；服装和日用品、金属制品和机械制造等部门则属于后期产业。

5. 罗斯托经济增长阶段理论[19]

罗斯托经济增长阶段理论认为一定的经济增长阶段与一定的产业结构相对应，也就是说产业结构是构成经济增长阶段的重要标志。

罗斯托认为从经济发展过程来看，分为六个阶段：一是“传统社会”阶段；二是为“起飞”创造前提阶段；三是“起飞阶段”；四是“向成熟推进”阶段；五是“高额群众消费”阶段；六是“追求生活质量”阶段。

罗斯托认为经济增长是主导部门依次更替的结果，它根植于现代技术所提供的生产函数的累积扩散之中，这些发生在技术和组织中的变化只能从部门角度加以研究。为此，罗斯托从以下几方面对此观点进行了论证。

新技术的吸收本来就是一个部门范畴里的过程。按罗斯托的说法，技术创新是具体的，它总是与某一特定部门中的经济问题相联系，也会遇到这个部门在制度上和社会上的所有问题。因此，技术创新能否出现和是否行之有效，是由特定部门中广泛的关系及其特点决定的。

引进新的重要技术或创新于某个部门之中，是一个与其他部门及整个经济的运转相联系的纵横交错的复杂过程。创新一旦在某一部门出现，通过与其他部门复杂的关联，将对产业结构转换产生猛烈的激发和推动作用。

经济增长是由主导部门依次更替的结果。一个或几个新的制造业部门的迅速增长是经济转变强有力的、核心的引擎，因为这些具有新的生产函数的主导部门会发出各种扩散效应，从而使经济增长产生飞跃。在此过程中，当旧的主导部门减退时，新的主导部门便会诞生。因此，增长的完整序列就不再仅仅是总量的运动了，它成了在一连串的部门中高潮的继起并依次关联于主导部门的序列，而这也标志着现代经济史的历程。

（二）产业结构调整理论

1. 刘易斯二元结构转变理论[20]

美国经济学家刘易斯提出，发展中国家的经济部门可以划分为两大部门：传统农业部门和现代工业部门。前者是非资本主义部门，传统的生产方式生产率低下，仅能维持最低的生活水平；后者以现代化的方式进行生产，劳动生产率和工资水平较农业部门高，这就是“二元经济结构”。刘易斯将国民经济发展与经济重心结构转移结合起来研究二元经济结构转变成一元经济结构的过程。刘易斯的二元结构转变理论是基于三个基本假设提出来的：一是传统农业部门边际劳动生产率很低，为零或者趋于零；二是由传统农业部门流出的劳动力的工资取决于传统农业部门的人均产出水平；三是现代工业部门的利润储蓄倾向高于传统农业部门。因此，传统农业部门边际劳动生产率趋于零，且剩余劳动力成本比现代工业部门低，从而为现代工业部门提供源源不断的劳动力，使得现代工业部门可以取得劳动力成本与边际劳动生产率的巨额差额利润。此外，与传统农业部门相比，现代工业部门利润储蓄倾向更高，可以进一步吸收更多传统农业部门的剩余劳动力，并逐步累积。传统农业部门的劳动边际生产率逐步提高，而现代工业部门的劳动边际生产力下降，当二者的劳动边际生产率达到平衡，即传统农业部门和现代工业部门的劳动边际生产率相等时，表明二元经济结构完成了向一元经济结构的转变。但这一模式存在着一定的缺陷：不够重视农业对工业的促进作用，无限的劳工供给与现实不符。

2. 赫希曼不平衡增长理论[21]

美国经济学家赫希曼提出不平衡增长理论。该理论的三大核心内容是“引致投资最大化原理”“联系效应理论”和“优先发展进口替代工业原则”。该理论的提出，主要是考虑到发展中国家资源匮乏、投资资金不足，从而无法全面发展和投资所有部门。因此，投资需要有所选择，可以将有限的资源投入到特定行业，特定行业主要是指那些“前向联系”和“后向联系”效应比较强的行业（部门），从而最大限度发挥其对经济增长的促进作用，并通过外部经济逐步发展其他行业（部门）。但这一理论比较适用于资源稀缺和经济发展水平处于阶段不高的国家，对发展中国家具有指导意义。随着经济的发展，产业间矛盾加剧，此时就要调整结构，尽量实现均衡增长。

（三）产业发展理论

产业发展理论主要是研究产业发展过程的规律性、周期性，并分析对产业发展具有影响的因素。

1. 绝对优势理论[22]

亚当·斯密的著作《国富论》中提出了绝对成本的概念及相关理论。这一理论从一个国家内部的分工扩展到各国之间的分工，主张进行自由贸易。他认为，各国进行分工的标准是绝对成本的高低，原则是成本的绝对优势，由于每个国家都具有生产某些产品的绝对有利条件，进行专业化的生产后再进行交换，就形成了绝对优势；受此影响，生产要素也必然会由生产效率较低的产业向效率较高的产业转移，进而使资源得到高效率的使用，产业得到发展。这是亚当·斯密第一次将国际贸易的相关内容融入产业结构的研究之中，但也有一定的局限性，他无法解释那些发生在完全不具有优势和具有各种优势的国家间的贸易行为。

2. 相对优势理论[23]

大卫·李嘉图在亚当·斯密的基础上建立了相对优势理论，也称为比较优势理论。他构建了一个包括两个国家和两种产品的模型，指出由于劳动生产率的差异使得商品的相对成本也不尽相同。产生国际贸易的原因是生产技术差别导致的生产成本差别，一国应集中生产那些具有比较优势的产品，这就决定了生产要素在这些部门的相对集中，进而影响产业结构的构成。1817年，他出版了《政治经济学及其赋税原理》一书，对该理论进行了表述。这一理论从劳动生产率差异解释了国际贸易的发生，虽然至今还具有较为广泛的适用性，但并没有对导致各国存在这种差异的原因进行分析和总结。

3. 要素禀赋论[24]

俄林一方面继承了赫克歇尔的研究成果，另一方面进行了修正和发展，提出了要素禀赋论，其代表作为1933年出版的《区际贸易与国际贸易》。该理论提出，当商品的市场价格、生产商品的生产要素价格相等时，产生贸易的原因是要素禀赋本身的结构差异和这种差异所导致的要素相对价格的差异。这一理论建立在一定的假定条件基础上，即增加生产的某种产品的机会成本，不会因为生产要素的转移而改变。但实践证明，贸易大多发生在要素禀赋相近的国家之间，后来里昂惕夫以美国的国际贸易情况为依据，提出了与这一结论相悖的观点。

4. 雁行发展理论[25]

日本经济学家赤松要提出了雁行发展形态理论。他在对日本棉纱、棉布和纺织业的实证研究中发现，日本某个产业的发展“通常依次经过进口、生产和出口等各个时期，据此我们可将某一产业的进口、生产和出口的雁行发展定式化”，这被认为是这一理论最初的表达形式。他的学生小岛清将这一理论定位为后发国家“追赶型的产品生命周期理论”。这一理论描述了成熟产业在国际间的转移过程，主张将动态和静态的比较优势相结合，在投资国与被投资国之间实施动态的产业转移及分工的垂直化，即产业梯次传递。在1956年，他通过对国内机械仪表工业的实证分析，对这一理论进行了进一步的验证与说明。雁行发展模式对日本乃至东亚的经济发展都起到了积极作用，但在后期，日本由于创新不足和产业结构调整缓慢，雁行发展模式走向衰落。

5. 循环发展模式[26]

美国学者雷蒙德·弗农（Vernon R）的产品生命周期理论认为，典型的产品生命周期一般可以分为四个阶段：导入期、成长期、成熟期和衰退期。结合产品生命周期理论的研究，他进一步提出了产品循环发展模式，认为工业先行国的产业结构演变模式要与国际市场的发展变化紧密结合，通过参与国际分工来实现本国产业结构的升级。产品循环发展的顺序：①研究开发新产品，逐渐占领国内市场；②产业技术成熟，开始出口，扩大国际市场销售；③从产品出口转向资本和技术出口；④在工业后期国家组织生产和销售，进口该产品满足国内市场；⑤研制生产更高技术的新产品……经过这样的循环发展，带动一国的工业结构由劳动、资源密集型占主导的产业向资金密集型占主导的产业转变，进而向以技术密集型为主导的产业结构演进，最终实现一国产业结构的升级。

三、产业转型升级的相关研究综述

关于产业转型的方法，1990 年后，研究产业转型升级新的分析方法被提出来——全球价值链（global value chains）分析法。它是从全球的角度，研究国际分工、产业转型升级和区域经济发展，为人们提供了一种全新的研究视角。Gereffi（1999）是较早从产业转型升级的层次进行研究的学者之一，产业转型升级被他从资源分配的角度划分为四个层次，分别是产业内部间、地方产业间、国家内部产业间和国际领域上产业的转型升级[27]。在这个分类的基础上，Humphrey（2002）明确提出了一种以企业为中心，由低级到高级的四层次升级分类方法：一是流程升级，二是产品升级，三是功能升级，四是链条升级[28]。Kaplinsky 和 Morris（2002）通过研究大量实际案例，发现大多产业在升级过程中的发展规律是一致的，即优先实现产业内升级，当产业内升级到一定的高度后，再转移到另一个产业，实现产业间升级[29]。同时，大量研究产业集群的学者将产业集群升级与全球价值链相结合，研究在产业转型升级中全球价值链治理模式所起的作用，如 Humphrey 和 Schmitz（2004）认为，通过学习各种类价值链和治理模式，全球价值链可以实现价值增值，并且通过分析全球价值链和治理模式的影响，研究产业重组和升级的机制及方法[30]。蒋兴明（2014）提出产业转型升级是一个系统工程，是由产业链转型升级、价值链转型升级、创新链转型升级、生产要素组合的转型升级所形成的有机整体[31]。李永红和张淑雯（2019）提出，随着数字经济的发展，数据作为当前数字经济的发展要素，为传统产业的发展带来正向效应，解决当前传统产业成本高、信息化程度低等问题，数据化能够驱动传统产业的转型升级并成为传统产业发展的方向[32]。

关于产业转型升级的路径和模式，Gereffi 和 Korzeniewicz（1994）认为需以科技创新园区为载体，构建适应区域发展的区域性跨国技术转移创新服务网络体系，推进区域主导企业、创新要素向核心园区集聚，打造若干错位发展、功能互补、特色突出的产业集聚区，积极地引导产业转型升级[33]。Cylnn（2000）研究了韩国电子产业的转型升级，发现韩国电子产业的转型升级归因于较高的技术学习能力和创新精神[34]。Kaplinsky 和 Morris（2002）还提出在全球价值链下，发展中国家本土处于价值链低端环节的企业，要想实现由产业链低端向产业链高端升级，可有四种序贯式升级模式，即工艺升级→产品升级→功能升级→链的升级[35]。Schmitz（2004）认为，要想实现产业转型升级，就需解决所需资源与可用资源之间的差距[36]。Lange 等（2009）提出，从产业演进角度来看，传统产业转型升级的重要方向之一是技术和知识密集型的战略性新兴产业，而从战略性新兴产业培育和发展的途径来看，在传统产业基础上“嫁接”或“裂变”，或者两种方法融合是重要的途径[37]。樊杰（1993）指出，产业结构单一是导致煤炭区域经济效益低下的主要原因[38]。张米尔（2003）提出了产业转型的三种模式：产业延伸模式、产业更新模式和复合模式[39]。王德鲁（2005）通过分析国内外衰退产业转型实例，将衰退产业转型划分为企业能力再造、产业区位转移、产业延伸和产业创新四种模式[40]。叶蔓（2010）认为资源型地区经济转型要依靠新型产业的植入，彻底改变资源地区对资源的依赖[41]。刘语轩（2009）就资源型产业转型的路径，从政府与市场的角度进行了详细的阐述[42]。曹贤忠和曾刚（2014）运用熵权 TOPSIS 法对芜湖经济技术开发区产业转型升级的模式进行分析和选择，结果表明，产业转型升级模式中综合指数较高的是整合集群模式，其次是价值链攀升模式，行业转型模式综合指数最低[43]。周璞（2017）从资源型城市经济增长瓶颈分析出发，重点剖析资源配置、科技创新、制度调整等影响要素与作用机理，构建资源型城市转型升级的理论框架，并从企业层面、产业层面、制度层面提出资源型城市转型升级的路径与建议[44]。罗序斌（2019）提出要促进“互联网+传统制造业=传统制造业‘新型化’”，在制造技术和研发等方面达到先进水平[45]。

关于技术创新与产业转型升级关系，周振华（1999）指出，技术创新通过对生产要素相对收益的影响，间接地作用于产业结构变化，产业结构随之发展为以资源密集型产业为主导的产业结构转向以劳动密集型产业为主导的产业结构，进而转向以资本密集型产业为主导的产业结构，直至以技术知识密集型产业为主导的产业结构[46]。丁焕峰（2006）提出，产业内技术创新带来的对新产品的需求，会导致生产要素向该产业流动，进而促进该产业发展与升级，并且创新引起生产要素在各部门之间的转移，导致不同部门的收缩和扩张，从而促进产业有序发展[47]。洪银兴（2013）解释技术创新的内生推动机制，就是各种物质要素经过新知识和技术的投入提高了创新能力，从而形成内生性增长[48]。杜传忠和许冰（2017）基于我国 2000—2014 年省级面板数据，对技术进步、产业结构升级与就业的关系进行理论和实证分析，引入交互项进一步说明基于技术进步的产业结构升级对就业的影响，并提出在新一轮工业革命条件下，需在追求技术进步与产业转型升级的同时实现就业增长[49]。陈昌兵（2018）指出，我国第一、第二和第三产业发展的主要动力已转换到创新上，创新是新时代我国高质量发展的动力。创新驱动下转型升级主要表现为：一是服务业升级和高端制造业发展；二是深度城市化和技术创新[50]。

关于产业转型升级发展水平评价方面，国外的一些学者主要从产业内部和产业之间两个维度建立评价体系。在产业内部主要通过测度劳动生产率、技术密集度、附加价值等因素的变动来度量产业升级。在产业之间则分别形成了多种评价方法，其中，单指标法利用产业结构层级系数、结构效益系数等对产业升级进行分析；对比评价法是将一国或地区的产业结构与其他国家的平均水平进行比较，以确定本国的产业结构高度。例如，国外学者 Kuznets（1973）和 Kaldor（1961）提出的用劳动力在各个产业间的转移来描述转型升级是最简单的方法，即 Lilien 指数模型。他们认为劳动力从第一产业转移到第二产业然后转移到第三产业，将会导致生产效率的全面提高[51-52]。随后，Aleksandra（2009）利用 Lilien 指数测度产业转型升级速度，研究结果更加全面细致[53]。20 世纪 80 年代，More（1987）首次将空间向量原理引入产业转型升级分析，即 More 值测定法[54]，更好地反映了产业转型升级的动态过程。我国的一些学者对于产业转型升级发展水平评价也形成了许多研究成果。马涛（2004）采用了技术密集型集约化程度指标来反映产业从劳动、资金密集型向技术密集型演进的程度[55]。邬义钧（2006）认为产业附加值增量的变化反映了产业升级现象，产业升级应为产业的高附加值化[56]。唐德才（2009）、百林（2010）、龚轶等（2015）、杨立勋和高瑜（2016）通过建立指标体系进行全面评价[57-58]，把霍夫曼系数、产业高加工度系数、智力密集型产业产值比重等指标引入评价体系，使评价方法更加科学[59-60]。徐杰芳等（2018）基于生态效率指标，通过构建评价指标体系对煤炭资源型城市绿色发展路径展开研究[61]。潘为华等（2019）构建了制造业转型升级的综合评价指标体系及综合指数，认为影响中国制造业转型升级的主要因素依次是创新能力、质量效益、绿色发展和信息技术[62]。

在青海省产业转型升级研究方面，王建军、刘守跃、束燕霞（2008）就青海省产业结构演变中的技术选择进行研究，认为技术选择是青海省产业结构升级演变的内生变量，对产业结构升级具有带动渗透和填补作用[63]。陈晓玲（2011）基于循环经济理论，采用节能降耗、污染减排、再利用、经济效益和技术水平等指标对青海省资源型产业技术发展状况进行了综合分析评价[64]。王丽娜（2013）在其学位论文中，对青海资源型产业进行分类，并分析了青海资源型产业发展的现状和问题，提出发展低碳经济、循环经济，提高科技创新能力等对策建议[65]。连晓明（2013）对青海资源型产业集群可持续发展能力进行评价研究，评价结果显示，青海资源型产业总体可持续发展能力偏低，尤其是资源供给能力呈下降趋势[66]。戴鹏（2017）分析了产业转型发展的内涵、特征和动力，以及青海产业发展存在的突出问题和转型升级面临的困境，并在此基础上提出了今后转型升级的主要方向和基本路径[67]。

总结国内外研究成果，诸学者在产业转型升级的基础理论研究方面取得的大量研究成果，为本研究奠定了坚实的研究基础。然而，就形成完备的产业转型升级理论体系而言，现有的研究在研究内容和方法等方面还存在诸多问题和可探讨之处。在研究内容上，没有真正体现技术创新驱动产业转型升级的全部内涵。现有对技术创新驱动产业升级的研究，主要着眼于技术创新能够提高产出效率，提升企业在价值链上的地位，但忽视了产业发展模式演化这个基本前提。产业转型升级的实质是发展方式的转变，究其原因是现有的研究缺乏对产业转型升级基本内涵的准确挖掘和把握，未形成完备的产业转型升级理论体系。在研究方法上，多注重理论分析，缺乏长效性实证分析，既有的研究大多停留在理论分析层面，重在强调技术创新对经济转型的作用。然而，在不同区域不同行业，技术创新对经济转型的作用是有差别的，如果忽视了具体条件的变化，那么对技术创新推动产业转型效果的可信度和有效性就会大幅下降。

第三节　生态文明视阈下青海省产业转型的必然性

产业转型升级关系着青海省的经济发展、社会稳定和生态文明建设大局。基于全省重要的生态战略地位及经济和社会的绿色发展，近年来，从中央政府到青海省政府都采取了一系列的措施进行生态文明建设，这就要求青海省在经济发展中要以保护和建设生态环境为前提，以发展生态经济为核心，以培育生态文化为灵魂，坚持在综合循环利用资源中谋求又好又快发展，在保护建设生态，促进人与自然和谐的过程中走出一条经济发展与环境保护双赢的可持续发展道路[68]。因此，必须加快产业转型升级，完善生态产业布局，加大科技研发投入，提高资源循环利用率，降低能源消耗量，实现生态立省、绿色发展的目标。

一、产业转型升级是经济结构调整的必然要求

经济发展总是与经济结构调整密切相连的。在经济结构设计需求结构、产业结构、区域结构等多方面内容中，产业结构是核心要素，产业结构不合理无法形成有效供给，导致资源浪费，严重阻碍经济发展。2013 年我国第三产业产值比例首次超过第二产业，标志着国民经济已进入以服务业为主导的发展阶段。然而，一直到 2018 年，青海省三次产业构成为 9.4∶43.5∶47.1，第三产业产值比例首次超过第二产业，明显的是青海的产业结构层次提升滞后于全国总体水平。另外，从产业组织能力和技术能力上看，青海省传统产业比重大，高技术产业占比小，总供求结构性失衡，形成严重的产能过剩。从 2012 年到 2018 年，工业生产者的买入价和卖出价呈下滑状态。产能过剩的产业范围不仅包括钢铁、水泥等传统产业，还涉及光伏、风电设备等代表未来产业发展方向的战略性新兴产业。因此，产业转型升级具有现实紧迫性，必须依据市场需求合理配置资源，满足个性化需求，进一步改造传统产业，大力发展现代服务业和高新技术产业，促进产业转型升级，形成与经济发展新阶段相适应的产业结构形式。

二、产业转型升级是转变经济发展方式的必然要求

青海省是典型的资源型地区，改革开放以来，为适应市场经济发展的要求，结合自身的特点，逐步形成了以石油、电力、化工、有色金属等为主导的资源密集型产业结构。资源型产业的发展促进了区域经济的高速增长，这不光是区域产业利润的主要来源，也代表了区域的形象和影响力。然而，由于经济增长方式粗放、产业结构单一、能源结构不合理等，导致经济发展的高能耗、高投入、高污染现象严重。据统计，2018 年青海省每单位生产总值能耗为 1.84 吨标准煤，远超全国平均水平，一次性能源终端消费量结构中，制造业占总消费的 70.74%，化学制品制造业、非金属矿物制品业、黑色金属加工业、有色金属加工业等几大重工业能源消费量占制造业总消费量的 93.6%；2015 年青海省能源自给率首次跌破 100%，2018 年下降至 78.66%。青海省地域广阔、人口稀少，工业经济发展相对滞后，社会对环境污染问题的看法始终处于较为乐观的状态。但是，长期的高增长、高能耗，使得人地矛盾、产业发展与节能减排矛盾在部分地区呈逐步加剧趋势。青海省位于青藏高原和三江源头，肩负着保护“中华水塔”、筑牢中华民族生态屏障、改善民生的重大历史使命，必须协调好生态环境保护和发展的关系。牢固树立绿

色发展理念，加快产业转型升级，是转变经济发展方式，提高经济发展质量和效益，实现绿色低碳发展，支撑经济社会的协调可持续发展的必然要求。

在产业结构演变过程中，国民经济各产业间内在质量不平衡，主要表现在两个方面：一是同种资源要素投入不同产业的生产率存在巨大差异；二是在同一产业内部，各种要素的生产率存在严重不平衡。解决这种不平衡，必须通过资源的不断重组，实现产业结构的自组织进化。其间，可以依据一定的发展战略对资源分配过程进行主动干预，从而加快产业结构转换的进程或促进结构向设定的方向转换。因此，产业是资源转换战略实施的基本载体，而产业转型升级是经济发展过程中各种资源实现有效交互的关键环节，也是实施资源转换战略、转变经济发展方式的基本路径。也就是说，通过同一产业链内部多种经济资源战略行为的交互，产业内部可以实现资源的优化配置，促进各地创新，提高整个产业链的创新水平；而不同产业类型之间的各种经济资源战略行为交互，可以引发原有产业间的交叉与融合，使新兴产业的生成与发展成为可能，从而以产业转型升级推动区域经济的可持续发展。

三、产业转型升级是实施创新驱动发展战略的必然要求

资源有限性与经济增长可持续性的矛盾产生与形成，是由人类的发展历程、经济状况和生产力发展水平决定的，它是建立在社会分工和资本专业化基础之上，是社会需求的持久性及当前生产力组织过程的僵硬性的具体反映。可持续发展资源观之所以能够彻底改变并扭转这种矛盾，是因为它放弃了“将经济增长建立在阶段性资源优势基础上”的粗放型经济增长模式，谋求建立以“主要依靠知识和人力资本的内生化增长”的资源集约型增长模式，其本质体现在资源的有效集成。这种意义上的有效集成（integration），其对象包括人类生产与生活过程中所投入的主要资源要素：人（human）、组织（organization）、技术（technology）、自然资源（natural resource）、环境（environment）。这些要素共同构成社会生产系统，以完成某种生产使命。作为构成社会生产系统这一有机整体的五个主要因素，它们之间必然存在着某种关系，而这种关系既要受到它们自身状况的影响，又要受到所构成的社会生产系统的目标约束、社会发展的阶段性和外部竞争者行为的影响。社会生产系统所面对的环境总是在不断变化，这样不断变化的环境就会不断地对社会生产系统的产出绩效提出新的不同的要求（如提供廉价产品、优质服务、及时供应、反映客户个性、保护环境等），而社会生产系统的产出绩效又是由资源集成的质量及其相互关系所决定的，由此，人、组织、技术、自然资源、环境五者

的关系就必须随社会发展对生产系统所提出的系统目标的不同而作出相应改变。

当代社会，科学技术已成为主导生产要素。技术、知识、人力资本逐渐从经济增长的外生变量转化为内生变量，这个过程实质是由于自然资源逐渐变得稀缺，完全依赖自然资源大量投入而获得经济增长的路径受到限制，而技术、知识、人力资本可以提高资源利用效率，在一定程度上替代自然资源。正是产业持续创新能力与特殊能力的结合，构成了具有整合机制的产业核心能力，产业具有差别化特征的特殊能力的形成是一个持续创新的过程。因此，持续创新能力的大小决定着特殊能力的大小，持续创新能力的积累完全依赖于产业自身的生产经营实践活动及企业家的创新意识。因此，通过全面提升持续创新能力，可以实现优化产业核心能力，营造产业长期优势。

进入 21 世纪以来，青海省产业发展依托丰富的水电资源、矿产资源，形成低电价、低成本等能源资源优势，支撑经济高速发展。然而，随之而来的要素成本上升、产能过剩和环境保护压力，使得原有的发展动力难以为继。劳动密集型和资源密集型的发展方式遇到了瓶颈，必须依靠创新驱动，推动战略性新兴产业发展，将发展模式逐步转变为技术密集型发展模式，以保证经济增长速度的可持续和平稳换挡。注重用新技术和新业态改造、提升传统产业，促进新产能发展壮大，使传统产能焕发生机，以推进新旧产能有序转换[69]。产业转型升级在宏观层面表现为三次产业结构的变迁，在产业技术能力方面表现为经济增长的主导力量由劳动密集型、资源密集型产业转变为技术密集型产业。创新驱动是将普通的发展方式转变成为基于知识扩张、技术发展和劳动力增强的高效方式，从而增强核心竞争力，使得产业发展平台更高、价值链更完善。因此，产业转型升级是推动新旧产能有序转换，实现创新驱动发展目标的必然要求。

四、产业转型升级是落实“一优两高”战略的关键路径

产业转型升级是在环境危机、资源危机和社会危机不断加剧的背景下，人类对产业存在的形式和发展方向进行理性反思的结果。

首先，产业转型升级是实现生态保护优先必要路径。产业转型升级也是实现产业经济、社会和自然协调发展的关键路径。产业转型升级作为中观层面的战略措施，其对生态保护的优先程度具体表现在宏观和微观两个层面上。宏观层面上，产业转型升级有利于将产业经济发展目标转化为生态目标及社会发展目标，实现资源配置与再优化，对建设小康社会、和谐社会及生态文

明具有重大的实践意义。微观层面上，企业是产业最基本的组成单位，产业转型升级引导着生产要素的重新配置，从而促进了企业的生态行为实践。

其次，产业转型升级是推动经济社会高质量发展的前提。一方面，经济高质量发展与经济结构的调整密切相连，其中产业结构与需求结构是经济结构的核心要素，而产业转型升级不仅可以从整体上合理配置资源以调整三次产业结构，还可以通过改造传统产业，大力发展现代服务业和高技术产业等促进各产业内部结构水平的不断知识化、高级化，最终提升各产业的发展质量。另一方面，产业转型升级带来的技术创新能有效地解决因经济增长方式粗放带来的高能耗、高投入、高污染等问题，同时能有效地促进产品的附加价值的提升，从而促进产品竞争力的提升。

最后，产业转型升级是创造高品质生活的基础。产业转型升级的结果是生产人类生存需要的物资产品的一、二次产业的比重越来越小，生产人类享受需要和发展需要的休闲旅游、文化教育、艺术体育等服务产品的第三产业的比重不断上升。因此，产业转型升级有利于满足人类高质量和高品质生活与发展的需要，为人们创造高品质生活。

第二章

产业转型升级与产业生态化理论

第一节　产业转型升级与生态经济发展互动关系

一、生态经济发展为产业转型升级提供新契机

生态经济是指在现有生态系统承载能力范围之内，综合运用生态经济学原理和系统工程的方法，大幅度改革社会生产与消费方式，挖掘一切可以利用的资源潜力，大力发展技术先进、生态高效的新型产业集群，稳步建成体制合理、社会进步的文化及生态健康、景观适宜的环境[70]。生态经济是一种可实现经济发展与环境保护、精神文明与物质文明、人与自然的高度统一和协调发展的经济模式。生态经济归属于“社会—经济—自然”复合生态经济系统，既包括物质代谢关系、能量转换关系及信息反馈关系，又包括结构、功能和过程的辩证统一关系，具有社会生产、生活、供给、控制和缓冲等综合性功能。以人口、资源和环境问题为主要内容的全球生态危机，需要人类对传统的经济发展理念和发展方式进行深刻的反思。

根据生态经济和产业结构转型的内涵可以发现，生态经济的发展必须立足于传统产业的转型升级，反过来生态经济的发展为传统产业的升级提供新契机，而传统产业的升级又为生态经济的发展提供了前提条件。发展生态经济与产业转型升级是相辅相成的互促关系。在生态文明建设的新形势下，以高新技术的快速进步和推广运用为基础的生态经济模式，为传统产业改造升级提供了机遇和保障。生态经济的建立与发展完善，必然使社会中各个经济主体（政府、企业或个人）的思维方式、行为模式、管理理念发生巨大的变化。在整个社会的快速变革中，对传统发展方式的转换和创新而言，增添了新的推动力量。同时，生态经济发展又会引发新一轮的产业结构布局与调整，

为产业转型升级提供新的发展机遇。

二、产业生态化是产业转型升级的必由之路

产业转型升级意味着产业结构的高级化、合理化，具体有四方面表现：一是三次产业的比重与所处的经济发展阶段相一致；二是产业之间是互相关联的，各产业的发展速度相互协调；三是生产要素在产业部门之间的流向符合经济发展规律；四是产业发展符合区域资源禀赋的实际。产业结构的高级化主要体现在产业向高附加值、高技术含量、高集约度和高加工度等方面发展。产业结构作为联系人类经济活动与生态环境之间的重要纽带，与产业生态化之间存在着密切的关系。

产业生态化是产业转型升级的必然要求，同时，产业转型升级与产业生态化之间又是相互促进的。在理论上表现为产业转型升级的过程就是生态效率提高的过程，是产业链由低端向高端演进的过程，是产业链的拉长与延伸。产业生态化的核心内涵就是生态效率的提高，同时也具有产业链两端延伸与扩展的特征，二者具有一致性。从实践来看，产业转型升级确实提高了生态效率，同时，生态效率的提高促进了产业结构的转型与升级。当前我国产业结构较低级是造成资源短缺和生态恶化的首要原因。三次产业中，工业比重高，服务业比重偏低；工业内部重化工业比重又最高，并有进一步提高的趋势；我国的高技术产业又处于价值链的低端，附加值较低；战略性新兴产业处于培育与发展的初期。调结构是我国转变经济发展方式的战略性措施，促进产业结构升级是实现产业生态化，提高生态效率的最根本、最有效的措施。

三、产业生态化是生态经济发展的重要载体

生态经济学作为一种经济理论，是在适应资源节约、环境保护和经济发展需要的过程中不断拓展的，其本质是最大限度地节约资源和保护环境。也就是说，生态经济一方面要在经济发展中体现生态的价值，即自然生态作为一种资源应有其合理的价值体现；另一方面，经济的发展必须采取生态化的方式，要模仿生态系统来实现资源的循环和节约，以及废弃物排放的减少，实现经济系统和生态系统的协调发展。

因此，在生态经济系统内，产业生态化是对产业发展的必然要求，也是实现生态经济效益的重要途径之一。产业生态化是生态经济系统中产业发展的一个动态过程，它依据生态经济学原理，运用生态、经济规律和系统工程

的方法引导产业发展，亦可称为生态经济发展的一个子系统。同时，产业生态化的发展也需要生态经济的相关理论来指导。一方面，生态经济理论为产业生态化发展中生态资源价值化和生产方式生态化提供了科学理论基础，而产业生态理论主要是认识和优化产业生产活动与资源环境之间的关系，通过对企业的工艺流程设计和产品设计，以及企业间的共生系统的建构，达到在产业生产过程中资源利用最大化，废弃物的产出最小化的目的，从而实现产业生产活动的高效性和持续性，其本质也是优化资源生产率。另一方面，解决产业生态化发展中的资源环境约束问题，探讨建构闭路循环产业链时，需要遵循生态经济学和循环经济学的一些基本原则，运用它们的基本原理。

第二节　生态经济的提出

一、生态经济基础理论

国内外对于生态经济的研究主要是随着人类面临的环境与可持续发展的问题日益突出，迫切需要解决环境与可持续发展问题而发展起来的。

1966 年，美国经济学家肯尼斯·鲍尔丁发表了《一门科学——生态经济学》论文，自此，生态经济学作为一门科学正式诞生。随后，世界各国的专家学者对生态经济的研究和实践不断展开：20 世纪 60 年代末至 70 年代末，生态经济学理论强调生态系统与经济系统的矛盾运动，关注的焦点是生态平衡，以及如何解决“人类困境”；20 世纪 80 年代至 90 年代，生态经济学研究强调生态系统与经济系统的协调发展，关注的焦点转向环境容量与资源承载力，在此背景下，衡量生态经济水平的生态足迹模型出现并得到迅速应用；20 世纪 90 年代至今，生态经济学研究则强调可持续发展战略与模式，关注的焦点扩展到生态经济价值，这一阶段的研究成果标志着生态经济分析真正意义上的开始。概括来讲，当前学者关于生态经济的一致观点是“生态经济是指在生态系统承载能力范围内，运用生态经济学原理和系统工程方法改变生产和消费方式，挖掘一切可以利用的资源潜力，发展一些经济发达、生态高效的产业，建设体制合理、社会和谐的文化及生态健康、景观适宜的环境”。生态经济是将自然环境生态系统和人类经济社会系统相结合，以生态学的基本原理衡量经济活动对生态环境造成的影响，从而寻求人与自然和谐发展的可持续发展道路[71]。

国内对于生态经济的研究始于20世纪70年代末至80年代初，最早是在1973年中国第一次环境保护会议上，确定将环境纳入国民经济计划发展战略。这一时期虽然显示了社会对生态环境问题的高度重视，但行动仅限于应对措施。同时，自然科学家开始接触生态经济问题，发表了一些描述和揭露生态经济问题的文章，但对生态系统和人类经济系统之间的相互依存关系并未形成清晰的概念，尚未深化到理论阶段。此时，国外著名的生态经济理论也开始传播到中国。1980年8月由中国著名的生态经济学家许涤新发起，召开了首次生态经济座谈会，这次会议揭开了中国创建生态经济学的序幕。

二、生态经济评价理论

目前，学术界大多采用生态足迹与生态承载力指标来测算一个地区的生态经济发展水平。运用生态足迹指标可以判断一个国家或地区在发展中对生态环境的占用是否处于生态承载力的范围内，以此来衡量地区的可持续发展程度。它为一个国家或区域的生产消费活动是否处于当地生态系统承载力范围内提供定量的判断依据。生态足迹是一种资源利用分析工具，通过精确的计算和分析来比较全球或区域范围内自然资源的产出与人类的消费情况。传统的生态足迹法和能值理论已经成为计算生态足迹的两大主流方法。本书中将在传统生态足迹法的基础上，运用能值理论评价分析青海省生态经济发展水平状况。

（一）生态足迹理论

生态足迹（ecological footprint），又被译为生态占用，是1992年加拿大生态经济学家William Rees和Wackernagel在《我们的生态足迹——减轻人类对地球的冲击》一文中提出的。1996年Wackernagel和Rees又在不同的角度对其定义给出解释："一个国家内给定人口的消费负荷""用生产性土地面积来度量一个确定人口或经济规模的资源消费和废物吸纳水平的账户工具"等，进一步充实了生态足迹的内涵[72]。1999年Wackernagel等人在深入研究的基础上，对生态足迹的定义又重新进行了界定："生态足迹是指能够提供相应人口消费的所有资源和吸纳所产生的废弃物所需要的生态生产性土地面积（包括陆地和水域）"。运用生态足迹法将地球表面的生态生产性土地面积分为六类：耕地、牧草地、林地、化石能源用地、建筑用地和水域。

生态足迹的计算是基于以下两个基本事实。

（1）人类可以确定自身消费的绝大多数资源及其所产生的废弃物数量；

（2）这些资源和废弃物能转换成相应的生物生产面积。

因此，任何已知人口（某个人、一个城市或一个国家）的生态足迹是生产其所消费的所有资源和吸纳其所产生的所有废弃物所需要的生物生产总面积（包括陆地和水域）。其计算公式如下：

$$EF=N\cdot ef,\ ef=\sum_{i=1}^{n}(aa_i)=\sum_{i=1}^{n}(c_i/p_i)$$

其中，i 为消费商品和投入的类型；p_i 为 i 种消费商品的平均生产能力；c_i 为 i 种商品的人均消费量；aa_i 为人均 i 种交易商品折算的生物生产面积；N 为人口数；ef 为人均生态足迹；EF 为总的生态足迹。

生态承载力是指一个国家或地区的资源环境承载范围或最大值。在生态承载力或生物承载力的计算中，由于不同国家或地区的资源禀赋不同，不仅单位面积耕地、草地、林地、建筑用地、海洋（水域）等的生态生产能力差异很大，而且单位面积同类型生物生产性面积的生态生产能力差异也很大。因此，不能直接对比不同国家或地区的同类生物生产性土地实际面积（生物生产面积），需要先对不同类型的面积进行调整。不同国家或地区的某类生物生产面积所代表的局地产量与世界平均产量的差异可用“产量因子”表示。将现有的耕地、牧地、林地、建筑地、海洋等物理空间的面积乘以相应的均衡因子和当地的产量因子，就可以得到世界平均产量的世界平均生态面积——生态承载力。同时，出于谨慎性考虑，在生态承载力计算时，应扣除12%的生物多样性保护面积。

人均生态承载力计算公式如下：

$$EC=a_j\times r_j\times y_j \quad (j=1,\ 2,\ \cdots,\ 6)$$

其中，EC 为人均生态承载力；a_j 为人均生物生产面积；r_j 为均衡因子；y_i 为产量因子。

生态足迹法在为人们提供一个可以有效评价生态发展水平的系统方法的同时，也存在着较多的不足之处。生态足迹法在测度区域生态化发展水平过程中，将资源和废弃物流动能量转换成相应的生物生产面积，这就导致了生态足迹模型测算结果具有较强的生态偏向性。其次，在生态足迹法中，为了使各类生物生产土地面积可以加总，假设各类土地的功能是相互排斥且相互独立的。但此假设对各类土地功能单一化的处理，使土地的功能多样性和一定程度的功能替代被完全忽略，导致生物承载力计算结果偏低[73]。

（二）能值理论

能值理论（emergy theory）分析方法是目前系统生态学和生态经济学发展

的新成果，为复合生态系统开拓了一条定量研究途径，是连接生态学和经济学的桥梁[74]。能值作为生态经济学中一个新的科学概念和度量生态化发展水平的标准，是由美国著名系统生态学家 H. T. Odum 在 20 世纪 70 年代在对生态系统的能量学系统而深入地研究的基础上提出来的。H. T. Odum 将能值定义为：一种流动或储存的能量所包含另一种类别能量的数量，称为该能量的能值。他还进一步解释能值为：产品或劳务形成过程直接或间接投入应用的一种有效能总量，就是其所具有的能值[75]。能值的本质是事务所包含的能量，对于能量中能值的衡量则不同于生态足迹法采用的生物生产面积衡量。能值法是以太阳能为基准衡量各种能量的能值，这就避免了生态足迹法中关于生态足迹模型计算的生态偏向性问题。任何资源、产品或劳务形式所需直接和间接应用的太阳能量，就是其所具有的太阳能值，单位为太阳能焦耳（Solar Emjoules，缩写为 sej）。如形成 1 焦耳（J）木材的能量需要 34 900 sej 转化而来，那么木材的能值转换率就是 34 900 sej/J。以能值为基准，可以衡量和比较生态系统中不同等级能量的真实价值与贡献[76]。在实际运用过程中，往往采用的是太阳能值转换率，即由单位能量或物质相当于多少太阳能焦耳的能值转化而来，单位为 sej/J 或 sej/g。太阳能值转化率的公式为：

A 种能量（或物质）的太阳能值转化率=应用的太阳能焦耳÷1 焦耳（或 1 克）A 种能量（或物质）[77]

能值转换率是一个重要的概念，它是衡量不同能量的能质等级的指标。生态系统或生态经济系统的能流，从量多而质低的等级（如太阳能）向量少而质高的等级（如电能）流动和转化，能值转换率随着能量等级的提高而增加。大量低能质的能量，如太阳能、风能、雨能，经传递、转化而成为少量高能质、高等级的能量。系统中较高等级者具有较大的能值转换率，需要较大量低能质能量来维持，具有较高能质和较大控制力，在系统中发挥中心功能作用。复杂的生命、人类劳动、高科技等均属高能质、高转换率的能量。某种能量的能值转换率愈高，表明该种能量的能质和能级愈高。能值转换率是衡量能质和能级尺度的重要工具[78]。

（三）基于能值理论改进的生态足迹方法

对于传统的生态足迹测算方法，已有众多学者对其不足之处进行了改进。王建军、张承亮（2013）提出基于 TFP 改进的生态足迹模型，其基本思想是在生态足迹模型（EF）中嵌入全要素生产率（TFP），其结果表明：嵌入后的模型显著提升了生态承载力，降低了生态赤字水平，提高了区域可持续发展能力[79]。孙东林、刘圣等（2007）提出用能值分析理论修改生物承载力的计算方法，其基本思想是假设一个系统的所有自然方面的能值输入就是该系统所能为人类提供的极限生物承载力，而进入人类社会的自然能值输出（即被人类利用的部分）为现实的生物承载力[80]。洪棉棉、王菲凤（2009）提出基于能值分析的生态足迹模型的改进方法且以福建省为例进行实证分析，结合资源产量法对基于能值分析理论的生态承载力计算方法进行改进，以反映不同土地利用方式的变化对生态承载力的作用[81]。

本书采用的方法是在能值理论的基础上对生态足迹和生态承载力的计算模型进行改进，充分将太阳能值和生物生产性土地面积相结合，以区域自然系统太阳能值反映生态承载力水平，以区域生物产量（消费量）依据各自的能值折算系数和能值转化率转化为人均太阳能值反映生态足迹水平，最后将以能值计算的生态足迹和生态承载力转化的生物生产性土地面积进行比较。

基于能值的生态承载力计算步骤如下。

（1）可更新资源能值计算。一个系统所有自然方面的能值输入就是该系统能为人类提供的生物承载力，系统提供的能值输入包括可更新资源输入和不可更新资源输入。考虑到不可更新资源会随着人类开发利用的消耗而日益枯竭，系统的可持续发展真正依赖的是可更新资源，因此，计算生态承载力时只考虑可更新资源的能值。根据人类活动的自然资源环境能源状况，推动生物圈物质循环的能源有太阳辐射能（太阳能）、风能、雨水化学能、雨水势能、河流化学能、河流势能等。

主要可更新资源能值计算方法如下：

太阳能＝太阳常数×日照时数×面积×(1－反射率)

$=(-m^2)\times(5.65\times109\ J/m^2/yr)$

$=(-J/yr)$ 风能＝(高度)×(空气密度)×(涡流扩散系数)×(风速梯度)×(总面积)

$=(1\,000\ m)\times(1.23\ kg/m^3)\times(12.95\ m^3/sec)\times(3.93\times10^{-3}\ m/sec/m)^2\times(3.154\times107\ sec/a)\times(-m^2)$

$=(-J/yr)$ 雨水化学能＝(国土面积)×(平均降雨量)×(雨水的吉布斯自由能)

$=(-m^2)\times(-m/yr)\times(4.94\ J/g)\times(1\times106\ g/m^3)$

$=(-J/yr)$

雨水势能＝(总面积)×(平均海拔)×(平均降雨量)×(雨水密度)×(重力加速度)

$= (-m^2)\times(-m)\times(-m/yr)\times(1\times106\ g/m^3)\times(9.8\ m/sec^2)$

$= (-J/yr)$

地球旋转能 = (区域面积) × (热通量)

$= (m^2)\ [1E+6J/(m^2 * a)]$

$= (-J/a)$

(2) 计算太阳能值（solar energy，SE）。计算公式如下：

$$SE = E_i / r_i$$

其中，E_i 为第 i 类资源的能值，r_i 第 i 类可更新资源能值转换率。

(3) 可更新资源总能值（TRE）。由于能值理论在计算能量投入时只能将同一种性质的能量投入计算一次，而且风能、雨水势能和雨水化学能都是通过太阳辐射能转化来的，因此，在基于能值的生态承载力模型中需要比较太阳辐射能、风能、雨水势能和雨水化学能的大小，然后选取最大值与地球旋转能求和，得到可更新资源总能值，即 TRE = 地球旋转能 $+MAX_{SE}$。

其中，MAX_{SE} 为可更新资源能值（SE）中除地球旋转能以外的最大的一种资源的能值。

(4) 人均可更新资源能值（P_{TRE}），$P_{TRE} = TRE/P$，其中，P 为区域人口总量。

(5) 可更新资源年均总能值（Y_{TRE}），$Y_{TRE} = TRE/Y$，其中，Y 为测算年数。

(6) 区域能值密度（RED），$RED = Y_{TRE}/La$，其中，La 为区域国土面积（m^2）。

(7) 人均生态承载力（EC），$EC = P_{TRE}/RED - (12\% \times P_{TRE}/RED)$。

基于能值的生态足迹测算与传统的生态足迹测算方法相似，其相同之处都是将生产性土地划分为生物资源账户（耕地、牧草地、林地及水域）、化石能源账户（原煤、原油、天然气）以及建筑用地账户（电力消费）三类土地类型。

基于能值的生态足迹测算步骤如下。

(1) 生物资源能值（E，单位：j）计算，$E_i = P_i \times R_i$，其中，E_i 为第 i 类生物资源的能值，P_i 为第 i 类生物产量（单位：t），R_i 为第 i 类生物能值折算系数；

(2) 计算生物资源太阳能值（solar energy，SE，单位：sej），$SE = E_i / r_i$，其中，E_i 为第 i 类资源的能值，r_i 第 i 类可更新资源能值转换率；

(3) 人均生物资源能值（PSE，单位：sej/人），$P_{SE} = SE_i / P$，其中，SE_i

为第 i 类生物资源的太阳能值，P 为区域人口总量；

（4）区域生物太阳能值总量（TRD），$TRD = \sum_{i=1}^{n}(SE_i) = \sum_{i=1}^{n}(E_i/r_i)$；

（5）人均生态足迹（EF），$EF = \sum_{i=1}^{n} P_{SE_i}/RED$，即人均生态足迹为各类人均生物资源能值除以区域能值密度之和。

第三节　生态经济思想的演变

一、马克思、恩格斯的经典生态经济思想

马克思虽然没有对生态经济问题进行专门的论述，但他的著作中却包含着丰富而深刻的生态经济思想。虽然生态经济学是在马克思逝世几十年后创立的，但是在马克思的许多著作中，特别是《资本论》中，有大量的与生态经济问题有关的精辟论述，为我们当前研究生态经济问题提供了重要的理论指导。

马克思、恩格斯的生态经济思想于 19 世纪 40 年代形成并得到了丰富、完善和发展，其中主要标志性著作包括《1844 年经济学哲学手稿》《关于费尔巴哈的提纲》《德意志意识形态》《神圣家族》《资本论》等，主要内容包含自然生产力思想、生态发展思想、生态科技思想和生态消费思想等。

（一）马克思、恩格斯的自然生产力思想

马克思给自然生产力下的定义是："不需要任何代价的""未经人类加工就已经存在的自然资源"[82]，如自然界中的阳光、空气、水、土壤、森林、矿藏、各种动植物等。

马克思把生产力划分为物质生产力和精神生产力、联合生产力和个人生产力等具体形式。从另一个角度，把生产力又划分为"劳动的自然生产力"和"劳动的社会生产力"，前者指自然物本身蕴藏着的有助于物质财富生产的能力，后者指人类改造自然从而获得物质财富的能力。马克思在研究资本主义社会生产力发展的状况时指出："劳动的自然生产力，即劳动在无机界发现的生产力，和劳动的社会生产力一样，表现为资本的生产力。"[83]

马克思认为，劳动是一切财富的源泉，自然界为劳动提供材料，劳动把自然资源变成财富，"没有自然界，没有外部的感性世界，劳动就什么也不能

创造。自然界、外部的感性世界是劳动者用来实现他的劳动，在其中展开他的劳动活动，用它并借助了它来进行资料的生产。”[84]在《哥达纲领批判》中，马克思指出：“自然界同劳动一样也是使用价值（而物质财富就是由使用价值构成的）的源泉，”[85]在《资本论》中，他也多次强调商品是自然物质①和劳动这两种要素的结合，“如土地、海洋、矿山、森林等不是资本的价值要素。只要提高同样数量劳动力的紧张程度，不增加预付货币资本，就可以从外延方面或内涵方面，加强对这种自然物质的利用”[86]，而这些自然物质，如“瀑布和土地一样，和一切自然力一样”[87]都来自自然界。显然，马克思肯定人本身的自然力与天然的自然力是社会生产的两个原始要素，这就是说，劳动力创造商品的价值，而天然的自然力协助人类劳动创造商品的使用价值，增加人类福利。人类在改变物质形态的劳动中离不开自然环境和自然条件，而且还不可避免地要充分利用和借助自然力。“自然力不是超额利润的源泉，而只是超额利润的一种自然基础，因而它是特别高的劳动生产力的自然基础。”[88]在马克思看来，自然生产力对社会生产力的影响既包括“生活资料的自然富源”对社会生产力的影响，也包括“劳动资料的自然富源”对社会生产力的影响，“撇开社会生产的不同发展程度不说，劳动生产率是同自然条件相联系的，这些自然条件可以归结为人本身的自然（如人种等）和人周围的自然。”社会生产力的发展离不开自然生产力的支撑和保障。

（二）马克思、恩格斯的生态科技思想

科学技术具有二重性，既会造成环境污染、生态破坏，也能实现资源节约，提高资源利用率，减少环境污染，保护环境的生态化目标。马克思、恩格斯虽然没有专门论述科学技术的生态化功能的著作，但在许多文本中论述了科学技术的生态化功能。马克思描绘了很多因科技进步而提高了资源利用率的新举措。尤其是他对工业废物资源化的分析与思考，体现了对科学技术的生态化功能的思想。

马克思认为，应用科学技术是减少工业和生活废物的有效手段。马克思很早就把科学作为人类的一种活动，看作是“生产的一些特殊的方式”，是“科学劳动”，它也会“受生产的普遍规律的支配。”科学劳动的首要内容就是认识自然，从“精神上掌握自然”，然后在生产过程中“驱使自然力”为人类的需要服务。恩格斯曾在《在马克思墓前的讲话》中指出：“在马克思看来，科学是一种在历史上起推动作用的、革命的力量”。由此可见，关注科学

① 在大多数情况下，马克思提到的“自然物质”与“自然力”属于同一范畴。

技术，依靠科学技术来处理、调整人与自然的关系是马克思、恩格斯的一贯主张。

依靠科学技术进行废物利用是马克思、恩格斯生态科技观的主要内容之一。马克思曾提到“机器的改良，使那些在原有的形式上本来不能再利用的物质获得一种在新的生产中可以利用的形式，科学的进步特别是化学的进步，发现了那些废物的有用的性质。”“化学工业提供了废物利用的最显著的例子。它不仅发现新的方法来利用本工业的废料，而且还利用其他工业的各种各样废料，例如，把以前几乎毫无用处的煤焦油变为成苯胺染料、茜红染料（苯素），近来甚至把它变为药品。”[89]在这里，马克思、恩格斯实际上已经涉及了依靠科学技术对工业原材料的深度开发和综合利用，以及基于某一种原材料的深度开发和综合利用所形成的各种工业企业的合理配套和综合发展的问题。

依靠科学技术减少废物的产生是马克思、恩格斯生态科技观的又一主要内容。马克思、恩格斯指出：“废料的减少主要取决于所使用的机器和工具的质量，同时还取决于原料本身的质量，而原料的质量又取决于科学技术的进步程度。”[90]比如，磨谷技术的极大改善，即按照获得显著进步的力学原理进行改造的磨谷技术，产生的废物显著减少；运用新发明的水渍法和机械梳理法精细加工亚麻，极大地减少了废物的产生，等等[91]。

（三）马克思、恩格斯的生态发展思想

马克思、恩格斯毕生都在关注和思考人类的前途和命运。虽然在他们的著作中没有明确提出可持续发展的概念和术语，但在他们的许多著作当中，包含了可持续发展和经济发展生态化的思想和观念。随着全球生态化危机的日益加剧，马克思、恩格斯的生态发展思想对于我国循环经济发展、生态文明建设具有重要的指导意义。

马克思、恩格斯在当时就意识到自然界是人类赖以生存和发展的基础，为了自身和后代的生存发展，人类在改造自然界的劳动过程中，必须正确地认识和尊重自然规律，实现人与自然和谐发展，否则将破坏自然的生态平衡，遭到自然的报复。恩格斯警告说：“我们不要过分地陶醉于我们人类对自然界的胜利。对于每一次这样的胜利，自然界都对我们进行报复。”[92]马克思在分析资本主义社会问题时指出：“在农业中（采矿业也是一样），问题不只是劳动的社会生产率，而且还有由劳动的自然条件决定的自然生产率。可能有这种情况：在农业中，社会生产力的增长仅仅补偿或甚至还补偿不了自然力的

减少，这种补偿总是只能起暂时的作用。”[93]

马克思在《1844年经济学哲学手稿》中提到，“依我说，劳动本身——不仅在它目前的条件，而且一般地说只要它的目的仅仅在于增加财富——是有害的、造孽的。”[94]由此可见，那时马克思就认为，一味追求物质财富，不顾及子孙后代可持续发展的劳动是有害的劳动，反对离开自然环境的可持续发展来谈劳动和生产力。此外，他在《德意志意识形态》中曾指出：“历史的每一个阶段都遇到有一定的物质结果，一定数量的生产力总和，人和自然及人与人之间在历史上形成的关系，都遇到有前一代传给后一代的大量生产力、资金和环境，尽管一方面这些生产力、资金和环境为新的一代所改变，但另一方面，它们也预先规定新的一代的生活条件，使它得到一定的发展和具有特殊的性质。”[95]这就指明了环境资源在不同代人之间都具有维持发展的连续性特点。“联系在一起的，并且由于自然条件的生产率，同量劳动会体现为较多或较少的产品或使用价值”。这就是说，生态环境的优劣直接影响到自然再生产能力的强弱，关系到自然给社会再生产提供的资源数量上的多少和质量上的好坏，从而间接影响到人类社会经济的可持续发展。

在马克思、恩格斯的著作中论述了大量的关于工业废物资源化思想。马克思、恩格斯认为对工业废物的再加工和再利用是减少环境污染和节约资源的有效手段，这与人们今天提出的循环经济的内涵非常相似。早在一百多年前马克思就说过：“所谓的废料，几乎在每一种产业中都起着重要的作用。”这句话深刻体现了马克思的循环经济思想。马克思提出了循环型的工业生产模式，打破了原料和垃圾的截然界限。马克思、恩格斯提出废物资源化的思想，实质就是要发展循环经济，减轻经济发展对生态环境造成的压力。马克思认为，“应该把这种通过生产排泄物的再利用而造成的节约和由于废料的减少而造成的节约区别开来，后一种节约是把生产排泄物减少到最低限度和把一切进入生产中去的原料和辅助材料的直接利用提到最高限度”。[59]

（四）马克思、恩格斯的生态消费思想

马克思、恩格斯的生态消费思想体系由适度消费理念、循环消费思想和均衡消费理想三个有机部分构成。适度消费理念突出消费的生态理性、量的适度和质的提高；循环消费思想强调对消费品的循环利用；而均衡消费理想则重视消费在空间上和消费结构上的均衡[96]。

适度消费的理念是马克思、恩格斯生态消费观的重要内容。在马克思看来，应根据生产力和广大消费者之间的关系来确定我们所支配的资料能够生

产些什么，然后进行适度消费，否则将“破坏着人和土地之间的物质变换，也就是使人以衣食住行形式消费掉的土地的组成部分不能回到土地，从而破坏土地持久肥力的永恒自然条件。这样，它同时就破坏城市工人的身体健康和农村工人的精神生活”[97]。人类为了自身的存在和发展而不得不与自然界进行物质上的交换时，必须合理地调节自己与自然界的物质交换关系，以维护和充分实现自然界对于人的生态环境价值。

循环消费思想是马克思、恩格斯生态消费思想的又一重要内容。马克思认识到资源浪费是污染的根源之一，强调在消费源头、消费过程、消费后的不同阶段注意减少环境污染，逐渐形成了生态学马克思主义消费观的重要组成部分——循环消费思想。马克思在《资本论》中指出：“人的自然的新陈代谢所产生的排泄物，以及工业生产和消费的废弃物，作为完整的新陈代谢循环的一部分，需要返还土壤。”[98]马克思提出，应使“生产废料再转为同一个产业部门或另一个产业部门的新的生产要素”“通过这个过程，这种所谓的排泄物就再回到生产从而消费（生产消费或个人消费）的循环中”，使“这些废料本身重新成为贸易的对象，从而成为新的生产要素。”[99]

生态学马克思主义运用不平衡发展理论对资本主义进行生态批判的同时，也就包含均衡消费理想。马克思在《资本论》第三卷中说到“作为目的本身的人类能力的发展”，才是真正的自由王国启幕的地方。而这个领域内的自由只能是“社会化的人，联合起来的生产者，将合理地调节他们和自然之间的物质变换，把它置于他们的共同控制之下，而不让它作为盲目的力量来统治自己；靠消耗最小的力量，在最无愧于和最适合于人类本性的条件下来进行这种物质变换”[100]。“最适合于人类本性”强调根据人的全面发展和人类的合理需要进行均衡消费，一方面要求消费的欲望满足合理的物质需要，以及将其合理化为人的本质手段和动力；另一方面要求摆脱消费异化，实现人生存价值的回归。“消耗最小的力量”强调合理使用和配置资源，从而达到对自然资源的充分利用。

二、马克思主义中国化的生态经济思想

随着马克思主义在中国革命事业和社会主义建设事业中的不断实践、不断深化，马克思主义生态经济思想也逐渐与中国的实际情况相结合。尽管在马克思主义中国化的过程中，没有真正意义上的一部文献来阐述生态经济思想，但毫无疑问的是生态经济思想是马克思主义中国化的重要组成部分。尤其是新中国成立以来，中国共产党在历代领导集体的领导下，坚持以马克思

主义生态环境理论为指导，结合不同时期我国生态环境的客观实际和社会主义发展的现实要求，提出了各个时期的生态环境建设策略，实现了中国共产党关于生态环境建设思想的与时俱进和丰富发展[101]。

（一）生态经济思想的演变

新中国成立以来，我国生态经济思想不断丰富并发展，这些生态经济思想主要通过领导的讲话、会议、文件、报告等形式体现出来。

1. 毛泽东领导时期的生态经济思想

自新中国成立以来，毛泽东围绕我国生态经济问题而形成的生态经济观，成为毛泽东思想的有机组成部分[102]。他对于生态经济或生态化的观点体现在考察、访谈等活动方面，在不同的场合，毛泽东提到自然资源是重要因素；节约资源，综合利用资源；节约生产促进增产、节约消费反对浪费；植树造林绿化祖国；水利是农业命脉等。

毛泽东认为，人必须从自然界中获取物质生活资料才能维持生存与发展，自然资源是生产活动的先决条件，缺乏资源就难以从事生产活动。这说明毛泽东对自然资源和生态环境的重要性有十分清醒的认识。毛泽东曾说："必须注意尽一切努力，最大限度地保存一切可用的生产资料和生活资料，采取办法坚决地反对任何人对于生产资料和生活资料的破坏和浪费。"[103]他要求："在生产和基本建设方面，必须节约原材料，适当降低成本和造价，厉行节约"，"在保证质量的条件下，大力节约原料、材料、燃料和动力"。[104]毛泽东节约资源的思想，充分体现了当今生态经济理论的观念。在毛泽东看来，节约就是增产，他说："勤俭办工厂，勤俭办商店，勤俭办一切国营事业和合作事业，勤俭办一切其他事业，什么事情都应当执行勤俭的原则。这就是节约的原则，节约是社会主义经济的基本原则之一。"[105]毛泽东时期非常重视植树造林和林业建设，发出"植树造林，绿化祖国"的号召，指出林业是一个大事业，每年为国家创造很多的财富。毛泽东认为，林业不仅对农业，对其他行业也能产生积极的影响，他说："这件事情对农业、对工业，各方面都有利。""林业是化学工业、建筑工业的基础。"水利直接关系农业建设的成败，早在江西瑞金期间，毛泽东就提出著名论断："水利是农业的命脉。"发展农业依然是新中国面临的一个重要问题，而农业生产离不开水利建设，因此，毛泽东指出："兴修水利是保证农业增产的大事。"

毛泽东领导时期的生态经济思想，集中体现和代表了社会主义建设初期中国共产党和中国人民对生态经济问题的认识水平，具有重要理论价值。

2. 邓小平领导时期的生态经济思想

改革开放以来，邓小平对毛泽东时期的生态经济思想进行了科学总结，同时，结合新时期社会发展的实践，从保护生态环境的本原意义出发，提出了一系列更为明确的生态环境建设理论，标志着中国共产党生态环境建设思想的逐步形成。邓小平生态经济思想的基本内容是：依靠科学技术，推动生态环境建设为社会经济发展服务；反对过量砍伐森林，倡导全民义务植树；走生态环境建设可持续化道路，并以法律和制度加以保障。邓小平生态经济思想对开展生态文明建设具有重要意义。

科学技术对生产力的促进作用越来越大，邓小平也大力肯定“科学技术是第一生产力”，科技进步为可持续发展奠定了基础，为生态环境的建设提供了保障。促进生态与经济协调发展必须紧紧依靠科技进步和创新，加强生态科技创新是实现生态经济协调发展的根本动力[106]。邓小平认为：“将来农业问题的出路，最终变由生物工程来解决，要靠尖端技术，对科学技术的重要性要充分认识。”邓小平同志不仅强调科学技术的重要性，他还倡导全民植树造林，绿化祖国，以改善我国的生态环境。邓小平倡导全民义务植树，认为这样做可以“植树造林、绿化祖国、造福后代。”邓小平深入思考了国家实施可持续发展战略，他曾经指出：“我建议组织一个班子，研究下一个世纪前五十年的发展战略和规则……要采取有力的步骤使我们发展持续，有后续。”邓小平认为经济的发展必须有持续的动力，良好的生态环境可以保障经济持续稳定地发展。邓小平同志认为生态环境的法制建设也十分重要，认为“制度好可以使人无法任意横行，制度不好可以使好人无法充分做好事，甚至走向反面。”[107][108]

邓小平从党和国家事业的全局出发，对生态环境给予高度关注。邓小平领导时期的生态经济思想是对生态环境问题的概括和总结，是中国共产党第二代领导集体智慧的结晶，是对毛泽东生态经济思想的继承和发展[109]。

3. 江泽民领导时期的生态经济思想

党的十三届四中全会以来，江泽民结合中国国情对我党的生态经济思想进行了科学的继承，同时在内容、地位和价值等方面进行了扩充，标志着江泽民生态经济思想的形成。归纳起来，这些思想主要包括：明确提出可持续发展的科学理念；将生态环境建设上升到生产力高度，作为实现全面小康社会的重要保障；构建更加科学与完善的法制体系；通过国际合作来促进生态环境水平的提升。江泽民生态经济思想具有重要的理论意义和现实意义。

江泽民积极地传承了毛泽东和邓小平两代领导人绿化祖国的思想。1999

年江泽民在首都参加全民义务植树活动时说："只有全民动员，锲而不舍，年复一年把植树造林工作搞下去，才能有效地遏制水土流失，防止土地沙漠化，为人民造福。这是关系到中华民族下个世纪和千秋万代的大事，必须充分重视，抓紧抓好。"[110]第三代党中央领导集体在江泽民的领导下，以邓小平可持续发展理念为指导，首次明确提出："在现代化建设中，必须把实现可持续发展作为一个重大战略。"[111]在党的十六大报告中，江泽民指出："全面建成小康社会，要增强可持续发展的能力，改善生态环境，提高资源的利用效率。"

随着全球生态问题的日益严重，各国为加强生态环境建设积极合作，共同探索生态环境建设之路。1994 年，江泽民在亚太经合组织会议上讲道："人类面对的许多挑战往往超越国界的限制——科技发展、环境保护、人口控制、减灾救灾、禁绝毒品、预防犯罪、防止核扩散和防治艾滋病等诸多方面，都是全球性问题，是相互依存的，无一不需要开展合作。"[112]他认为，积极参与生态环境领域的国际合作已成为一种必然的趋势。江泽民生态经济思想既具有前瞻性，又有全局性，是对人与自然关系深刻思考的结晶[113]。

4. 胡锦涛领导时期的生态经济思想

党的十六大以来，胡锦涛提出了一系列促进我国生态环境建设的理论，实现了生态经济思想的纵深发展。在发展理念上，提出科学发展观的先进思想；在经济增长方式上，主张大力发展环保产业和循环经济；在社会构建上，提出资源节约型与环境友好型社会的思想；在文明形态上，提出生态文明，实现人与自然的和谐相处[114]。

2004 年，胡锦涛在江苏考察工作时提道："当前，尤其要坚持科学发展，把着力点放在调整经济结构、转变增长方式、降低消耗、减少污染上，更加注重实现速度和结构、质量、效益相统一，更加注重经济发展和人口、资源、环境相协调；扎扎实实推进社会主义新农村建设，使农村面貌有明显改善；加快创新体系建设，提高自主创新能力；大力实施可持续发展战略，在建设资源节约型、环境友好型社会方面取得新进展。"[115]在 2005 年召开的人口资源环境工作座谈会上，胡锦涛正式提出"生态文明"这一概念，指出当前人口、资源和环境工作的要点之一，即"要切实加强生态保护和建设工作，完善促进生态建设的法律和政策体系，制定全国生态保护规划，在全社会大力进行生态文明教育"[116]。

2007 年 10 月 15 日，党的十七大提出实现全面建成小康社会奋斗目标的新要求："建设生态文明，基本形成节约能源资源和保护生态环境的产业结构、增长方式、消费模式。循环经济形成较大规模，可再生能源比重显著上升。主要污染物排放得到有效控制，生态环境质量明显改善。生态文明观念在全社会牢固树立。”[117]把生态环境保护纳入国民经济宏观调控体系，将建设生态文明上升为建设小康社会。

5. 习近平领导时期的生态经济思想

习近平在马克思主义、毛泽东思想、邓小平理论、“三个代表”重要思想和科学发展观的指导下，以保护环境为出发点提出了一系列生态经济思想，主要归纳为以下几个方面：水土保持是可持续发展战略的重要内容；科学发展观的关键在于不能再走老路，发展必须是可持续的；从根本上扭转生态环境恶化趋势，确保中华民族永续发展；生态省建设是一项长期战略任务；走向生态文明新时代，建设美丽中国，是实现中华民族伟大复兴的中国梦的重要内容。

习近平的生态经济思想由来已久，2000 年习近平在《关于请求重点扶持长汀县百万亩水土流失综合治理的请示》中，作出重要批示：“搞好水土保持是可持续发展战略的一项重要内容，应引起我们的高度重视。”[118]习近平认为，科学发展观首先还是要发展，其关键在于发展不能再走老路；发展不能脱离“人”这个根本，必须是以人为本的全面发展，这是发展的终极目标；发展要城乡协调、地区协调；发展不能断送了子孙的后路；粗放型增长的路子，“好日子先过”，资源环境将难以支撑。因此，发展必须是可持续的[119]。

习近平在党的十八届一中全会上指出“我们要继续推进生态文明建设，坚持节约资源和保护环境的基本国策，把生态文明建设放到现代化建设全局的突出地位，把生态文明理念深刻融入经济建设、政治建设、文化建设、社会建设各方面和全过程，从根本上扭转生态环境恶化趋势，确保中华民族永续发展，为全球生态安全作出我们应有的贡献”[120]。习近平指出：“生态省建设是一项长期战略任务，搞生态建设，好比我们在治理一种社会生态病，其表现形式也多种多样，既有环境污染带来的‘外伤’，又有生态系统被破坏造成的‘神经性症状’，还有资源过度开发带来的‘体力透支’。它是一种疑难杂症，需要多管齐下，综合治理，长期努力，精心调养[121]。”

2013 年 7 月 30 日习近平就建设海洋强国研究主持第八次集体学习时指出：“建设生态文明是关系人民福祉、关系民族未来的大计。我们既要绿水青山，也要金山银山。宁要绿水青山，不要金山银山，而且绿水青山就是金山银山”[122]。在 2014 年 3 月 7 日习近平再次强调“保护生态环境就是保护生产力，绿水青山和金山银山绝对不是对立的，关键在人，关键在思路”[123]。在这里，习近平形象地说明了经济发展与生态文明的关系，脱离环境保护发展经济是“竭泽而渔”，离开经济抓环境保护是“缘木求鱼”。要处理好两者的关系，使其和谐统一地发展。2015 年习近平在云南考察时强调要把生态环境保护放在更加突出的位置，像保护眼睛一样保护生态环境，像对待生命一样对待生态环境，在生态环境保护上一定要算大账、算长远账、算整体账、算综合账，不能因小失大、顾此失彼、寅吃卯粮、急功近利。

2016 年习近平同志在青海考察期间发表重要讲话时反复强调：“建设生态文明是关系人民福祉、关乎民族未来的大计，生态环境保护是功在当代、利在千秋的事业”“生态资源就是最大的资源、生态优势就是最大的优势、绿色发展就是最大的发展”。党的十八大报告中将生态文明建设纳入中国特色社会主义事业“五位一体”总体布局。2017 年在党的十九大报告中，习近平总书记将“生态文明”的相关内容正式地纳入了“两个一百年”的奋斗目标中，他强调：“建设生态文明是中华民族永续发展的千年大计”。2018 年 4 月 26 日习近平在深入推动长江经济带发展座谈会上的讲话中指出，要把修复长江生态环境摆在压倒性位置，共抓大保护，不搞大开发，通过立规矩，倒逼产业转型升级，在坚持生态保护的前提下，发展适合的产业，实现科学发展、有序发展、高质量发展。2019 年 4 月 28 日习近平在北京世界园艺博览会开幕式上的讲话上强调，杀鸡取卵、竭泽而渔的发展方式走到了尽头，顺应自然、保护生态的绿色发展昭示着未来，要像保护眼睛一样保护生态环境，像对待生命一样对待生态环境。2020 年 3 月 29 日习近平在浙江考察时的讲话中指出“绿水青山就是金山银山”理念已经成为全党全社会的共识，成为新发展理念的重要组成部分。实践证明，经济发展不能以破坏生态为代价，生态本身就是经济，保护生态就是发展生产力。习近平生态文明建设思想和他的生态自然观不仅结合了中国国情、党情及我国生态环境保护现状，而且深刻把握住了人类文明进步规律、社会主义的发展规律和共产党治国理政的规律，生态文明建设已经成为新时代中国特色社会主义建设中不可或缺的一个组成部分。综上可以看到，习近平对环境保护、生态建设、经济的可持续发展等非常重视，他提出了新时代的生态文明建设，他的生态经济思想在考察过程、行为表现和讲话中体现得淋漓尽致。

（二）生态文明建设地位的历史演变

在马克思主义中国化的生态经济思想的不断演化进程中，最为显著的变化是由改革开放初期的“一个中心（以经济建设为中心）”到 20 世纪 90 年代强调“两条腿走路”“两个文明一起抓（物质文明和精神文明）”，再演化为包括政治文明在内的“三个文明建设”，再演变为“四个文明（物质文明、政治文明、精神文明、生态文明）”一起抓，建设“资源节约型和环境友好型”的两型社会，到中共十八大的报告中，包括“生态文明建设”的“五位一体”的社会主义和谐建设被提到议事日程，并且十八大报告总共有十二大部分，生态文明建设首次作为单独一部分列入第八部分“大力推进生态文明建设”。报告指出“建设生态文明，是关系人民福祉、关乎民族未来的长远大计”，把生态文明建设提到一个举足轻重的地位。党的十九大更是将“生态文明”的相关内容正式地纳入了“两个一百年”的奋斗目标中，明确提出到20世纪中叶把我国“建成富强、民主、文明、和谐、美丽的社会主义现代化强国”。

1978年党的十一届三中全会以后，面对国际国内的特殊局势，邓小平作为第二代中央领导集体的核心人物，确立了物质文明建设不可替代的中心地位[124]。中国共产党开启了改革开放的大潮，社会主义事业进入了一个全新的发展时期，中国开始了以经济建设为中心的社会主义道路。

1982年党的十二大的召开，正式把社会主义文明概括为物质文明和精神文明，明确提出了“两手抓，两手都要硬”的建设社会主义的战略方针，有效地防止了我国现代化建设的畸形发展。

2002年党的十六大首次将社会主义政治文明建设列为全面建成小康社会的重要目标，要求社会主义精神文明、物质文明和政治文明协调发展，同时，在全面建成小康社会的重要目标中提出了“生态环境得到改善”“生态良好”“树立全民环保意识，搞好生态保护和建设”等要求。

2007年党的十七大正式提出了“建设生态文明”和“基本形成节约能源资源和保护生态环境的产业结构、增长方式、消费模式……生态文明观念在全社会中牢固树立”，从而使三个文明的协调发展增加为物质文明、精神文明、政治文明和生态文明四个文明的共同发展。建设生态文明最基本的就是要实现人与自然的和谐，在人与自然和谐的基础上坚持走生产发展、生活富裕、生态良好的文明发展道路，从而实现社会全面、协调、可持续地发展和人的全面发展。这也是在我国现代化深入发展，面对社会中的新情况、新问题，在借鉴世界各国生态建设的经验和教训的前提下，提出的生态文明建设的发展目标[125]。

2012年党的十八大将中国特色社会主义总布局从经济、政治、文化、社会建设“四位一体”升华为包括生态文明建设的“五位一体”，标志着中华文明格局开启了向物质文明、政治文明、精神文明、社会文明和生态文明全面发展的更高阶段演进的新里程，坚定不移地推进中国梦的实现，走可持续发展之路。

中国特色社会主义生态文明建设的地位经历了从“一个中心”到“五位一体”的历史演变。2017 年党的十九大更是将“生态文明”的相关内容正式地纳入了“两个一百年”的奋斗目标中，指出要加快生态文明体制改革，建设美丽中国，首次把美丽中国作为建设社会主义现代化强国的重要目标，提出建设生态文明是中华民族永续发展的千年大计。十九大报告中还提出了关于生态文明建设的一系列新思想、新目标、新要求和新部署，为建设美丽中国提供了根本遵循和行动指南。这一系列变化也体现了中国共产党对中国特色社会主义事业总体布局的认识经历了一个从初步探索、逐步深化到趋于完善的过程。这一认识的不断深化的内在原因是中国特色社会主义建设实践的不断发展，体现了中国共产党与时俱进、不断创新的优良品质。

2017 年，习近平总书记在党的十九届一中全会上讲到：“在新时代的征程上，全党同志一定要按照党的十九大对经济建设、政治建设、文化建设、社会建设、生态文明建设等作出的部署，全面完成各项任务，确保如期全面建成小康社会，并在此基础上乘势而上，开启全面建设社会主义现代化国家新征程。”说明小康社会的建成，社会主义现代化国家的建设离不开生态文明建设。

2018 年，习近平总书记在党的十九届二中全会上提到了要坚持经济建设、政治建设、文化建设、社会建设、生态文明建设“五位一体”总体布局，创新、协调、绿色、开放、共享的新发展理念，到 2020 年全面建成小康社会，到 2035 年基本实现社会主义现代化，到 20 世纪中叶建成社会主义现代化强国的奋斗目标，这对实现中华民族伟大复兴，激励和引导全党全国各族人民团结奋斗具有重大引领意义。

2019 年，习近平总书记在党的十九届三中全会上提到，要根据时代发展要求健全管理体制，创新监管方式，完善市场监管和执法体制，改革自然资源和生态环境管理体制，完善公共服务管理体制，强化事中、事后监管。

第四节　产业生态化的内涵

一、国外产业生态化内涵研究

产业生态化是产业生态的动词化。对于产业生态化，一般认为罗伯特·

弗罗什（Robert Frosch）和尼古拉斯·盖洛普（Nicolas Gallopoulos）（1989）在《科学美国人》上发表的《可持续工业发展战略》中完善了产业生态学的概念，为产业生态化理论的开端[126]。

Paul Hawken（1990）将产业生态定义为：产业生态第一次提供了一种大规模、整合的管理工具以设计产业基础结构，使其成为一系列相互关联、与全球自然生态系统密切相关的人工生态系统。他利用生态思想系统探讨了商业活动与环境问题的相互关系，指出环境保护问题的关键是设计问题而非管理问题，创造一个可持续发展的商业模式才是唯一真正的出路[127]。他将产业生态化看成是一种方法，而这种方法可以解决目前人类发展与环境保护之间的突出矛盾。

也有学者通过产业生态化研究的主要内容来认识产业生态问题。S. Erkman（1997）认为产业生态主要研究产业系统如何运作、产业规制及其与生物圈的相互作用关系，并依据生态系统的基本特征来决定合理的产业调整，以达到产业系统与自然生态系统协调运行的目的[128]。Micah D. Lowenthal（1998）则认为产业生态学将自然生态学的视角、工具、原则应用于产业系统的研究，包括能量、信息与物质流对社会和环境的影响[129]。

Audra J，Potts Carr 和 J·Korhonen 等学者从生态系统的角度出发，认为应该将人类和自然融为一个协调统一的产业生态系统。Audra J，Potts Carr（1998）认为以往为了实现工业化和国内生产总值增长而设计的经济发展模式，是以大量资源消耗、大量废物排放和较低的利用效率为代价的，造成了环境污染和生态退化，引发了人类活动与自然系统的对立与冲突。他提出通过改变产业组织形式，调整产业政策来恢复和保持社会、经济和生态的调节能力，将人类活动、土地利用、自然循环和功能协调整合为一体的产业生态系统[130]。J·Korhonen 等提出目前不可持续发展的主要原因在于人类社会、经济系统与自然生态系统基于不同的系统发展原理运作，因此必须把人类活动、土地利用、自然资源循环和功能协调为统一的产业生态系统，通过改变产业组织形式，调整产业政策来恢复和保持各种形式的社会、经济和生态的调节能力[131]。

二、国内产业生态化内涵研究

我国在产业生态化方面的研究起步稍晚，还处于初级阶段。关于产业生态化的内涵，不同的专家学者根据自身的知识背景从不同的角度进行了定义。

从自然生态系统的角度，刘则渊、代锦（1994）指出，产业生态化就是把作为物质生产过程主要内容的产业活动纳入大生态系统中，把产业活动对自然资源的消耗和对环境的影响置于大生态系统物质、能源的总交换中，实现大生态系统的良性循环与可持续发展[132]。厉无畏等（2002）在《产业发展的趋势研判与理性思考》中指出："产业生态化是产业依据自然生态的有机循环原理建立发展模式，使不同的工业企业、不同类别的产业之间形成类似于自然生态链的关系，从而达到充分利用资源，减少废物产生，增加物质循环利用，消除环境破坏，提高经济发展规模和质量的目的"[133]。赵林飞（2003）把产业生态化定义为：产业仿照自然生态系统的循环模式构造产业生态系统，以促进资源的循环利用，减少废物的排放，促使产业和自然环境和谐发展。他提出产业生态化主要包含三方面含义：①产业生态化的核心是产业系统的生态化，即如何模仿自然生态系统来构造产业生态系统；②构建产业生态系统的目的是使资源在系统内得到循环利用，从而减少废物的产生，使产业特别是工业产业的发展对环境的污染和破坏降到尽可能低的程度；③如同工业化发展的道路，产业的生态化发展也是一个从低级到高级不断发展的过程，因为产业生态系统的构建本身是一个不断完善的过程[134]。陈柳钦（2006）也认为，产业生态化是依据产业自然生态有机循环机理，在自然系统承载能力范围内，对特定地域空间内产业系统、自然系统与社会系统进行耦合优化，达到充分利用资源，消除环境破坏，协调自然、社会与经济的可持续发展[135]。宋宝莉等（2012）认为产业生态化发展就是模拟生态系统的功能，在注重经济发展的同时，建立起相当于生态系统的"生产者、消费者、还原者"的产业生态链，以低消耗、低污染、高效率来实现经济增长与生态环境协调发展的产业增长模式，从而将产业发展过程中的反生态特性削弱，加强生态特性[136]。穆亮红（2014）提出生态工业就是建立废物循环利用的生态链，通过企业之间的闭路循环体系来实现资源的高效利用和工业生产的零排放[137]。陈洪波（2018）提出"产业生态化和生态产业化"是前后相继、互为循环的过程：生态产业化强调生态资源的转化与应用，并且在产业化的过程中需要兼顾生态效应，预先设计产业生态化方案，在开发中进行保护，才会实现生态资源的永续利用；产业生态化通过绿色循环生产管理技术的开发使用，模仿自然生态自循环和自净化的过程，尽可能地将生产对环境的干扰降到低值[138]。杨洪（2019）提出需要在生态文明的引领下走新型的工业化道路，强调的是在工业发展中，以资源节约、排放减少或零排放、环境保护为着眼点，树立循环经济理念，积极发展生态工业[139]。

从生态经济的角度，袁增伟、毕军（2004）等认为产业生态化就是依据生态环境经济学原理，运用生态、经济规律和系统工程的方法来经营和管理传统产业，以实现其社会效益与经济效益最大化、资源高效利用、生态环境损害最小和废弃物多层次利用的目标[140]。钟真宜（2008）等则从现象和理论上提出了一个概括性的定义。他们认为产业生态化是指生态学范式在产业经济活动中的运用，从现象上讲是对产业经济正在出现的越来越多的“生态化”现象和发展趋势的概括；从理论上讲是依据生态经济学的基本思想，以产业经济学与生态经济学相结合为基点，研究分析生态因素与产业经济活动之间的相互关系，以推动经济与生态相互协调的可持续发展[141]。张文龙和张伟根（2010）认为产业生态化是产业生态学理论指导下的产业发展的高级形态，通过模仿自然生态系统闭路循环的模式构建产业生态系统，按照生态规律和经济规律来安排生产活动，实现产业系统的生态化，从而达到资源循环利用，废物排放减少，消除环境破坏，实现经济效益、社会效益和生态效益的和谐统一，最终实现产业与自然的协调发展与可持续发展[142]。吴巨培和彭福扬（2013）指出，产业生态化就是以生态化理念为指导，按照产业的发展规律，遵循生态学原理和经济规律来从事产业实践，使产业资源优化配置，产业结构合理构建，产业组织关联共生，产业生产低碳循环，以实现产业健康、协调、可持续发展的过程[143]。在此更多地强调以生态经济思想为指导，遵循经济发展规律，科学发展，最终实现产业系统与生态系统的融合、协调、可持续发展。刘淑茹等（2015）认为西部地区应积极实践产业生态化理论，以循环经济发展理念为指导，合理引导产业集聚，使相互关联的生产要素，产业链、价值链上下游相关企业向某一地域集中，增强企业间的合作交流，平衡企业间的生态关系和经济关系，迸发集群的“集体效率”[144]。张国俊等（2018）对广州市产业生态化驱动因素进行研究，发现产业发展策略、城市空间发展战略、环境监管、技术创新与应用及企业节能减排的意识是产业生态化发展的重要驱动因素[145]。

综上所述，产业生态化定义可以分为两大类：模仿自然生态系统的大循环和以生态学原理与经济规律为指导的可持续发展。但目前尚未形成比较权威且统一的产业生态化定义，不同组织或专家学者从不同角度提出了各自的观点。可以明确的是：产业生态化是以可持续发展为目标的产业发展战略，是源自产业生态理论与产业生态学，并且是对产业生态学等相关学科理论的实践与应用[146]。总体而言，产业生态化是生态化水平不断提高的产业升级和与生态环境融为一体的能力不断增强的产业再造。

第五节　产业生态化理论的演变

一、产业生态学

产业生态化的概念依赖于产业生态学概念的产生。“产业生态学”（industrial ecology）一词在20世纪70年代以后才零星出现在相关研究文献中。作为专业性术语而出现的“产业生态学”概念最早见于1977年，当时由著名的地球化学家Preston Cloud在德国地理学会年会上，向与会者介绍其会议论文时首次提出了这一概念。这一概念认为，产业生态学是在产业活动与地球环境之间的矛盾和重重危机背景下，为了解决人类面临的生态环境危机，寻求一条人类生存和产业可持续发展的路径，追求一个发展与环境“双赢”的局面。自此，人类与自然和谐统一的新型“绿色文明”应运而生，并被广泛接受[147]。

全球第一本《产业生态学》杂志于1997年由耶鲁大学和麻省理工学院共同合作出版，此举标志着产业生态学成为一门独立的学科逐渐被世人接受。在发刊词中，明确了产业生态学学科的性质、研究对象和内容，把产业生态学认定为一门新兴的学科，认为产业生态学是从小区域（如流域、县市级区域）层面、地区（省级或国家级）层面和全球层面三个层次上，系统深入地研究产品、工艺、产业部门和经济部门中的能量流动和物质流动。产业生态学的研究焦点是研究产业界如何降低产品生命周期（包括原材料的采掘和生产、产品制造、产品使用和废弃物管理）过程中的环境压力[148]。

产业生态学不仅研究产业系统，更关注产业系统、自然系统和社会系统的相互作用关系。它涉及三个层次：宏观上，它是国家产业政策的重要理论依据，即围绕产业发展，如何将生态学的理论与原则融入国家法律、经济和社会发展纲要中，以促进国家及全球的生态安全和经济繁荣；中观上，它是部门和地区生产能力建设及产业结构调整的重要方法论基础，通过生态产业将区域国土规划、城市建设规划、生态环境规划和社会经济发展规划融为一体，促进城乡结合、工农结合、环境保护和经济建设结合；微观上，为企业提供具体产品和工艺的生态评价、生态设计、生态工程与生态管理方法，涉及企业的竞争能力、管理体制、发展战略、行动方针，它包括企业的“绿色核算体系”“生态产品规格与标准”等[149]。产业生态学为各次级的产业发展提供了系统性的指导。

随着人们对产业生态学的关注和深入研究，世界各地相关的研究组织机构相继成立。1993 年美国成立了可持续发展委员会，1996 年该委员会召开了生态产业园研讨会，对生态产业园区的定义、建设原则及美国生态产业园区建设实践情况做了研讨。1998 年美国国家科学基金会资助了 18 项有关生态产业的基础研究课题。同期美国矿产资源管理局在 Virginia 举行了“关于科学、可持续能力和天然资源管理：USGS 物质与能量流动研究”专题工作会，与会者就产业生态学、物质与能量流动进行了研讨，认为物质与能量流动研究对于正在形成的产业生态学研究具有重要的意义。2000 年 1 月，国际产业生态学学会（The International Society for Industrial Ecology，ISIE）在美国纽约成立，其任务是推动产业生态学在研究、教育、政策、社会发展及产业实践中的应用。国际产业生态学学会的成立更进一步地推动了产业生态学的发展，为产业生态学的相关研究者和兴趣爱好者提供了学习、讨论、交流的平台。2004 年，产业生态学分支领域——产业共生学术研讨会在耶鲁大学召开，来自世界各国的专家学者就产业共生的内涵、理论和方法做了界定[150-151]。2013 年第七届产业生态学国际大会（ISIE2013）在韩国蔚山大学举行。联合国工业发展组织（UNIDO）清洁及可持续生产部部长 Ren'e van Berkel，以及包括中国清华大学、北京大学和中科院等 30 多名代表在内的来自 37 个国家的 400 余位专家学者就产业共生和生态工业园区、城市代谢、生命周期分析、物质投入产出分析、绿色增长和绿色经济、复杂系统及建模等 20 多个议题分别作主旨发言①。

二、产业生态系统理论

相关西方经济理论从不同层面、不同角度对产业生态系统进行了研究，并形成了多个独立的理论体系。在这些理论中，较具代表性且与本书相关的理论主要有产业生态系统的三级进化理论、工业代谢理论、产业共生理论和物质减量化理论等。

（一）产业生态系统的三级进化理论

在关于产业系统与自然生态系统关系的研究中，最具代表性的学者是 Braden R. Allenby，他是产业生态系统理论的主要探索者，在 2005 年提出了产

① http：//news. tsinghua. edu. cn/publish/news/4205/2013/20130704104528066114817/20130704104528066114817_ html.

业生态系统的三级进化理论[152]。该理论把产业生态系统的发展状态分为三个阶段：第一阶段，产业生态系统是线性模型，进入端是无限的资源，末端是无限的废料；第二阶段，产业生态系统仍然是线性模型，但是产业生态系统的进入端变成了有限的资源，而末端也变为有限的废料，系统内部的资源和废物的进出量受到资源总量和环境容量的约束；第三阶段，产业生态系统是封闭的环形模型，资源与废物只是不同环节、不同阶段的相对概念，一个环节产生的废物经过处理或不经过处理直接成为下一个环节所需的资源，整个产业系统与外部环境的联系就只有吸取外部的太阳能、风能等可再生性资源。该理论认为三级生态系统的物质来源于系统本身，又消化于系统本身，被充分利用而没有废物产生，是真正可持续的生态系统，显然，这是一种最高级但略带理想化的产业生态系统。Allenby 认为这个理想的产业生态系统包括四类主要参与者：资源开采者（投入端）、处理者或制造商（中间环节）、消费者和废料处理者（产出端，二者的共同点在于，前者对产出端的产品进行消费和处理，后者对产出端的废品进行消费和处理）。

（二）工业代谢理论

工业代谢的概念是 20 世纪 80 年代中期以后，罗伯特 . U. 艾瑞斯等人在研究了原料与能量流动对环境的影响后提出来的。它是模拟生物和生态系统代谢功能的一种系统分析方法。

工业代谢理论借鉴生物的代谢原理，认为产业系统中物质能量（主要是资源）经过了以下生产代谢过程：自然资源（主要是不可再生的矿产资源）经过挖掘和开采，代谢为可直接投入产品生产的直接原料，经过产业技术和生产工艺代谢为可直接或间接提供给人类消费的产品，产生的废品通过加工处理再次代谢为工业生产可再利用的资源。该理论重点分析工业系统中原料流动与物质循环的关系，旨在揭示经济活动纯物质的数量和质量规模等问题，展示构成产业系统的全部物质能量的流动、储存及其对内外部环境的影响[15]。

通过工业代谢理论分析可以对工业系统运行机制有整体了解，发现工业系统中真正的问题所在，从而寻找使工业系统与自然生态系统协调发展的最佳方法。它可以在有限区域内追踪某些污染物，让我们认识污染的历史与演化规律，特别是主要污染物的累积程度；也可以对某种物质（如重金属等）、特定产品相联系的物质流和能量流（如家庭等）进行分析。

（三）产业共生理论

丹麦卡堡伦公司出版的《产业共生》一书将产业共生定义为：产业共生

是指不同企业间的合作，通过合作来提高企业的生存能力和获利能力，同时，通过共生实现对资源的节约和环境保护。产业共生用来着重说明相互利用副产品的产业合作的关系。产业共生系统是由共生单元按某种共生模式构成的共生关系的集合。产业共生三要素由共生单元、共生模式、共生环境构成。在产业共生的要素中，共生单元是基础，共生模式是关键，共生环境是外部条件。

产业共生最大的特点是可以形成相对稳定的股权、正式或非正式的契约等内生媒介。共生单元之间通过对内生媒介进行信息与能量交流的水平要高于通过外生媒介交流的水平。共生单元对内生媒介有一定的依赖性，形成了以连续性交易为特征的共生。这种共生机制消除了共生对象的随机性，减少了信息和能量在传导过程中的损失和失真。

通过产业共生可以促进企业间的协作，充分共享和合理利用资源，减少对资源的浪费和对环境造成的伤害。在此模式下，企业间相互合作、分工协作、优势互补，一定程度上形成了相互依赖性，有利于提高企业的对外竞争力。

（四）物质减量化理论

在世界人口规模迅速扩张的情况下，如果人类既想享有较高的生活水平，又想享有较适宜的生态环境，并将对自然环境的影响降低到最低限度，一个重要的途径就是在同样多的、甚至更少的物质基础上获得更多的产品和服务。这便是物质减量化（又被称为非物质化）理论产生的背景。物质减量化理论是以解决经济发展和生态环境之间的矛盾关系为目的而提出的一种研究思路。其目的在于通过提高资源的利用效率，从而提高资源的生态效益和经济效益。物质减量化在产品使用的优化上，尤其在延长产品的使用寿命上是最为有效的方法。它可以贯穿于产品设计、产品制造、服务和使用等各个环节中。它可以实现以最小的资源投入产出最大量的产品，同时产生最小量的废品，实现经济效益、生态效益和社会效益的统一。因此，物质减量化操作性强，是实现产业生态化的重要途径。但目前物质减量化研究尚未涉及物质利用与其他社会发展目标之间的关系，如社会福利、就业等。

三、产业生态化理论的实践探索

目前提出的关于实现产业生态化的途径和方法主要有：生命周期评价、为环境而设计产品的理念、生态工业园、生产者责任延伸制和产品导向环境政策等。

（一）生命周期评价

产品生命周期的基本思想起源于20世纪60年代，美国中西部资源研究所（MRI）对可口可乐公司做了饮料包装品的评价，这是最早的生命周期评价案例，也是生命周期评价研究开始的标志。随着环境问题的日益严重，人们的环境保护意识逐渐提高，20世纪90年代，生命周期评价方法得到快速地成长。生命周期理论或生命周期评价是一种有效管理产品系统的工具，该理论或方法基于产品的整个生命周期进行考虑，通过实现产品生产的生态化，产品运输的生态化，产品销售的生态化，产品消费和使用的生态化，产品使用后成为废品的回收利用（本身就是生态化的过程），以及废品最终的生态化处理，实现产品从“摇篮”到“坟墓”的彻底生态化。

生命周期评价是国际上公认的、用来评估产品或服务潜在环境影响的有效方法。其主要评价内容包括：由于原材料开采造成的大气、水和固体废弃物污染；开采过程中造成的污染；产品生产过程中造成的污染；产品分配和使用可能带来的环境影响；产品最终处置产生的环境影响[116]。生命周期评价将生态思想贯穿于产品的整个生命周期，因此，生命周期评价是指导实现产业生态化的重要方法。

（二）为环境而设计产品的理念

为环境而设计产品的理念是在20世纪90年代初提出的，是在人类社会面临一系列因产品质量问题导致生态环境灾难，最终导致人类生命健康受损之后经过反省的结果，如传统的含氟冰箱释放的有害气体会“吃”掉臭氧，从而破坏地球的保护罩。为此，全球范围内已经开始淘汰该类冰箱，转而设计生产无氟冰箱。因此，该理念尤其倡导绿色经济、低碳经济（这两种经济形态也属于生态经济的范畴）。该理念从产品的最初阶段——设计阶段开始实现源头的生态化，为后续环节的生态化创造良好条件，以减少产品在生产环节、使用环节、回收环节、处置环节的有关健康、安全和环境方面的危害，实现生态效益、社会效益、经济效益的和谐统一。

为行为环境而设计产品的理念可以调动企业保护环境的积极性，企业可以从产品的设计中了解到产品生产中污染物的来源，从而找到降低能耗、减少污染的解决办法，实现经济效益和环境保护的双赢。同时，企业还可以对原有的设计进行改进，降低生产成本，并减少将来可能承担的环境责任。

（三）生态工业园

20世纪90年代初，以美国康奈尔大学为首的一些学者提出了生态工业园区（eco-industry park，EIP）的概念。生态工业园区是生态工业的实践，是生态工业的聚集场所，它由若干企业、自然生态和居民区共同构成，是彼此合作并与地方社区协调发展的一个区域性系统。其目标是通过两个或两个以上的生产体系或环节之间的系统耦合使物质和能量多级利用、高效产出或持续利用；通过废物交换、循环利用、清洁生产等手段最终实现园区的零污染排放。

传统的工业园区只追求经济效益，不考虑生态效益，而生态工业园是模仿生态系统，将一个区域看成一个大的生态系统，通过有意识地规划安排使工业园内形成一个较为完整的"生物链"，尽可能地使所有的废物成为下一级的原材料，最终形成一个闭环的循环系统。因此可以看到，生态工业园的建设符合产业生态化的要求，是实现生态化发展的有效途径。

（四）生产者责任延伸制

生产者责任延伸制度（extended producer responsibility，EPR）是促进改善产品整个生命周期内的环境影响的一种环境保护制度。它的概念是环境经济学家Thomas Lindhquist在1990年和1992年为瑞典环境部编制的两份报告中提出的。他认为延伸生产者责任是指为了实现降低产品的环境影响这一目标，而要求产品的生产者对产品的整个生命周期，尤其是对产品使用寿命终结后产品回收、循环利用与最终处理负有责任[109]。欧盟将EPR定义为：生产者必须负责产品使用后的回收、再生或弃置，将产品弃置阶段的责任明确归给了生产者。OECD（经济合作与发展组织）将EPR定义为：将生产者对产品所负有的责任（包括行为的和财务的）扩展到产品生命周期的消费后阶段的一种环境政策方法[153]。

生产者责任延伸制将生产者对环境的责任从生产过程延伸到了产品废弃后的回收、再利用和处理等阶段，将产品的处置成本和对环境的影响内部化。这在一定程度上迫使生产者在产品设计和原材料选购时必须考虑各种环境因素及产品的处置成本，从而促使生产者将产品在整个生命周期对环境的影响降到最低，实现生态化发展。

（五）产品导向环境政策

产品导向环境政策是一种较新的提法，目前还没有统一的定义。它是以产品为中心，直接针对产品对环境所产生的影响，因此也被称为"产品政策”。它与生产者责任延伸制不同，它包含了产品生命周期的环境影响及各个参与者（如产品的设计者、消费者、销售者等）所负有的责任。将责任承担者的范围由生产者扩大到了更多的利益相关者，明确了各个利益相关者应当承担的责任。

产品导向环境政策的目标是降低产品在整个生命周期对环境的影响。它更加强调对污染的预防，在设计阶段就考虑产品在整个生命周期可能对环境造成的影响，从源头上预防和避免环境污染；强调对产品的持续性改进。该政策没有为生产者设定具体要达到的目标，而是提倡每一种产品应该比其先前的产品对环境更为友好，具体如何实施则由生产者自己选择。同时产品导向环境政策还主张以市场为基础，把经济利益作为政策的主要驱动力，采取措施内化产品的环境成本，尽可能利用市场的力量来实现环境政策目标。

推行产品导向环境政策有利于突出生产者、消费者、销售者等利益相关者在环境保护中的主体地位，调动参与环境保护的积极性，实现可持续发展。

四、产业生态化与相关理论的关系研究

（一）可持续发展理论

1. 可持续发展的概念

可持续发展是当今社会最受关注的问题之一。在 19 世纪 80 年代可持续发展概念被提出后，学术界展开了激烈的讨论，但没有形成统一的定义。1987 年布伦特夫人在《我们共同的未来》报告中对可持续发展的涵义、原则等问题进行了系统地论述，最后将“可持续发展”定义为：“既满足当代人的需求，又不对后代人满足其自身需求的能力构成危害的发展”。该定义包含了可持续发展的公平性原则（fairness）、持续性原则（sustainable）、共同性原则（common），强调了两个基本观点：一是人类要发展，尤其是穷人要发展；二是发展有限度，不能危及后代人的生存和发展。该定义被国际社会普遍接受。此后，学术界内对可持续发展展开了争论，从不同的角度阐述了对可持续发展的理解。

从自然的角度，国际生物科学联合会（IUBS）和国际生态学联合会（INTECOL）于 1991 年提出“可持续发展是保护和加强环境系统的生产和更新能力”。该定义从自然环境的角度强调人类要在环境系统更新能力承载的范围内进行发展。从经济的角度，赫尔曼·E. 戴利将可持续发展定义为“经济子系

统的增长规模绝对不能超出生态系统可以永久持续或支撑的容纳范围”。爱德华·B. 巴比尔将可持续发展定义为“在保持自然资源的质量及其所提供服务的前提下，使经济发展的净利益增加达到最大限度”。两位学者都强调在自然生态环境允许的条件下发展经济。从科技角度，司伯斯认为可持续发展“是转向更清洁、更有效的技术，尽可能使用接近‘零排放’或‘封闭式’的工艺方法，尽可能减少能源和其他自然资源的消耗”，那么要做到减少能耗和污染的排放甚至不排放，绝不能少了科学技术的支持[154]。世界资源研究所提出效益低和技术差是企业工业活动污染的主要原因[155-156]，通过技术的革新可以减少或者避免上述情况，因此他们认为可持续发展是“建立极少产生废料和污染物的工艺或技术系统”。

总的来说，可持续发展就是要使生态环境和人类社会达到和谐统一，在生态环境能够承载的范围内进行人类的正常生产生活，其目的就是既满足当代人当前发展的需要，又不损害后代人可持续发展的利益。

2. 产业生态化与可持续发展

产业生态化是一种更有效、更清洁的发展模式，目的是尽可能做到零排放或全封闭的、循环的发展，减少对自然资源、能源的消耗。产业生态化符合可持续发展的要求，是实现可持续发展的一个重要手段。

实现产业生态化是我国可持续发展战略的重要内容，是保证我国经济可持续发展的基本手段和方式。我国经济正处于高速增长中，目前面临的不是增长与不增长的选择问题，也不是高速增长与低速增长的选择问题，而是采取什么样的发展方式的选择问题。实现产业生态化是经济可持续发展的一项战略选择；建立可持续发展试验区，是达到产业生态化目标的一项重要战略举措。程春生（2007）认为产业生态化是可持续发展的必然要求。产业生态化通过两个或两个以上的生产体系或环节之间的系统耦合，使物质、能量被能多级利用、高效产出，资源、环境能被系统开发、持续利用[157]。生态可持续、经济可持续和社会可持续具有以下关系：生态可持续要求产业通过生态化发展将资源和环境的消耗控制在其可以承受的范围内，而不能超出自然资源和生态环境的承载能力；经济可持续要求产业从粗放型发展向集约型发展转变，在保证经济增长数量的同时提高经济发展的质量，清洁生产、循环经济、绿色消费正是这一转变的重要手段及体现；社会可持续要求产业进行生态化发展，在改善人类物质条件的同时，为创造一个健康的生存和发展环境承担起应有的责任。

总之，产业生态化和可持续发展的目的具有一致性，都是寻找经济与生态的平衡，既要达到经济发展的目的，又要保护好生态环境，使后代人能够得到永续发展。

（二）循环经济理论

循环经济本质上是一种生态经济。产业的生态化是生态经济发展的一个方面，是产业层面的生态化。因此，循环经济理论与产业生态化理论密切相关。

1. 循环经济的内涵研究

我国于2007年发布的《2006中国可持续发展战略报告》中对循环经济的概念作了界定[158]：一是广义的循环经济，主要是指围绕资源高效利用和环境友好（即“两型社会”建设的落脚点）进行的社会生产和再生产活动；二是狭义的循环经济，主要是指通过废物的减量化、再利用、再循环（“3R”原则）进行社会生产和再生产活动来发展经济，一定程度上可以列入“垃圾经济”和“废物经济”的范畴。

因此，从本质上来讲，循环经济就是生态经济的一种形态（除此之外还有低碳经济、绿色经济等），是遵循生态学和经济学原理等基本规律，按照减量化、再利用、再循环的原则，运用系统工程学等相关学科的方法，以环境友好的方式利用自然资源和环境容量，实现经济发展过程中物质和能量循环利用的一种新型经济发展形式[159]。

结合国内对于循环经济内涵的研究成果，综合以上各种观点，对于循环经济的内涵，本书认为：循环经济最重要的依据是生态学及生态学所揭示的生态规律，最基本的依据是生态学的应用和发展；循环经济、低碳经济、绿色经济都是生态经济的具体形态。

2. 产业生态化与循环经济

循环经济作为生态经济的一种形态，表明产业层面（产业是经济的一个层面）的生态化与循环经济之间有着千丝万缕的联系[160]。

齐振宏等（2009）认为产业生态化实现了循环经济的长期稳定发展；产业生态链是循环经济的发展载体，其共生耦合关系直接关系到生态工业园和区域经济发展的可持续发展性[161]。孟祥林、李东升（2009）在探索产业生态化发展模式时认为，循环经济是实现产业生态化的一个有效机制，并在此后的研究中验证了这一观点[162]。循环经济应该而且能够为产业集群向生态化跃升和可持续发展提供充足的动力[163]。生态工业园是发展基于循环经济的产业集群的重要载体，它是实现循环经济发展的有效形式，是促进产业集群可持续发展的重要保证，而生态工业园的发展关键在于园内产业的生态化重构[164]。

客观上，循环经济改变了传统经济以单纯的经济增长作为唯一目标的发展模式，而是将生态效益、社会效益、经济效益的同时实现作为最高任务。它的循环优化不仅仅局限在一个企业内部，更注重更高级别系统（城市或地区间整个产业系统）的优化。

（三）清洁生产理论

清洁生产是人们对环境问题进行反思而提出的一种环境预防的战略措施，它要求在生产过程、产品及服务中采取整体预防措施，减少或消除对生态环境的破坏。这也是产业生态化的微观上的体现[165]。

清洁生产起源于1960年的美国化学行业的污染预防审计。“清洁生产”的概念出现于1976年，当年欧共体在巴黎举行了“无废工艺和无废生产国际研讨会”，会上提出“消除造成污染的根源”。1979年4月欧共体理事会宣布推行清洁生产政策；1984年、1985年、1987年欧盟委员会环境事务委员会三次拨款支持建立清洁生产示范工程。1989年联合国环境规划署（UNEP）正式提出清洁生产的概念。1996年联合国环境规划署又重新定义了清洁生产的概念：清洁生产意味着对生产过程、产品和服务持续运用整体预防的环境战略，以期增加生态效率并减轻人类和环境的风险。

在美国，清洁生产又称为“污染预防”或“废物最小量化”。美国环境保护局将废物最少化技术定义为：在可行的前提下，减少有害废弃物的产生，或者随之处理、处置有害废弃物。这一过程包括在产生源处减少废弃物和进行循环利用，最终实现有害废弃物的减少，或者降低危害性，达到把现在和将来人类生存发展的威胁降到最低的目的。

《中国21世纪议程——中国21世纪人口、环境与发展白皮书》对清洁生产定义为：清洁生产指不仅能满足人类自身生存发展的需要，而且是合理利用自然资源和能源并保护环境的实用生产方法和措施，其实质是在人类生产活动中实现材料和能源消耗最少，通过规划和管理，将废弃物减量化、资源化和无害化，或消除在生产过程之中。2003年我国开始实施《中华人民共和国清洁生产促进法》，对清洁生产进行了更加科学的定义：清洁生产是指不断采取改进的设计，使用清洁的能源和原料，通过采用先进的工艺技术与设备、改善管理、综合利用等措施，从源头削减污染，提高资源利用效率，减少或避免生产、服务和产品使用过程中污染物的产生与排放，以减轻或消除对人类健康和环境的危害。

综上，清洁生产本质上就是对生产过程与产品采取整体预防的环境策略，减少或者消除它们对人类及环境的可能危害，同时充分满足人类需要，使社会经济效益最大化的一种生产模式。清洁生产与产业生态化追求的经济和生态协调发展的目标是一致的，清洁生产也是产业生态化在企业中实践的表现，也将成为生态化过程中的一个重要实现形式和手段。

（四）低碳经济理论

低碳经济的概念是在 2003 年英国政府发布的能源白皮书《我们能源的未来：创建低碳经济》中首次提出的。低碳经济是以低能耗、低污染为基础的绿色生态经济。2006 年前世界银行首席经济学家尼古拉斯·斯特恩牵头编写的《斯特恩报告》指出，全球每年 GDP 的 1%的投入即可避免将来每年 GDP 的 5%~20%的损失，呼吁全球向低碳经济转型，主要措施有：提高能源效率；对电力等能源部门“去碳”；建立强有力的价格机制，如对碳排放征税和进行碳排放交易；及全球联合对“去碳”高新技术进行研发和部署等[166]。联合国环境规划署确定 2008 年“世界环境日”（6 月 5 日）的主题为“转变传统观念，推行低碳经济”。2007 年 7 月美国参议院提出了《低碳经济法案》，表明低碳经济的发展道路有望成为美国未来的重要战略选择。同样日本政府也在 2008 年 7 月通过了“低碳社会行动计划”。2007 年 9 月时任中国国家主席的胡锦涛在亚太经合组织（APEC）第 15 次领导会议上提出了“发展低碳经济”“研发和推广低碳能源技术”“增加碳汇”和“促进碳吸收技术发展”主张。2015 年 6 月 30 日，中国向联合国气候变化框架公约秘书处提交的应对气候变化国家自主贡献文件《强化应对气候变化行动——中国国家自主贡献》中提出了行动目标，即到 2020 年单位国内生产总值二氧化碳排放比 2005 年下降 40%~45%，到 2030 年单位国内生产总值二氧化碳排放比 2005 年下降 60%~65%。

随着对低碳经济的关注越来越多，学者们对其内涵的研究日益丰富。庄贵阳（2005）认为，低碳经济的实质是能源效率和清洁能源结构问题，核心是能源技术创新和制度创新，目标是减缓气候变化和促进人类的可持续发展，即依靠技术创新和政策措施实施一场能源革命，建立一种较少排放温室气体的经济发展模式，减缓气候变化[167]。方时姣（2009）指出，低碳经济是经济发展的碳排放量、生态环境代价及社会经济成本最低的经济形态，是一种能够改善地球生态系统自我调节能力的可持续性很强的经济形态[168]。史立山

(2010) 认为，低碳经济建立和落实的关键点在于能源资源的综合使用效率的大幅提高，大力开发可再生能源、生物质能，并做好能源运行管理等方面的准备，具体可以运用法律、政策、技术等多种方法，同时，能源价格政策措施的制定和实行要符合经济规律和现实情况[169]。目前普遍认为，低碳经济是指在可持续发展理念指导下，通过技术创新、制度创新、产业转型、新能源开发等多种手段，尽可能地减少煤炭石油等高碳能源消耗，减少温室气体排放，达到经济和社会发展与生态环境保护双赢的一种经济形态。

综上，低碳经济强调生产过程中减少对煤炭石油等高碳能源的消耗，是产业生态化的一个具体表现，也是产业生态化实现的重要手段。

（五）生态经济、循环经济、绿色经济与低碳经济辨析

随着经济社会的发展和对环境的关注，相继出现了生态经济、循环经济、绿色经济和低碳经济的概念。这些概念既有联系又有区别，但都是为了解决环境问题和能源危机问题等，旨在保护环境，实现可持续发展[170]。

生态经济、循环经济、绿色经济和低碳经济提出的时间不同，但在理论基础、技术手段和目标上具有相同之处。在理论基础上都是以生态经济理论和系统理论为指导，以生态与经济系统协调发展为核心，以包括人类在内的生态大系统为研究对象，借鉴生态学的物质循环和能量转化原理，考虑到资源和环境的可持续发展问题，探索人类经济活动和自然生态之间的关系。在技术手段上，都是以生态技术为基础，解决环境和资源消耗问题。在目标上，都是追求保护、改善资源环境；追求人类与自然的和谐可持续发展。

当然，生态经济、循环经济、绿色经济和低碳经济也有不同之处。在研究角度方面，生态经济强调的是经济与生态系统的协调；循环经济侧重资源减量化、再循环、再利用，强调产品从生产到消费全过程的循环再利用；绿色经济突出以科技进步为手段实现绿色生产、流通、分配，兼顾物质需求和精神上的满足；低碳经济更强调碳的排放，通过建立低碳结构，减少碳能源消费，减少二氧化碳排放来保护自然环境。在实时控制环节，生态经济从资源的输入端进行研究，循环经济则从废物的输出端进行研究，并关注资源尤其是不可再生资源的枯竭；绿色经济也更多强调经济活动的输出端，即废弃物对环境的影响，重点在于环境保护；低碳经济强调能源输入端，通过减少碳排放来保护环境。在核心内容方面，生态经济的核心是实现经济和自然系统的协调发展；循环经济的核心是物质的循环利用；绿色经济则是发展经济、全面提高生活福利水平；低碳经济的核心是对低碳产品、技术和能源的开发和

利用[171]。

总之，无论是对循环经济、生态经济、绿色经济、低碳经济等经济理论的研究，还是对产业生态化、减量生产、清洁生产、生态工业园建设等实践实验的探索，无不是在可持续发展理念的指导下，从理论推演、过程改善方式、改造生产的过程、结果的转变、循环利用等诸层面进行的多维度的摸索与探究，至今已经成为可持续发展框架下的多学科融合、多形态并存、多理论交融的多种模型实践的态势。

第三章

青海省生态经济发展分析

第一节　青海省生态经济发展现状

一、青海省生态环境概况与经济发展现状

地区发展的最终目的是可持续发展，而地区发展离不开产业集群。青海省作为西部资源型地区，产业集群经济的发展应该根据青海省内环境及资源禀赋的实际情况统筹规划[172]。所以，青海省依靠其独特的自然地理环境及条件，产生自有的资源型产业。资源型产业集群发展建立在科学的循环经济发展模式下，充分发挥产业集群的集聚效应和协同机制，为青海省实现生态环境与社会的可持续发展提供强有力的支撑。

青海省土地面积约为71.75万公顷，地貌类型复杂多样，生物品种丰富，生存条件较差，自然灾害频发，生态环境十分脆弱。自然环境大致可划分为草地、水域湿地、林地、未利用土地和人工生态系统5个部分[173]。青海省草地资源丰富，全省共有草地面积4 211.11万公顷，占全省面积的55.8%，其中可利用的草地面积为3 161.03万公顷。草地主要分布在环湖地区、青南高原，占全省草地面积的94.47%，东部农业区草地只占全省草地面积的5.53%[174]。过度放牧造成的草场退化、鼠虫害肆虐等问题，使得牧草地生产力急剧下降。青海省水域湿地资源宝贵，截至2018年年末，青海省湿地总面积约为814.36万公顷，其中自然湿地面积为800.1。青海省在1992年提出了“改革开放，治穷致富，开发资源，振兴青海”的经济发展战略，自此，青海经济发展速度加快，三次产业结构比例发生了重大变化，由1990年的17.0∶49.3∶33.7演变为2018年的9.4∶43.5∶47.1，其间GDP“八五”期间年均增长7.56%，“九五”期间年均增长8.76%，“十五”期间年均增长12.2%，

“十一五”期间年均增长 22.13%，“十二五”期间年均增长 12.2%，“十三五”期间年均增长 11.47%，截至 2019 年人均生产总值达到 48 796 元。可以说，青海省的资源开发战略实施，围绕“消除贫困、富民强省”取得了重大成就。然而，自 20 世纪 90 年代以来，人类活动的不断加强，对自然水域生态系统的破坏持续增加，使得河流下游断流，湖泊、沼泽萎缩干涸，湿地退化趋势加剧。近年来省政府加大利用水电资源，加快水电建设步伐，全省水库面积逐年增加，充分发挥了对地区生态环境的改善作用。青海省森林面积为 441.23 万公顷，森林覆盖率为 6.1%。国家重点公益林管护面积为 496.09 万公顷，天然林保护面积为 367.8 万公顷[175]。青藏高原独特的自然环境，造成了全省林地主要以灌木林为主，具有重要的生态保护作用。未利用土地主要是指荒草地、盐碱地、沼泽地、沙地及其他未利用土地。截至 2018 年青海省未利用土地面积约为 203 020 公顷，约占全省土地总面积的 30.37%。近年来，政府采取了不少治理土地荒漠化的措施，但从整体上来看，受人类活动及恶劣的自然条件的影响，土地荒漠化的趋势仍在加强。人类活动如土地耕作、人工防护林、水产养殖、城镇建设、交通道路及兴修水库电站等，对生态系统造成影响，不仅打破了生态系统原有的自然平衡，使生物多样性受到威胁，而且不合理的农垦和放牧造成的水土流失、土地荒漠化给生态环境的改善带来极大的阻力，不利于人与自然和谐相处，以及社会、经济的可持续发展。

青海省经济、社会发展长期滞后。西部大开发战略的实施对青海省实现经济快速发展起到了助推的作用，表现为经济实现快速发展，丰富资源得到开发，各产业实现规模化经营，人民生活水平显著提高，科研教育投入持续增加等。同时科学技术发展使能耗强度下降 23%，位列全国第三位，说明青海省科技降耗的潜力巨大。可以说，资源开发主导了青海省 20 世纪 90 年代至 2005 年前后时期的经济和社会发展，但由于受到技术水平和其他因素制约，其资源开发基本是高投入、高消耗、低产出、低效益的粗放型模式，表现在资源开发能力与后续加工能力不协调；资源开发产业链短，以出售原料及粗加工产品为主；资源综合利用程度低。

面对循环经济在全球兴起的新形势和科学发展观的要求，青海省政府 2006 年明确提出“实施资源转换战略，壮大和提升特色产业”，以循环经济理念指导全省资源开发，以产业创新为载体，推动社会、经济的发展。2018 年，全年全省生产总值为 2 865.23 亿元，第一、第二、第三产业对生产总值的贡献率分别为 5. 18%、54. 82% 和 40%，三次产业结构为 9. 4 : 43. 5 : 47. 1[①]。据统计，全省工业能耗占全省综合能耗的 83%。因此，需要进一步加快产业结构调整和优化升级，扩大企业规模，延长产业链条，促进经济发展提质增效，转变经济增长方式。

在生态文明方面，青海省经过从“生态立省”“四个发展”“四个转变一个更加”“一优两高”等战略的实施，到今天“3 个示范省”建设的推进，生态建设取得了突破性进展，也为生态文明建设的再提升，进而推动社会变革奠定了坚实基础。

在经济发展方面，粗放式的经济增长方式对青海省经济和社会的可持续发展产生了极大的影响，阻碍了人与自然的和谐发展。转变经济增长方式，走集约化发展道路成为解决经济发展与自然保护矛盾的主要途径。2006 年开始，青海省坚持以科学发展观为核心，认真落实“生态立省”战略部署，积极融入“一带一路”构想，实施“一优两高”，全面推进生态农牧业、生态工业、生态旅游业及生态文化建设，努力实现将青海省建设成为一个生态经济发达、生态文化繁荣、生态保护和建设成就显著的西部生态省域和富裕、文明、和谐的新青海。

在生态农牧业建设方面，青海省以充分利用气候条件为前提，调整农业内部结构，优化农业产业布局，建成了以海北州高原现代生态畜牧业、海南州生态畜牧业可持续发展实验区、黄南州生态有机畜牧业示范验区等为代表的生态农牧业示范区，提高了产业规模化生产、集约化经营、产业化发展的水平。

在生态工业发展方面，青海省依靠高科技和先进技术，坚持以循环经济理念为指导，充分发挥资源禀赋优势，在遵守环境保护和生态保护的前提下，大力发展盐湖化工、石油天然气化工、煤化工、有色金属及水电等产业，加快推进西宁经济技术开发区（国家级）、柴达木循环经济试验区（国家级）等园区建设步伐。

在生态旅游业发展方面，青海省坚持以建设高原名省为目标，围绕独特的自然风光和人文景观，积极开发丰富多彩的少数民族文化资源，加快旅游基础设施建设和服务能力建设，提高景区接待服务水平，树立良好的品牌形象，促进旅游产业和少数民族文化保护协调发展。

党的十八大以来，青海省遵守“绿水青山就是金山银山”的理念，努力践行经济发展不能以破坏生态为代价，生态本身就是经济，保护生态就是发

① 根据青海省 2019 年统计年鉴整理所得。

展生产力的方针政策，生态环境越变越好，草原植被比重也由 2014 年的 50.17%提高到 2019 年的 57.2%，产草量从每亩 159 公斤提高到 195 公斤，森林覆盖率由 2010 年的 5.23%提高到 2019 年的 7.16%，森林覆盖量提高到5 010万平方米，荒漠化土地面积年均减少 15.3 万亩，沙化土地年均减少 17.1 万亩。

二、青海省发展生态经济的 SWOT 分析

通过对青海省发展生态经济的内部条件和外部环境分析（表 3-1），明确在发展生态经济过程中青海省自身所具备的优劣势，以及可能面临的机会和遇到的威胁，并将机会和风险与内部的优点与缺陷相结合，抓住外部机遇，充分利用内部优势，激发潜在经济增长力，制定生态经济发展战略，走绿色经济发展道路。

表 3-1　青海省发展生态经济的内、外部环境分析

优势	劣势
丰富的自然资源及人文环境 青海省生态保护建设已上升为国家战略 实施“生态立省”战略 循环经济试验区经济逐步步入正轨	经济发展相对滞后，基础较薄弱 生态环境系统脆弱 产业转型难度大 相关法律法规不健全 生态环保理念与方式落后
机遇	**威胁**
科学发展观，和谐社会的构建 西部大开发，政策上的支持 资源与生态补偿机制的逐渐完善 创新驱动战略 突出发挥“丝绸之路经济带”作用	短期内经济下行压力大 生态经济建设面临严峻挑战

（一）青海省发展生态经济的优势

青海省系统推进水生态保护、水资源管理和水污染防治，强化城乡人口家居的水污染控制，加强水源污染治理，已在三江源地区、青海湖流域、祁连山区、黄河干流和湟水流域实施重点流域干支流环境综合整治和生态修复、湖库生态保护、工业园工业废水集中处置，完成 135 项集中式饮用水水源地规范化建设工程，确保“中华水塔”水常清，这为青海省的生态发展奠定了良好基础。

青海省发展生态经济的优势主要体现在丰富的自然资源及人文环境重要的生态保护建设战略地位等方面。

1. 丰富的自然资源及人文环境

青海自然资源富集，特别是水能、光热、矿产资源尤为丰富，已探明的

134 种矿产资源中，有 54 种储量居全国同类资源储量的前十名，有 23 种矿产的储量占全国前三名，有 11 种矿产资源的储量居全国首位。其中盐湖资源、石油天然气资源、有色金属资源、非金属矿产资源、水电资源在全国具有突出的优势。丰富的自然资源为青海省发展生态经济奠定了物质基础。

青海省是欧亚大陆上孕育大江大河最多的区域，具有独特的地理环境和气候特征，造就了全球高海拔地区独一无二的大面积湿地生态系统，孕育了高原独特的生物源系统，其基础性生态效益直接维系国家的生态安全和中华民族的未来发展，因此被誉为对全国、全球的大气、水量循环影响最大的生态调节区，是珍贵的高寒生物自然种质资源库和高原基因库。独特的生态资源及重要的生态战略地位使得青海省在经济发展战略的选择上必须充分考虑生态环境的脆弱性，因而走循环经济、生态经济、绿色经济之路是其必然选择。

青海省是我国少数民族聚居地之一，根据 2019 年统计年鉴得知，青海省有包括藏族、回族、蒙古族在内的 54 个少数民族，总人口为 607 万，少数民族人口为 290 万，民族自治区域面积约占总面积的 98%。多民族聚居必然带来不同宗教信仰、不同民族文化的大融合，因而青海省具有非常丰富的特色文化资源，历史遗存源远流长，民族风情绚丽多彩，宗教文化神秘独特。特别是"中华水塔"三江源、"鸟类天堂"青海湖、"高原珍稀动物王国"可可西里、"碧水丹山"坎布拉、"佛教圣地"塔尔寺、昆仑"始祖"、绚丽盐湖、热贡艺术、西海镇原子城及藏族、土族、撒拉族风情等独具特色的旅游文化资源，丰富的民族文化及宗教信仰，为青海省发展生态经济奠定了坚实的人文基础。

2. 青海省生态保护建设已上升为国家战略

为从根本上遏制三江源地区生态功能退化趋势，探索建立有利于生态建设和环境保护的体制机制，国务院审议通过了《青海三江源国家生态保护综合试验区总体方案》，决定建立青海三江源国家生态保护综合试验区。试验区包括玉树、果洛、黄南、海南 4 个藏族自治州 21 个县和格尔木市唐古拉山镇。2014 年，《青海省创建全国生态文明先行区行动方案》与建设国家循环经济发展先行区行动方案先后颁布，并获批为"生态文明示范省"。2018 年中共青海省委在十三届四次全体会议审议通过《中共青海省委青海省人民政府关于坚持生态保护优先推动高质量发展创造高品质生活的若干意见》，作出了实施"一优两高"的战略部署。

2019年全年，青海省标本兼治，生态保护建设成效明显。青海省统筹推进三江源、祁连山国家公园体制试点，制订国家公园示范省建设总体方案。青海省与中科院共建三江源国家公园研究院，编制实施三江源国家公园5个专项规划，生态管护员实现“一户一岗”；全面建立五级河湖长体系，生态红线划定方案通过国家技术审核，县级土地利用规划调整工作全面完成，自然保护区内的矿业权全部注销；扎实推进各类重点生态工程，青海湖裸鲤资源蕴藏量比2002年增长34倍，藏羚羊、中华对角羚种群数量均比保护初期增长2倍以上，藏野驴、雪豹、白唇鹿等濒危动物种群数量恢复增长；承办全国推进大规模国土绿化现场会，启动湟水流域规模化林场建设试点，完成营造林406万亩，森林覆盖率达到7.26%，涵盖水面、湿地、林草的蓝绿空间占比超过70%。

3. 实施“生态立省”战略

实施“生态立省”战略是青海省委、省政府按照党的十八大建设生态文明的要求，立足实际、着眼长远的重大战略决策。其根本要求就是，正确处理好近期和长远期经济发展与人口、资源、环境的关系，进一步增强青海作为中华民族生态屏障的地位和作用，转变经济发展方式，对经济结构进行战略性调整，加强生态保护和建设，大力发展生态经济、生态文化，培育文明、健康的现代生态文化体系，倡导和弘扬绿色、科学的生产生活和消费方式，建设经济发展、社会进步、生态良性循环的可持续发展省。这一战略从更高层次上体现了人与自然和谐的要求，体现了以人为本的发展理念，是青海省在新世纪、新阶段推进跨越发展、绿色发展、和谐发展、统筹发展的指导方案，也是青海省贯彻落实科学发展观的指导方案。青海省生态立省战略的实施，标志着青海省生态经济发展步入正轨。

4. 循环经济试验区经济逐渐步入正轨

青海省现已形成西宁经济技术开发区、柴达木循环经济试验区和海东工业园区的三大产业重点布局区域，三大区域产业格局已初步形成；西宁经济技术开发区分为四个子园区，分别是以重工业为主的甘河工业园区，以生物和装备业为主的城北生物园区，以纺织和新材料为主的南川工业园区，以硅材料和电子信息材料为主的东川工业园区；柴达木循环经济试验区以格尔木、德令哈为重点区域，已初步形成以采掘业、盐湖化工、油气化工为主的产业格局。海东市已初步形成以装备制造为主的产业格局，以及海东国家农业科技园区、海南州生态畜牧业可持续发展实验区等若干个国家级经济园区，初步构建了层次全面、门类齐全的经济园区体系。

循环经济的本质是以尽可能小的资源消耗和环境代价实现最大的发展效益。循环经济作为一种新型的经济发展模式和经济理论范式，是对传统的发展理念、经济模式和经济学基础的升级与改革[176]。青海柴达木循环经济试验区和西宁国家经济技术开发区的建立与建设，表明了国家对在青海省发展循环经济的肯定和支持。

（二）青海省发展生态经济的劣势

1. 经济发展相对滞后，基础较薄弱

青海省由于地处我国内陆地区，气候条件较差，交通等基础设施相对落后，民族成分复杂，文化整体水平较低，导致丰富的自然资源难以开发，难以转化为经济增长的有效动力。全省科研教育文化水平整体较低，导致难以获得先进的生产技术，难以有效利用先进的管理经验。自改革开放以来，国家加大对青海省基础设施建设的投资力度，为实施西部大开发战略以来经济的腾飞提供了有利条件。

目前，青海省在生态经济建设方面已取得一定成效，加强对外宣传力度，积极开发优势资源，吸引国内外资本投资发展新能源、新材料、有色金属深加工、钢铁、装备制造、盐湖化工、纺织、农牧业深加工及新型建材等优势特色产业；重视生态环境的保护，加大对多元文化的开发力度，建设丰富的、开放的文化产业；着力开发青海省优势旅游资源，完善旅游基础设施建设，努力实现绿色发展的目标。

但是，生态经济建设是一个系统庞大的工程，依靠青海省现有的产业格局和基础设施难以支撑发展生态经济。无论是从资本积累还是从技术管理水平上讲，青海省整体水平都是比较落后的。就现阶段而言，虽已形成以西宁经济技术开发区、柴达木循环经济试验区和海东工业园区为主体的三大产业重点布局区域，三大区域产业格局已初步形成，但是这些都还处于起步阶段。

2. 生态环境系统脆弱

青海省独特的地理环境和气候特征造就了全球高海拔地区独一无二的大面积湿地生态系统，孕育了高原独特的生物源系统，其基础性生态效益直接维系国家的生态安全和中华民族的未来发展。

青海省所具有的独特的地理环境和气候特征也给青海的发展带来了极大的局限性。其中，生物资源的脆弱性、矿产资源的有限性等对生态经济的长远发展造成较大的影响。根据调查得知，青海省是高寒贫困山区，自然生态环境状况和资源禀赋严重制约经济、社会发展的同时，对生态脆弱性也有显著的影响[177]。

3. 产业转型难度大，升级速度慢

长期以来，全省经济增长主要依靠资源、能源消耗的粗放型增长模式，在资源、能源约束压力加大的条件下，难以长期为继。就目前而言，推动青海省经济发展的因素中，第二产业占的比例非常大，2018 年全年全省生产总值为 2 865. 23 亿元，第一、第二、第三产业对生产总值的贡献率分别为 5. 18%、54. 82%和 40%，三次产业结构为 9. 4 ∶ 43. 5 ∶ 47. 1①。青海省第二产业主要依靠对丰富的矿产资源的开发、加工、销售来获得经济效益，但在国内部分产能严重过剩的影响下，能源、资源等传统优势减弱，加之产业结构偏重工业，因而调结构转方式的任务艰巨，短期内传统经济增长方式难以改变。

4. 相关法律法规不健全，难以为生态经济的发展提供有效保障

青海省经济发展起步晚、基础薄弱，相关法规条例难以适应快速发展的经济环境的要求。经济的快速发展必然导致环境的变化，因而需要一个强力的约束机制来维护公平、公正的竞争环境。国家层面的法律法规难以完全适应地方具体环境的实际情况，这就需要地方政府能够及时制订相关的管理条例，维护公平公正的竞争环境。

发展生态经济，实现资源节约与环境保护，就必须建立有效的体制机制，建立资源有偿使用制度和生态环境补偿机制是资源节约环境保护体制机制改革的重要举措。因而，要实现青海生态经济的长足发展，就必须认真制订严格的管理条例和健全的管理制度，落实资源有偿使用制度和生态环境补偿机制。

5. 生态环保理念落后，难以跟上生态经济发展要求

一种经济制度的确立，必须有一套科学的、完整的指导思想作为引导。青海省曾经长期处于以农业经济为主的时期，小农经济思想根深蒂固，加之民族成分复杂，少数民族人口较多，思想传统，难以贯彻先进的科学技术和发展理念。

生态城市是人类文明发展的产物，而其本身又代表了一种文化类型，它受控于人类文明的发展。生态城市崇尚健康、节约、控制、人道、平等、公平、协调、共存。

---

① 根据 2019 年《青海统计年鉴》整理所得。

生态经济所提倡的绿色节约、生态循环思想，在一定程度上与宣扬人与自然和谐相处的宗教思想有共同之处。少数民族对事物的看法容易受到宗教思想的影响，而青海少数民族聚居区占有较大比例的优势资源，从这一点上讲，长期的生存环境及信仰，导致难以实现对资源的有效整合，一定程度上阻碍了生态经济的长远发展。

（三）青海省发展生态经济的机遇

1. 生态文明建设的推进，为生态经济建设提供了良好的社会环境

进入二十一世纪后，我国生态治理步伐明显加快，生态文明建设理念能够为青海省实现生态经济、循环经济、绿色经济发展提供坚实的理论基础。

习近平在青海考察时强调，生态环境保护和生态文明建设是我国持续发展最为重要的基础，青海最大的价值在生态，最大的责任在生态，最大的潜力也在生态，必须把生态文明建设放在突出位置来抓，尊重自然、顺应自然、保护自然，筑牢国家生态安全屏障，实现经济效益、社会效益、生态效益的统一。

此外，习近平在听取青海省生态文明建设总体情况和三江源地区生态保护及国家公园体制试点工作情况时，希望当地各族干部群众在国家政策支持下，齐心协力管护好湖泊、草原、河流、野生动物等生态资源。习近平指出，保护生态环境首先要摸清家底、掌握动态，要把建好用好生态环境监测网络工作做好。习近平在听取青海省委和省政府工作汇报时，对青海经济社会发展取得的成绩和各项工作给予肯定，希望青海在生态文明先行区、循环经济发展先行区、民族团结进步先行区建设中不断创造新业绩。

最后，习近平强调，青海生态地位重要而特殊，必须担负起保护三江源、保护“中华水塔”的重大责任。要坚持保护优先，坚持自然恢复和人工恢复相结合，从实际出发，全面落实主体功能区规划要求，使保障国家生态安全的主体功能得到全面加强。要统筹推进生态工程、节能减排、环境整治、美丽城乡建设，加强自然保护区建设，搞好三江源国家公园体制试点，加强环青海湖地区生态保护，加强沙漠化防治、高寒草原建设，加强退牧还草、退耕还林还草、三北防护林建设，加强节能减排和环境综合治理，确保“一江清水向东流”。

2. 西部大开发战略，为生态经济建设提供政策支持

青海省经济发展受困于地理位置上的偏僻及生态环境的脆弱，造成了丰富的优势资源难以开发，难以对外实现良好的宣传，使得知名度与美誉度都

较低。改革开放以来，青海省充分抓住机遇，加强基础设施建设，为经济的大发展奠定了坚实的基础。对于青海省而言，西部大开发战略无疑是一个史无前例的发展机遇，而青海省也充分认识到了西部大开发战略对自身发展的重要性，重新探索发展思路，定位发展方向。西部大开发以前，青海省主要依靠粗放式的经济增长方式来推动经济的增长，造成了资源的过度开采与浪费，使得生态环境承载力持续下降，生态足迹增加，导致不可持续的发展现状。西部大开发以来，在国家政策的引导下，青海省委省政府逐渐意识到单纯依靠粗放式的经济增长方式给青海省实现可持续发展带来的极大危害，开始探索一条在尊重生态环境的前提下实现跨越发展、绿色发展、和谐发展、统筹发展的新兴发展道路。转变经济增长方式，号召企事业单位节能减排，家庭及个人节约资源，加快循环经济产业建设，减少生态环境的破坏，推进生态经济建设。

2020 年，中共中央、国务院印发《关于新时代推进西部大开发形成新格局的指导意见》，强调强化举措，抓重点、补短板、强弱项，形成大保护、大开放、高质量发展的新格局。自 2000 年起，随着西部大开发战略的实施，青海进入发展快车道。数据显示 1999 年到 2019 年，地区生产总值由 63 亿元增长到 3 051 亿元。三次产业结构实现了由“一三二”到“三二一”的历史性转变，地方财政公共预算收入从 30 多亿元增长到 282. 3 亿元，全省用于民生方面的支出由最初的 50%提高到 75%以上。

3. 资源与生态补偿机制的逐渐完善，为可持续化提供有效保障

制定资源有偿使用制度和生态补偿机制，对青海省发展生态经济具有非常重要的意义。推动青海省 GDP 增长的重要因素是大型矿产资源型企业的发展，主要涉及煤炭资源、有色金属及冶炼、盐湖资源，以及丰富的旅游资源等。资源型企业属于资本密集型产业，对资本与技术要求较高，尤其是对生产成本的控制要求较高。推进资源与环境有偿使用制度改革，能够逐步提高资源与环境使用效率，解决环境污染成本的社会化，以及内部成本外部化等问题，使节约环境和保护环境者获得收益，浪费资源和污染环境者付出代价，从而逐步建立起资源节约和环境保护的长效机制，为生态经济建设提供保障。

4. 创新驱动战略，为生态经济发展提供持久动力

青海省经济发展滞后，经济基础薄弱，丰富的自然资源和劳动力是经济增长的主要驱动因素。近些年，随着可持续发展思想深入人心和“生态立省”

战略的深入贯彻落实，青海省大力推进经济发展方式的转变和经济结构的调整，加快实施传统产业改造升级，大力发展战略性新兴产业。青海省明确了科技创新驱动发展方向，重点推进新能源、新材料等战略性新兴产业的发展以及农牧业和农村信息化的发展，为青海省经济实现“转变经济增长方式，产业结构转型升级”做出努力。突出科技创新在新能源产业发展领域、循环经济发展领域、生态环境领域及民生领域四个领域的推动作用，加速传统产业转型升级，依靠科技创新驱动，重构产业链向高端化、高附加值方向发展。

科技创新驱动发展战略是突破资源瓶颈的关键，科技人才是实施科技创新驱动发展战略的持久动力和根本保障。青海省政府已先后出台了一系列科技人才引进计划：“昆仑英才”计划、“科技列车青海行”活动、“西部之光”计划、“科技创新与区域战略”培训班和“135 高层次人才培养工程”等。青海省一系列的科技人才引进与培养计划，为全省科技人才工作提供了有力指导，为科技创新驱动发展战略的落实提供了持久动力和根本保障。

5. 突出发挥“丝绸之路经济带”作用

在构建“丝绸之路经济带”过程中，青海具有重要的交通枢纽的战略地位。“丝绸之路经济带”建设为青海省实施“走出去”战略提供了重要的机遇。抓住这一历史机遇，青海省应加大基础设施建设，积极构建承接东部发达区、西联新疆及西藏、外联中亚和欧洲的综合运输通道，提高交通运输能力和水平，形成“一横三纵”的交通运输网络布局，突显交通枢纽的战略地位。其次，青海还应加快资源能源战略基地建设，加大交通、水利、管道、输电网络等基础设施投资力度，构建稳定可靠的西部能源资源战略基地；始终坚持以“生态立省”战略为指导，大力发展战略新兴产业，推动传统产业转型升级，努力推进循环经济试验区建设；积极深化改革开放，紧抓历史机遇，利用民族和区位优势积极和国际接轨，一方面积极鼓励特色优势产业产品寻求海外市场，另一方面加大对外宣传力度，吸引资金、技术、管理、人才等优势稀缺资源投入到青海特色鲜明的现代化建设中，以生态经济、绿色经济打造青海在构建“丝绸之路经济带”上的新名片。

（四）青海省发展生态经济的威胁

1. 短期内经济下行压力大

生态经济建设是一项系统非常复杂、庞大的工程，发展生态经济势必要转变传统的发展思路，调整产业结构，对传统产业生产流程及设备进行升级换代，以满足节约资源和能耗的需求；对资源进行重新整合，合理规划；对科研教育方向进行重新定位等。

青海省为发展生态经济，基于区域优势，与生态建设相结合，形成了“四区两带一线”的经济发展战略，突出形成以东（西宁、海东）西（海西）部地区为主体，其他地区为补充的产业布局。进一步明确区域间的产业分工，东部地区发展以资源精深加工业和装备制造业等为主导产业；西部地区以资源开发为主，发展以盐化工及原材料加工为核心的循环经济产业，其他地区立足环境保护，发挥资源优势，发展符合自身实际的特色生态产业。

虽然生态产业格局雏形已有，但仍处于起步阶段，薄弱的基础难以支撑发展模式的快速转型，加之传统工业处于改造状态，长期经济效益低下，青海省发展生态经济，进行产业结构调整，整合优势资源，短期内必然会影响经济的发展，但从长远来看能够保证经济、社会的可持续发展。

2. 生态经济建设面临严峻挑战

经济发展战略的合理性并不一定能够产生理想的经济增长成果。众所周知，科学合理的意识能够引导物质的发展，但是发展的结果却有多种可能。生态经济建设需要转变经济增长现有模式，调整产业结构，转变人民群众生产、生活意识等，从理论上讲这些转变都符合客观实际，但是政策的执行力，转变所需要的技术支持、人力保障、政策支持力度能否满足，会直接影响建设效果。

以柴达木循环经济试验区为例。据调查，其吸引企业投资的主要因素是丰富的矿产资源，但是恶劣的气候条件和交通条件严重制约了企业的持久发展，如气候恶劣且生存条件差，企业极度缺乏高素质劳动力；交通条件差，企业生产的产品输出成本高；基础设施不健全，影响企业正常运转等。这些制约因素的解决直接关系到园区的持久发展。另外，将脆弱的草场滩地转变为工业发展基地，一定程度上影响了生态的原始平衡，要想恢复生态平衡是非常困难的。因此，恶劣的气候条件、脆弱的生态环境、交通不便等不利因素的存在，导致了青海省生态经济建设面临着极大的困难，因而需要政府、企业、家庭和参与者转变思路，求谋变，坚决不动摇地走生态经济发展道路。

综上所述，青海省发展生态经济应统筹全局，着眼于未来，牢牢将外部机遇与自身优势相结合，趋利避害，将劣势和威胁最小化，制定科学合理的战略，保证经济健康有序、稳定和谐地发展，实现可持续发展目标。

三、青海省生态经济发展的脉络梳理与启示

“要想生活得好，必须生产得好。生产是把生产要素转变成经济财富（包括有形的财富和无形的服务），从而通过增加附加价值创造效益的过程。”伴随这一过程，人类自然资源观是不断变化的。产生这一变化的主导因素是人类需求变化导向下的生产力水平，生产力水平左右着人与自然间的相互关系。一般来说，生产力水平越低，人们对自然的依赖性越大；生产力水平越高，人们对自然的依赖性越小，利用自然的程度越高。生产力水平的提高并不意味着人们可以离开自然，而是可以更深层次地利用自然。

循环经济本质上是一种生态经济，是按照自然生态物质循环方式运行的经济模式。因此，走生态经济发展道路也应遵循循环经济的“3R”原则，遵循“资源—产品—再生资源”发展模式。实践过程中，宏观社会层面、中观产业层面和微观企业层面遵循“资源—产品—再生资源”的基本原则。结合青海经济、社会现实状况，走生态经济发展道路应坚持以下基本原则：资源利用生态化原则、产业布局生态化原则、企业发展生态化原则、居民消费生态化原则。

第一，资源利用生态化原则。人类生存离不开对资源的持续利用，人类发展更离不开对资源合理有效的可持续利用，即生态化地利用资源。青海省拥有丰富的矿产资源、能源及人文资源，要充分利用这些资源，推动青海省经济、社会可持续发展。资源利用生态化，既要充分尊重市场在资源配置中的决定性作用，发挥市场的开放性、广阔性作用，又要防止市场有失效率和公平的弊端，充分发挥政府管理、企业维护和公众监督的积极作用，保障资源开发利用的可持续化。

第二，产业布局生态化原则。产业生态化就是把产业生产活动纳入生态系统活动中，将产业活动对自然资源的消耗和影响结合到生态物质循环的总过程当中，以实现社会、经济效益最大化，资源高效利用，生态环境影响最小化和废弃物综合利用高效率的目标。产业布局生态化要以科学发展观为指导思想，结合青海省气候地理条件和优势资源分布实际情况，在国家主体功能区建设的框架下，按照禁止开采区绝对保护、限制开采区慎重考虑、大力开发可再生资源的原则，采取加快技术研发力度、延伸产业链条长度、加大资源开发监管力度、提升社会和经济生态化高度的策略。

第三，企业发展生态化原则。企业是市场经济的细胞，是经济研究领域的微观主体，是经济生态化建设的主要践行者和推动者。企业生态化并非采

用某种生态技术，或者引进生态生产流程或工艺，而是企业在实现组织存续的基本目标时，用生态化、可持续发展目标代替经济利润最大化的单一目标。企业发展生态化应落实企业社会责任，推动企业环境适应型技术创新，加快企业组织生态化创新。企业组织创新是企业生态化的制度保障。

第四，居民消费生态化原则。企业生产的所有产品归根结底被消费者所使用，并最终回归于大自然的物质能量循环过程中。居民消费生态化，要求人们转变传统的消费理念和铺张浪费的生活习惯，养成勤俭节约的习惯。人类为了生产、生活，要从大自然中汲取资源和能源，而在活动结束后将无用的垃圾、废弃物反馈给自然，这就打破了原有的生态平衡。消费者践行生态化理念，培养勤俭节约的生活习惯，宣传生态文明的价值观念，将成为推进青海省生态化经济、社会建设的主要途径。

第二节　青海省生态经济总体发展水平测度研究

鉴于传统的生态足迹测算方法具有较强的生态偏向性和生态承载力偏低的缺点，我们在能值理论的基础上对生态足迹和生态承载力的计算模型进行改进，充分将太阳能值和生物生产性土地面积结合，以区域自然系统太阳能值反映生态承载力水平，以区域生物产量（消费量）依据各自的能值转换系数（能值折算系数）和能值转化率转化为人均太阳能值反映生态足迹水平，最后将以能值计算的生态足迹和生态承载力转化为生物生产性土地面积进行比较，进而展开青海省生态足迹和生态承载力的测度分析。

一、基于能值的生态足迹测算

（一）生态足迹计算的相关指标介绍

基于能值的生态足迹测算与传统的生态足迹测算方法相似，都是将生产性土地划分为生物资源账户（耕地、牧草地、林地以及水域）、化石能源账户（原煤、原油、天然气）及建筑用地账户（电力消费）三类土地类型。

1. 生物资源足迹

生物资源消费部分主要包括农产品、动物产品、水产品等。对各个细目的分类，按照不同的动植物类别进行，但在地区生态足迹的核算中很难将这些细目统计清楚。在生物资源消费账户计算中，将各类生物资源生产量通过相应的能值转换系数和能值转换率转换为统一的、可进行比较的太阳能值。根据青海省历年统计年鉴的相应分类和实际核算需要，本书将生物资源消费部分调整成如下若干项：粮食、油料、蔬菜、猪肉、牛羊肉、蜂蜜、禽蛋、奶类、牛毛绒、羊毛、水产品、水果。

2. 能源及建筑用地足迹

能源消费账户包括原煤、原油、汽油、柴油、天然气和电力 6 类。能源及建筑用地的生态足迹与生物资源足迹的计算方法相似，即在计算过程中将每年消耗的各类能源总量通过对应的能值转换系数和能值转换率转换为统一的、可进行比较的太阳能值。根据青海省统计年鉴的相应分类和实际核算需要，本书将能源和建筑用地生态足迹账户调整为如下 4 种：原煤、原油、天然气及电力。

3. 能值折算系数和能值转化率

为了将各种生物资源的生态化水平进行统一计算，需要把各种能值进行等量化处理，能值折算系数和能值转化率是两个重要参数（表 3-2）。

表 3-2 基于能值的生态足迹各指标能量折算系数和能值转换率

指标	能值折算系数（J/t）	能值转换率（sej/J）
太阳辐射能		1
雨水势能		18 000
雨水化学能		10 000
风能		1 500
地球旋转能		34 000
粮食	16 200 000 000	83 000
油料	29 900 000 000	1 300 000
蔬菜	1 260 000 000	27 000
猪肉	16 500 000 000	20 000
牛肉	5 230 000 000	4 000 000
羊肉	8 050 000 000	4 000 000
蜂蜜	13 400 000	83 000
禽蛋	6 700 000 000	2 000 000
奶类	20 900 000 000	1 700 000
牛毛绒	5 000 000 000	210 000
羊毛	5 000 000 000	4 400 000

续表

指标	能值折算系数（J/t）	能值转换率（sej/J）
水产品	1 000 000 000	2 000 000
水果	2 180 000 000	53 000
煤炭（吨标准煤）	31 700 000 000	40 000
石油（吨标准煤）	46 900 000 000	54 000
天然气（吨标准煤）	3 900 000	48 000
水电（吨标准煤）	143 000	15 900

（二）基于能值的青海省生态足迹核算——以 2018 年为例

首先，根据青海省生态系统实际，将青海省主要生物产量或消费量划分为两大部分：生物资源账户，主要计算农、林、牧、副、渔产品和木材消费的人均耕地、草地、林地和水域面积；能源资源账户，主要折算煤炭、石油、天然气和电力消费所占用的能源用地和建筑用地面积。其次，按照各指标对应的能值折算系数和能值转换率将其转化为太阳能值（表 3-3）。

计算各指标的人均太阳能值（表 3-4），人均生物/能源资源能值（P_{SE}，单位：sej/人），公式为 $P_{SE}=SE_i/P$，其中，SE_i为第 i 类生物资源的太阳能值，P 为区域人口总量，2018 年青海省常住人口为 603 万人。

表 3-3 2018 年青海省生物资源账户和能源资源账户太阳能值

指标	生物产量（t）	折算系数（J/t）	原始数据（J）	能量转换率（sej/J）	太阳能值（sej）	土地类型
粮食	341 000	16 200 000 000	5 530 000 000 000 000	83 000	459 000 000 000 000 000 000	耕地
油料	4 200	29 900 000 000	126 000 000 000 000	1 300 000	163 000 000 000 000 000 000	耕地
蔬菜	1 310 000	1 260 000 000	1 640 000 000 000 000	27 000	44 400 000 000 000 000 000	耕地
猪肉	135 000	16 500 000 000	2 230 000 000 000 000	20 000	44 600 000 000 000 000 000	耕地
牛肉	9 400	5 230 000 000	49 200 000 000 000	4 000 000	197 000 000 000 000 000 000	牧草地
羊肉	6 000	8 050 000 000	48 300 000 000 000	4 000 000	193 000 000 000 000 000 000	牧草地
蜂蜜	1 000	13 400 000	13 400 000 000	83 000	1 110 000 000 000 000	牧草地
禽蛋	113 000	6 700 000 000	754 000 000 000 000	2 000 000	1 510 000 000 000 000 000 000	牧草地
奶类	311 000	20 900 000 000	6 490 000 000 000 000	1 700 000	11 000 000 000 000 000 000 000	牧草地
牛毛绒	3	5 000 000 000	15 700 000 000	210 000	3 300 000 000 000 000	牧草地
羊毛	48	5 000 000 000	242 000 000 000	4 400 000	1 060 000 000 000 000 000	牧草地
水产品	30 000	1 000 000 000	30 000 000 000 000	2 000 000	60 000 000 000 000 000 000	水域
水果	615 000	2 180 000 000	1 340 000 000 000 000	53 000	71 000 000 000 000 000 000	林地
煤炭（吨标准煤）	12 500 000	31 700 000 000	397 000 000 000 000 000	40 000	15 900 000 000 000 000 000 000	能源用地
石油（吨标准煤）	6 590	46 900 000 000	309 000 000 000 000	54 000	16 700 000 000 000 000 000	能源用地
天然气（吨标准煤）	4 590 000 000	3 900 000	17 900 000 000 000 000	48 000	860 000 000 000 000 000 000	能源用地
电力（吨标准煤）	5 540 000 000	143 000	792 000 000 000 000	15 900	12 600 000 000 000 000 000	建筑用地

数据来源：根据 2019 年《青海统计年鉴》整理所得。

表 3-4　2018 年青海省生物和能源资源账户人均太阳能值

指标	人均太阳能（sej/人）
粮食	76 100 000 000 000
油料	27 100 000 000 000
蔬菜	7 370 000 000 000
猪肉	7 400 000 000 000
牛肉	32 600 000 000 000
羊肉	32 000 000 000 000
蜂蜜	184 000 000
禽蛋	250 000 000 000 000
奶类	1 830 000 000 000 000
牛毛绒	547 000 000
羊毛	177 000 000 000
水产品	9 950 000 000 000
水果	11 800 000 000 000
煤炭（吨标准煤）	2 640 000 000 000 000
石油（吨标准煤）	2 770 000 000 000
天然气（吨标准煤）	143 000 000 000 000
电力（吨标准煤）	2 090 000 000 000

由公式：$EF = \sum_{i=1}^{n} P_{SEi}/RED$，即人均生态足迹为各类人均生物资源能值除以区域能值密度之和，各生物和能源资源账户的人均生态足迹如表 3-5 所示。

表 3-5　2018 年青海省生物和能源资源账户人均生态足迹

指标	人均生态足迹（公顷/人）
粮食	0. 020 6
油料	0. 000 439
蔬菜	0. 012
猪肉	0. 303
牛肉	0. 047 2
羊肉	0. 030 2
蜂蜜	0. 003 32
禽蛋	0. 046 6
奶类	0. 103
牛毛绒	0. 000 034 7
羊毛	0. 000 535
水产品	0. 172
水果	0. 029 1

续表

指标	人均生态足迹（公顷/人）
煤炭（吨标准煤）	0.000 833
石油（吨标准煤）	0.020 6
天然气（吨标准煤）	0.000 439
水电（吨标准煤）	0.012

计算出青海省人均耕地、草地、林地、水域、能源用地及建筑用地的人均生态足迹（表3-6）。

表3-6　耕地、草地、林地、水域、能源用地及建筑用地的人均生态足迹

土地类型	人均生态足迹（公顷/人）
耕地	0.336
草地	0.231
水地	0.172
林地	0.03
能源用地	271
建筑用地	30.2

由此可知，2018年青海省人均生态足迹为301.73（公顷/人）。

（三）2000—2018年青海省的人均生态足迹时间序列测算

依据传统计算模型，青海省自实施西部大开发战略以来的人均生态足迹时间序列如表3-7所示，最后按照总的青海省人均生态足迹绘制出图3-1。

表3-7　2018年青海省生物和能源资源账户人均生态足迹时间序列

单位：公顷/人

年份	耕地	草地	水域	林地	能源用地	建筑用地
2000	0.27	41.1	0.008	0.003 18	17.8	9.36
2001	0.287	41.1	0.013 2	0.004 08	26.2	9.8
2002	0.281	40.8	0.011 7	0.004 15	50	9.54
2003	0.286	41.1	0.008 39	0.004 11	66.9	8.84
2004	0.303	43.5	0.009 6	0.004 28	76.2	11.6
2005	0.321	44.9	0.005 72	0.004 14	98.5	15.1
2006	0.299	44.7	0.011 3	0.003 07	110	19.5
2007	0.291	44.5	0.009 37	0.003 52	147	21
2008	0.332	43	0.009 34	0.002 59	187	21.6
2009	0.344	51.1	0.008 67	0.001 71	183	25.4
2010	0.341	50.8	0.009 8	0.003 73	248	32.8

续表

年份	耕地	草地	水域	林地	能源用地	建筑用地
2011	0.335	49.6	0.019 9	0.003 97	284	32
2012	0.338	47.4	0.026 8	0.003 56	278	39.9
2013	0.347	50.5	0.035 8	0.002 33	291	40.7
2014	0.62	0.449	0.403	0.048 1	304	25.5
2015	0.575	0.428	0.388	0.043 6	268	29.1
2016	0.548	0.369	0.316	0.038 9	263	29.7
2017	0.45	0.326	0.26	0.036 4	273	26.3
2018	0.336	0.231	0.172	0.03	271	30.2

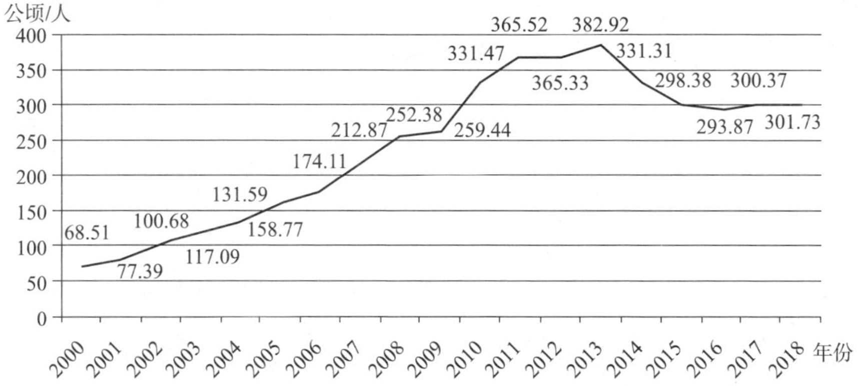

图 3-1 2000—2018 年青海省人均生态足迹

二、基于能值的生态承载力测算

对于区域生态承载力的计算，首先要明确其可更新资源。依据青海省地处我国青藏高原地区的生态系统实际，本书在计算青海省生态承载力时选取了太阳辐射能（太阳能）、风能、雨水势能、雨水化学能及地球旋转能作为可更新资源账户，生态承载力计算所需要的原始数据均来源于青海省历年统计年鉴。

（一）可更新资源的有效能

如前文所述，关于青海省生态承载力的计算共涉及 5 种可更新资源，分别为太阳辐射能、风能、雨水势能、雨水化学能和地球旋转能。通过查阅 2001—2019 年《青海统计年鉴》的相关数据，计算得到青海省以上各年份可更新资源能值结果（表 3-8）。

表 3-8　青海省可更新资源能值计算结果

单位：sej

年份	太阳辐射能	风能	雨水势能	雨水化学能	地球旋转能
2000	441 870 000 000 000	92 073 000 000 000 000 000 000	174 050 000 000 000 000 000 000	55 673 000 000 000 000 000 000	35 373 000 000 000 000 000 000
2001	441 870 000 000 000	99 016 000 000 000 000 000 000	187 170 000 000 000 000 000 000	55 673 000 000 000 000 000 000	35 373 000 000 000 000 000 000
2002	441 870 000 000 000	96 630 000 000 000 000 000 000	182 660 000 000 000 000 000 000	55 673 000 000 000 000 000 000	35 373 000 000 000 000 000 000
2003	441 870 000 000 000	120 020 000 000 000 000 000 000	226 870 000 000 000 000 000 000	55 673 000 000 000 000 000 000	35 373 000 000 000 000 000 000
2004	441 870 000 000 000	114 570 000 000 000 000 000 000	216 560 000 000 000 000 000 000	55 673 000 000 000 000 000 000	35 373 000 000 000 000 000 000
2005	441 870 000 000 000	120 650 000 000 000 000 000 000	228 070 000 000 000 000 000 000	55 673 000 000 000 000 000 000	35 373 000 000 000 000 000 000
2006	441 870 000 000 000	96 866 000 000 000 000 000 000	183 110 000 000 000 000 000 000	55 673 000 000 000 000 000 000	35 373 000 000 000 000 000 000
2007	441 870 000 000 000	120 360 000 000 000 000 000 000	227 520 000 000 000 000 000 000	55 673 000 000 000 000 000 000	35 373 000 000 000 000 000 000
2008	441 870 000 000 000	113 820 000 000 000 000 000 000	215 150 000 000 000 000 000 000	55 673 000 000 000 000 000 000	35 373 000 000 000 000 000 000
2009	441 870 000 000 000	124 260 000 000 000 000 000 000	234 890 000 000 000 000 000 000	55 673 000 000 000 000 000 000	35 373 000 000 000 000 000 000
2010	441 870 000 000 000	108 920 000 000 000 000 000 000	205 880 000 000 000 000 000 000	55 673 000 000 000 000 000 000	35 373 000 000 000 000 000 000
2011	441 870 000 000 000	107 570 000 000 000 000 000 000	203 330 000 000 000 000 000 000	55 673 000 000 000 000 000 000	35 373 000 000 000 000 000 000
2012	441 870 000 000 000	120 960 000 000 000 000 000 000	228 660 000 000 000 000 000 000	55 673 000 000 000 000 000 000	35 373 000 000 000 000 000 000
2013	441 870 000 000 000	94 260 000 000 000 000 000 000	178 180 000 000 000 000 000 000	55 673 000 000 000 000 000 000	35 373 000 000 000 000 000 000
2014	441 870 000 000 000	108 650 000 000 000 000 000 000	195 150 000 000 000 000 000 000	55 673 000 000 000 000 000 000	35 373 000 000 000 000 000 000
2015	441 870 000 000 000	100 530 000 000 000 000 000 000	214 190 000 000 000 000 000 000	55 673 000 000 000 000 000 000	35 373 000 000 000 000 000 000
2016	441 870 000 000 000	945 390 000 000 000 000 000 000	205 810 000 000 000 000 000 000	55 673 000 000 000 000 000 000	35 373 000 000 000 000 000 000
2017	441 870 000 000 000	94 244 000 000 000 000 000 000	203 230 000 000 000 000 000 000	55 673 000 000 000 000 000 000	35 373 000 000 000 000 000 000
2018	441 870 000 000 000	93 998 000 000 000 000 000 000	227 670 000 000 000 000 000 000	55 673 000 000 000 000 000 000	35 373 000 000 000 000 000 000

从上述结果可以看出，太阳辐射能、雨水化学能、地球旋转能几乎保持不变，而风能和雨水势能在各年度间保持了一定程度的差异，主要是因为不同年份的降水量有很大差别导致的。由此可知，青海省可更新资源能值中，能值投入最多的是雨水势能。

（二）可更新资源的人均太阳能

见表 3-9，根据能值理论，可更新资源的能值投入只能是不同种类的能值相加，而太阳辐射能、风能、雨水势能和雨水化学能都是由太阳光转换来的，因此计算可更新能值投入时是将最大能值投入项与地球旋转能相加得到，即青海省可更新资源能值等于雨水势能与地球旋转能之和。

表 3-9　青海省可更新资源人均太阳能值　　单位：sej

年份	可更新资源的人均太阳能值
2000	40 500 000 000 000 000
2001	42 500 000 000 000 000
2002	41 200 000 000 000 000
2003	49 100 000 000 000 000
2004	46 800 000 000 000 000
2005	48 500 000 000 000 000
2006	39 900 000 000 000 000
2007	47 700 000 000 000 000
2008	45 200 000 000 000 000
2009	48 500 000 000 000 000
2010	42 800 000 000 000 000
2011	42 000 000 000 000 000
2012	46 100 000 000 000 000
2013	36 900 000 000 000 000
2014	39 500 000 000 000 000
2015	44 700 000 000 000 000
2016	40 700 000 000 000 000
2017	39 900 000 000 000 000
2018	43 600 000 000 000 000

（三）人均生态承载力

人均生态承载力（EC），$EC=P_{TRE}/RED-(12\%\times P_{TRE}/RED)$。人均生态承载力由区域可更新资源的人均太阳能值和区域平均能值密度进行计算。需要识别的是，将人均太阳能值转换为生物生产性土地面积需要扣除 12%的生物多样性系数修正。由此可得青海省 2000—2018 年人均生态承载力（图 3-2）。

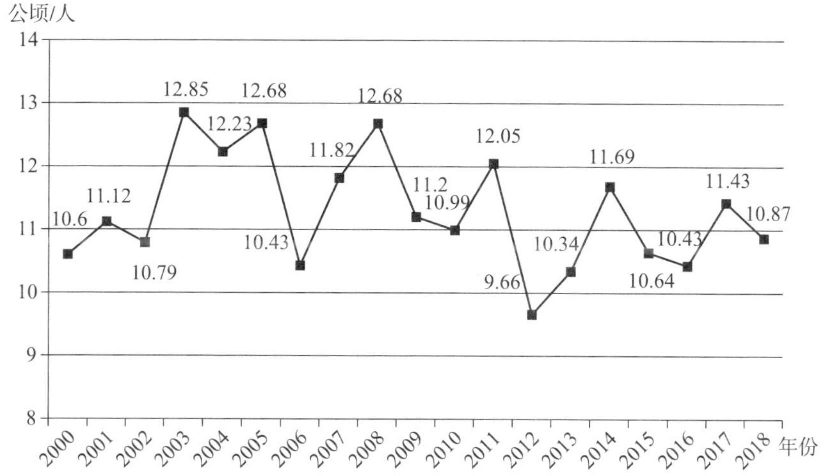

图 3-2　2000—2018 年青海省人均生态承载力

第三节　青海省不同区域生态经济发展水平测算

一、青海省 46 个市、县（区）生态经济发展水平测算

青海省 46 个市、县（区）生态足迹和生态承载力的测算与青海省总体的测算方法相同。但是，鉴于涉及的区域较多，部分相关数据获取较困难，本书通过查阅青海省及州县 2019 年统计年鉴，确定了在计算 43 个市、县（区）生态足迹过程中，生物资源账户涉及粮食、油料、蔬菜、猪肉、牛羊肉、禽蛋、奶类、水产品、水果等 9 大类。能源资源账户在各州县统计年鉴中未找到相关数据，考虑到能源主要用于工业领域，故采取将各区域工业产值在青海省工业产值中的占比作为权重，折算出各区域煤炭、石油、天然气、电力的消费量。

基于能值理论的生态足迹测算模型及步骤可测得 2018 年青海省 46 市、县（区）耕地、牧草地、水域、林地、能源用地及建筑用地的人均生态足迹，进而由公式 $EF = \sum_{i=1}^{n} P_{SEi}/RED$，即各类生物和能源资源人均生态足迹之和，可得出各区域生态足迹（表 3-10）。

表 3-10　2018 年青海省 46 市、县（区）人均生态足迹　单位：公顷/人

地区		耕地	牧草地	水域	能源用地	人均生态足迹
西宁市	城东区	0.000 2	0.000 2	0.000 0	0.016 5	0.017 0
	城中区	0.002 0	0.001 1	0.000 0	0.015 7	0.018 9
	城西区	0.000 0	0.000 3	0.000 0	0.020 6	0.020 9
	城北区	0.001 6	0.001 0	0.000 0	0.022 1	0.024 7
	大通县	0.019 2	0.008 1	0.000 0	0.004 9	0.032 2
	湟中县	0.018 3	0.008 9	0.000 0	0.007 1	0.034 3
	湟源县	0.007 3	0.013 6	0.000 0	0.003 3	0.024 3
海东市	乐都区	0.012 7	0.008 1	0.000 0	0.009 8	0.030 6
	平安区	0.040 4	0.009 0	0.000 0	0.015 9	0.065 3
	民和县	0.019 1	0.008 3	0.000 0	0.006 7	0.034 0
	互助县	0.056 2	0.007 1	0.000 0	0.007 2	0.070 5
	化隆县	0.030 5	0.005 1	0.000 0	0.005 0	0.040 6
	循化县	0.023 2	0.014 2	0.000 1	0.005 9	0.043 4
海北州	门源县	0.043 3	0.012 8	0.000 0	0.003 8	0.059 9
	祁连县	0.003 2	0.057 1	0.000 0	0.006 9	0.067 3
	海晏县	0.005 2	0.030 5	0.000 0	0.019 0	0.054 7
	刚察县	0.030 9	0.043 4	0.000 0	0.009 2	0.083 4
黄南州	同仁县	0.012 9	0.020 5	0.000 0	0.006 1	0.039 5
	尖扎县	0.007 5	0.013 4	0.000 1	0.012 9	0.033 8
	泽库县	0.004 8	0.043 6	0.000 0	0.003 1	0.051 4
	河南县	0.000 0	0.091 1	0.000 0	0.006 1	0.097 2
海南州	共和县	0.028 0	0.031 4	0.000 4	0.008 8	0.068 6
	同德县	0.011 1	0.043 8	0.000 0	0.005 5	0.060 4
	贵德县	0.031 8	0.014 2	0.000 0	0.010 5	0.056 6
	兴海县	0.012 3	0.040 4	0.000 0	0.006 8	0.059 5
	贵南县	0.047 7	0.031 4	0.000 0	0.004 8	0.083 9
果洛州	玛沁县	0.000 0	0.016 1	0.000 0	0.005 3	0.021 5
	班玛县	0.000 5	0.022 5	0.000 0	0.001 3	0.024 3
	甘德县	0.000 0	0.005 8	0.000 0	0.000 7	0.006 5
	达日县	0.000 0	0.013 8	0.000 0	0.000 8	0.014 6
	久治县	0.000 0	0.026 9	0.000 0	0.001 4	0.028 3
	玛多县	0.000 0	0.013 9	0.000 0	0.001 4	0.015 3

续表

地区		耕地	牧草地	水域	能源用地	人均生态足迹
玉树州	玉树市	0.000 2	0.009 8	0.000 0	0.001 3	0.011 3
	杂多县	0.000 0	0.014 6	0.000 0	0.001 8	0.016 4
	称多县	0.000 4	0.008 7	0.000 0	0.002 1	0.011 2
	治多县	0.000 0	0.022 2	0.000 0	0.001 8	0.024 0
	囊谦县	0.000 8	0.009 8	0.000 0	0.000 9	0.011 5
	曲麻莱县	0.000 0	0.000 0	0.000 0	0.000 0	0.000 0
海西州	格尔木市	0.002 6	0.015 5	0.000 0	0.151 7	0.169 9
	德令哈市	0.024 5	0.019 0	0.000 2	0.043 2	0.086 8
	乌兰县	0.023 8	0.066 2	0.000 0	0.052 2	0.142 2
	都兰县	0.072 4	0.061 7	0.000 0	0.022 2	0.156 3
	天峻县	0.000 0	0.153 6	0.000 0	0.162 6	0.316 2
	大柴旦行委	0.000 0	0.027 3	0.000 0	0.433 7	0.461 0
	冷湖行委	0.000 0	0.000 0	0.000 0	0.128 4	0.128 4
	茫崖行委	0.000 0	0.005 8	0.000 0	0.021 8	0.027 6

从青海省 46 市、县（区）人均生态足迹来看，这一结论与各区域实际相符。从整体上来看，青海省较小的水产和林地产量占用的生物生产性土地面积较小，因而其人均生态足迹比重较小。分区域来看，玉树州、果洛州及黄南州部分县工业较落后，经济增长主要依靠农牧业拉动，这一现象也可从该地生态足迹表得到验证，这些地方能源与建筑用地人均生态足迹较小，而牧草地人均生态足迹较大。相反，工业发展水平相对较高的西宁市、海东市及海西州部分县能源用地人均生态足迹较高，而耕地、牧草地相对较低。

二、青海省主体功能区生态经济发展水平测算

《青海省主体功能区规划》与《青海省“四区两带一线”发展规划纲要》和《青海省国民经济和社会发展第十二个五年规划纲要》进行了充分衔接，是科学开发国土空间的远景蓝图，是国土空间开发的战略性、基础性、约束性规划。

青海省主体功能区生态足迹和生态承载力测算的基本思想按照基于能值的生态足迹和生态承载力的测算方法进行测算。但是，由于主体功能区规划

是按重点区域、限制区域及禁止开发区域下，各区域不同的生态服务功能和经济功能进行划分，为了更加准确科学地测算各主体功能区生态经济发展实际水平，以各种类型功能区占据的所在行政区域的全部面积的比重为测算依据，测算各主体功能区人均生态足迹和生态承载力（表3-11）。

表3-11　2018年青海省各主体功能区的人均生态足迹和生态承载力

单位：公顷/人

主体功能区			区域人均生态承载力	区域人均生态足迹
重点开发区域	东部重点开发区	西宁市	0.018 2	0.139 9
		海东市	0.035 9	0.238 1
		黄南州	0.052 8	0.073 3
		海南州	0.208 8	0.209 1
		海北州	0.109 4	0.054 7
	柴达木重点开发区	海西州	0.240 1	0.046 6
限制开发区域	国家级三江源草原草甸湿地生态功能区	玉树州	2.681 0	0.110 4
		果洛州	4.213 1	0.074 3
		黄南州	0.232 4	0.148 7
		海南州	0.164 9	0.116 1
	祁连山水源涵养生态功能区	海北州	0.059 4	0.127 2
		海西州	1.191 5	0.399 7
	东部农产品主产区	西宁市	0.003 9	0.017 0
		海东市	0.005 3	0.039 3
	中部生态功能区	海西州	1.814 2	0.352 5
		黄南州	0.052 8	0.073 3
		海北州	0.208 8	0.209 1
		海南州	0.109 4	0.054 7

第四节　青海省生态经济协调发展能力评价

生态经济协调发展能力是指地区生态系统与经济系统共生发展的能力。生态系统一般主要是指区域生态系统所能够承载的人类所有活动的生物生产性土地面积或能值，主要是通过生态承载力反映；而经济系统主要是指支撑人类所有活动所要耗费的生物生产性土地面积或能值，主要是通过生态足迹反映。因而，生态经济协调发展能力是指生态承载力与生态足迹之间所反映出来的供给与需求关系。

对于青海省生态经济协调发展能力的评价，本书结合前文生态足迹与生态承载力的测度结果，与 ArcGIS 软件相结合，以期更加直观地表现青海省生态经济发展水平在时间序列和地域结构方面存在的差异，并通过建立生态经济协调发展能力指标，评价青海省生态经济发展水平。

一、各区域基于能值的生态承载力测算

青海省 46 市、县（区）生态承载力的测算也是和青海省整体的生态承载力测算方法相同，首先将青海省可更新资源能源划分为太阳辐射能、风能、雨水势能、雨水化学能及地球旋转能五类；其次，依据其各自的能值转换率将其转化为太阳能值，并算出人均可更新资源太阳能值；最后，通过区域能值密度测算出各地人均生态承载力，同样需要扣除 12% 的生物多样性系数修正（表 3-12）。

表 3-12　2018 年青海省 46 市、县（区）人均生态承载力

地区		可更新资源人均太阳能能值（sej/人）	平均能值密度（sej/公顷）	人均生态承载力（公顷/人）
西宁市	城东区	74 085 000 000 000	164 160 000 000 000 000	0.000 4
	城中区	103 460 000 000 000	164 160 000 000 000 000	0.000 6
	城西区	43 203 000 000 000	164 160 000 000 000 000	0.000 2
	城北区	103 360 000 000 000	164 160 000 000 000 000	0.000 6
	大通县	1 380 500 000 000 000	198 450 000 000 000 000	0.006 1
	湟中县	1 044 000 000 000 000	192 980 000 000 000 000	0.004 8
	湟源县	2 164 400 000 000 000	194 510 000 000 000 000	0.009 8

续表

地区		可更新资源人均太阳能能值（sej/人）	平均能值密度（sej/公顷）	人均生态承载力（公顷/人）
海东市	乐都区	844 130 000 000 000	98 290 000 000 000 000	0. 007 6
	平安区	570 390 000 000 000	103 890 000 000 000 000	0. 004 8
	民和县	385 670 000 000 000	88 461 000 000 000 000	0. 003 8
	互助县	1 063 100 000 000 000	123 850 000 000 000 000	0. 007 6
	化隆县	1 409 600 000 000 000	13 997 000 000 000 0000	0. 008 9
	循化县	1 062 900 000 000 000	91 410 000 000 000 000	0. 010 2
海北州	门源县	8 593 000 000 000 000	214 290 000 000 000 000	0. 035 3
	祁连县	5 717 000 000 000 000	209 080 000 000 000 000	0. 024 1
	海晏县	27 748 000 000 000 000	223 220 000 000 000 000	0. 109 4
	刚察县	51 692 000 000 000 000	245 540 000 000 000 000	0. 185 3
黄南州	同仁县	4 856 600 000 000 000	145 550 000 000 000 000	0. 029 4
	尖扎县	3 109 200 000 000 000	116 790 000 000 000 000	0. 023 4
	泽库县	19 634 000 000 000 000	214 800 000 000 000 000	0. 080 4
	河南县	35 571 000 000 000 000	206 000 000 000 000 000	0. 152
海南州	共和县	17 223 000 000 000 000	140 060 000 000 000 000	0. 108 2
	同德县	11 056 000 000 000 000	144 930 000 000 000 000	0. 0671
	贵德县	3 532 000 000 000 000	107 240 000 000 000 000	0. 029
	兴海县	24 830 000 000 000 000	160 780 000 000 000 000	0. 135 9
	贵南县	12 265 000 000 000 000	150 760 000 000 000 000	0. 071 6
果洛州	玛沁县	87 341 000 000 000 000	319 380 000 000 000 000	0. 240 7
	班玛县	68 212 000 000 000 000	304 820 000 000 000 000	0. 196 9
	甘德县	67 511 000 000 000 000	344 210 000 000 000 000	0. 172 6
	达日县	128 690 000 000 000 000	339 930 000 000 000 000	0. 333 2
	久治县	99 168 000 000 000 000	310 650 000 000 000 000	0. 280 9
	玛多县	609 500 000 000 000 000	368 190 000 000 000 000	1. 456 8
玉树州	玉树市	43 199 000 000 000 000	301 830 000 000 000 000	0. 125 9
	杂多县	202 820 000 000 000 000	331 930 000 000 000 000	0. 537 7
	称多县	73 635 000 000 000 000	311 190 000 000 000 000	0. 208 2
	治多县	752 150 000 000 000 000	341 120 000 000 000 000	1. 940 3
	囊谦县	36 283 000 000 000 000	297 760 000 000 000 000	0. 107 2
	曲麻莱县	505 050 000 000 000 000	343 570 000 000 000 000	1. 293 6

续表

地区		可更新资源人均太阳能能值（sej/人）	平均能值密度（sej/公顷）	人均生态承载力（公顷/人）
海西州	格尔木市	58 370 000 000 000 000	65 078 000 000 000 000	0.789 3
	德令哈市	22 766 000 000 000 000	62 239 000 000 000 000	0.321 9
	乌兰县	21 489 000 000 000 000	64641 000 000 000 000	0.292 5
	都兰县	42 707 000 000 000 000	69446 000 000 000 000	0.541 2
	天峻县	85 105 000 000 000 000	74425 000 000 000 000	1.006 3
	大柴旦行委	221 810 000 000 000 000	69 359 000 000 000 000	2.814 3
	冷湖行委	56 136 000 000 000 000	60 165 000 000 000 000	0.821 1
	茫崖行委	33 047 000 000 000 000	64 205 000 000 000 000	0.452 9

二、基于地理信息技术的青海省生态经济协调发展能力评价

基于地理信息技术的青海省生态经济协调发展能力评价，主要是将以往计算出的基于能值方法的生态足迹和生态承载力与地理信息技术相结合，以青海省 2000—2018 年生态足迹和生态承载力水平为基础，通过时间序列反映生态经济发展状况及其变化；其次，通过 ArcGIS 软件，以 2018 年青海省 46 个市、县生态足迹和生态承载力水平为基础，通过不同区域生态化水平反映青海省生态经济区域差异。

（一）青海省整体生态经济发展水平评价

2000—2018 年，青海省人均生态足迹呈现明显的增长态势（图 3-3），这一时期处于青海省经济社会快速发展阶段，主要依靠要素和投资驱动经济增长，对自然资源的消耗较大。如图 3-3 所示，青海省耕地、草地、水域、林地、能源用地及建筑用地人均生态足迹中，水域、林地及建筑用地人均生态足迹较小；对青海省整体的生态足迹影响较小，耕地、草地及能源用地生态足迹较大，是推动生态足迹增长的主要因素。从整体上来看，2000 年以来，全省人均生态足迹呈现快速增长的态势，主要是能源用地人均生态足迹的快速增长导致的，耕地和草地人均生态足迹增长较平稳。可见，降低生态足迹，一方面可以适当控制经济增长对传统能源的依赖，增加水电、天然气、太阳能和风能等清洁能源的使用量；另一方面推动科技创新驱动生产技术进步，大力发展清洁生产技术，提高能源使用效率，降低能耗物耗。

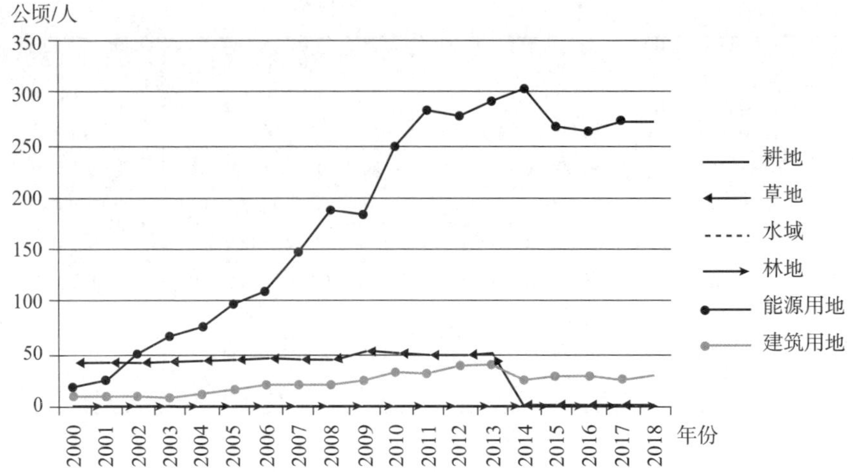

图 3-3　青海省各类型生产性土地面积人均生态足迹

2000—2018 年，全省人均生态承载力变动幅度较大，总体上呈现持续下降趋势（图 3-2）。如图 3-4 所示，2000—2018 年青海省各类可更新资源人均足迹变化中，太阳辐射能、地球旋转能及雨水化学能基本保持平稳状态，雨水势能和风能是影响生态承载力的主要因素。因此，青海省提高人均生态承载力，一方面可以通过扩大植树造林面积，调节生态环境，增加降雨量方式；另一方面可以加快新型城镇化建设步伐，尽量降低人类活动对生态平衡的影响。

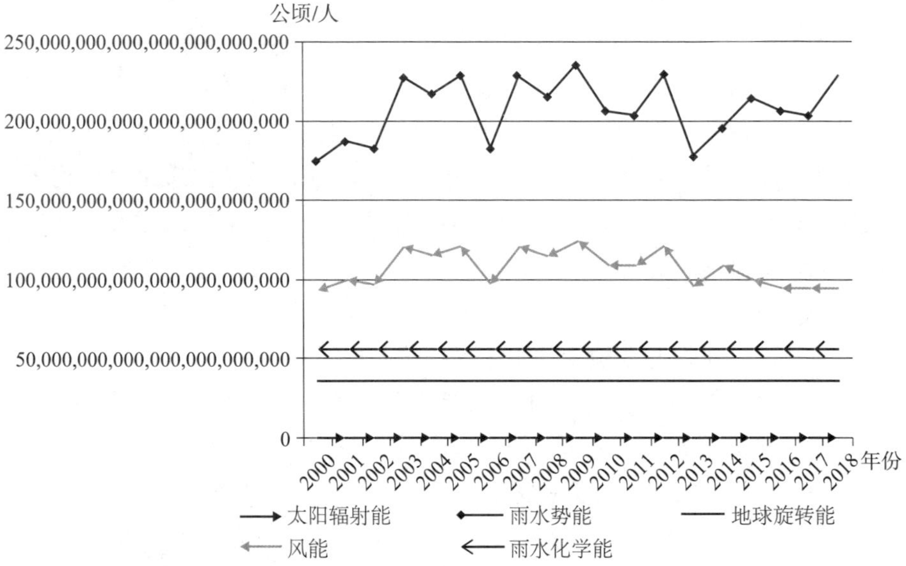

图 3-4　2000—2018 年青海省各类可更新资源人均足迹

（二）青海省区域生态经济发展水平评价

全省范围内看，基于前文对2018年青海省46个市、县（区）生态足迹和生态承载力的测算，结合ArcGIS软件分析青海省各地区的生态经济发展水平差异。根据46个市、县（区）人均生态足迹的水平程度，将人均生态足迹划分为5个层次，地区颜色越深表示其人均生态足迹越大结果显示，格尔木市、都兰县和天峻县的人均生态足迹处于较高水平。格尔木市人均生态足迹较高，主要是由于格尔木市石化能源人均生态足迹占全省石化能源足迹的11.86%。天峻县人均生态足迹较高，主要是由于草地和能源人均生态足迹较高，2018年天峻县牛羊肉太阳能值占全省牛羊肉总太阳能值的6.66%，能源太阳能值占全省的12.71%，因而天峻县的人均生态足迹较高。都兰县耕地人均生态足迹占全省12.17%，草地人均生态足迹占全省5.75%。人均生态足迹较低的地区是玉树市、囊谦县、称多县、果洛藏族自治州的达日县和甘德县，以及黄南藏族自治州的同仁县，主要是由于这些地区的耕地、草地和能源用地在全省的占比较小，分别为2.6%、9.94%、2.48%，林地、水域以及建筑用地人均生态足迹全省占比仅为0.00002%。

基于能值法的人均生态承载力分析，其主要影响因素为太阳辐射量、土地面积、降雨量等。青海省生态承载力的测算结果表明：影响青海省人均生态承载力变动的最主要因素为区域面积。受降雨量、区域面积及人口区域分布不均的影响，青海省46个市、县（区）的人均生态承载力差异较大。青海省人口密度大且区域面积相对较小的东部地区人均生态承载力较小，人口密度较小且区域面积较大的西部地区人均生态承载力较高。其中，玉树藏族自治州的治多县和曲麻莱县，以及果洛藏族自治州的玛多县人均生态承力较高，主要是由于这些地区平均海拔在4 000米以上，面积较大且人口较少，区域面积占全省总面积的22.19%，人口仅占全省总人口的1.46%。人均生态足迹较小的东部地区主要是由于海拔较低，平均海拔在3 000米以下，气候条件较好，农业发展条件较好，交通相对便利，工业优势明显，且降雨量相对西部地区较大，因此，西宁市、海东市、海北藏族自治州、海南藏族自治州部分地区及黄南藏族自治州部分地区人均生态承载力较小。

（三）主体功能区生态经济评价

根据2014年青海省政府公布的《青海省主体功能区规划》，按照青海省域内不同区域的资源环境承载能力、现有开发强度和发展潜力，统筹谋划未来人口分布、经济布局、国土利用和城镇化格局，将青海省国土分为三个不同的主体功能区：重点开发区、限制开发区及禁止开发区。

重点开发区包括东部重点开发区和柴达木重点开发区。重点开发区主要是基于区域现有开发强度和发展潜力，规划未来开发方向，区域内工业化水平和农业现代化水平较高，人口较为密集。东部重点开发区域主要是西宁市、海东市、黄南州、海南州及海北州部分地区，主要是以城镇为核心进行开发。由表3-13可知，青海省东部重点开发区人均生态足迹为0.715 2公顷/人，人均生态承载力为0.425 7公顷/人，这主要是东部重点开发区工业化水平、城镇化水平及现代农业发展水平较高导致的。柴达木重点开发区主要是海西州的格尔木市、德令哈市、茫崖行委、大柴旦行委及冷湖行委等部分地区，由于海西州地广人稀，人均生态承载力较高，而人均足迹相对较小，2018年人均生态承载力为0.240 1公顷/人，人均生态足迹为0.046 6公顷/人。但是，随着海西州柴达木循环经济试验区规模的不断扩大，海西州重点开发区域的人均生态足迹将呈现上升趋势。

表3-13　2018年青海省重点开发区域生态经济发展状况　单位：公顷/人

主体功能区划分	人均生态承载力	人均生态足迹	生态经济平衡状况
东部重点开发区	0.425 1	0.715 2	-0.290 2
西宁市	0.018 2	0.139 9	-0.121 7
海东市	0.035 9	0.238 1	-0.202 2
黄南州	0.052 8	0.073 3	-0.020 5
海南州	0.208 8	0.209 1	-0.000 3
海北州	0.109 4	0.054 7	0.054 6
柴达木重点开发区	0.240 1	0.046 6	0.193 5
海西州	0.240 1	0.046 6	0.193 5

限制开发区域主要包括四大部分：国家级三江源草原草甸湿地生态功能区、祁连山冰山与水源涵养生态功能区、东部农产品主产区及中部生态功能区。国家级三江源草甸湿地生态功能区主要包含玉树州、果洛州、黄南州、海南州及海西州唐古拉山镇部分地区，区内主要以畜牧业为主，区域面积宽广，人口密度较小，人均生态承载力达到7.291 4公顷/人，人均生态足迹仅有0.449 5公顷/人，人均生态盈余6.841 8公顷/人，这主要归因于玉树州和果洛州的人均生态承载力较高，且人均生态足迹较小，可持续发展能力较强（表3-14）。

表 3-14　2018 年青海省限制开发区域生态经济发展状况　单位：公顷/人

限制开发区域	人均生态承载力	人均生态足迹	生态经济平衡状况
国家级三江源草原草甸湿地生态功能区	7.291 4	0.449 5	6.841 8
玉树州	2.681 0	0.110 4	2.570 6
果洛州	4.213 1	0.074 3	4.138 7
黄南州	0.232 4	0.148 7	0.083 7
海南州	0.164 9	0.116 1	0.048 8
海西州（唐古拉山镇）	1.250 9	0.526 9	0.724 0
祁连山冰川与水源涵养生态功能区	0.059 4	0.127 2	-0.067 9
海北州	1.191 5	0.399 7	0.791 9
海西州	0.009 2	0.056 3	-0.047 1
东部农产品主产区	0.003 9	0.017 0	-0.013 1
西宁市	0.005 3	0.039 3	-0.034 0
海东市	2.185 1	0.689 6	1.495 5
中部生态功能区	1.814 2	0.352 5	1.461 7
海西州	0.052 8	0.073 3	-0.020 5
黄南州	0.208 8	0.209 1	-0.000 3
海北州	0.109 4	0.054 7	0.054 6
海南州	0.659 7	0.961 1	-0.301 4

祁连山冰川与水源涵养生态功能区，主要包括海北州门源县、祁连县、刚察县及海西州天峻县部分地区（表 3-15）。门源县、祁连县及刚察县人均生态足迹较高，主要是草地和能源用地人均生态足迹较高导致的。因此，降低祁连山冰川与水源涵养生态功能区的生态消耗状况，首先要降低生态足迹并调整这些地区畜牧业和工业产业结构，大力发展循环经济和完善合作化体制，发展集约型经济。

表 3-15　2018 年祁连山冰川与水源涵养生态功能区生态经济发展水平

单位：公顷/人

地区	人均生态承载力	人均生态足迹	生态经济平衡状况
门源县	0.035 3	0.059 9	-0.024 6
祁连县	0.024 1	0.067 3	-0.043 3
刚察县	0.185 3	0.083 4	0.101 8
天峻县	1.006 3	0.316 2	0.690 0

东部农产品主产区，主要包括西宁市和海东市除城镇以外的地区，是青海省的农产品主产区。随着东部地区农业规模化、现代化水平的不断提升，农产品主产区的人均生态足迹较大，人均生态承载力较低，处于生态赤字状态。东部农产品主产区生态赤字主要是耕地和能源人均生态足迹较大导致的。

中部生态功能区，包括海西州两市两县、三个行委城镇以外的区域，黄南州同仁县和尖扎县、海南州共和县、贵德县和贵南县，以及海北州的海晏县。中部生态功能区中除海西州由于地广人稀，生态经济处于盈余状态以外，其他各州地区均为生态赤字状态。这是因为其他各州县地区主要位于青海省中东部地区，属于青海省主要畜牧产品主产区，人口密度相对较高，草地的人均生态足迹相对较大。

禁止开发区域涉及青海省境内国家级（省级）自然保护区、风景名胜区、森林公园地质公园、湿地公园等自然保护区，主要城市饮用水水源地保护地区、国家级文物保护单位及省级文物保护单位等。这些地区和单位的功能定位主要是生态价值，故未对禁止开发区域生态足迹和生态承载力做测算。

三、青海省生态经济综合指标体系评价

（一）万元 GDP 生态足迹

万元 GDP 生态足迹是用某地区的生态足迹总量除以该地区的生产总值而得，主要用来反映该地区资源利用效率的高低[178]。万元 GDP 生态足迹越大，表明该地区资源的利用效率较低；万元 GDP 生态足迹越小，说明该地区的资源利用效率越高。万元 GDP 生态足迹一般受到地区经济社会发展水平、生产技术水平及产业政策等因素的影响。

2000—2018 年青海省万元 GDP 生态足迹如图 3-5 所示，自 2000 年以来，青海省万元产值所消耗的生物资源和能源资源呈明显上升趋势，2000—2018 年万元 GDP 生态足迹由 0.007 万元/公顷上升至 0.016 万元/公顷。如图 3-6 所示，林地、水地万元 GDP 生态足迹降幅对青海省万元 GDP 生态足迹有较大影响。青海省万元 GDP 生态足迹的降低主要依靠技术进步推动产业结构转型升级实现。近年来，青海省以园区经济为载体，积极鼓励产业协同创新，推动企业带头成立创新联盟，以招商引资弥补生态产业链融合，大力发展循环经济、绿色经济、生态经济，推动产业结构转型升级。科技创新驱动是青海省落实“生态立省”战略的必经之路。

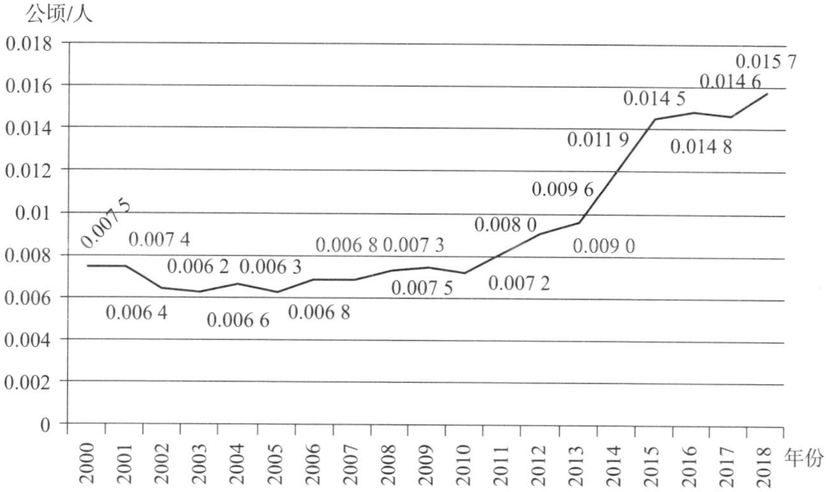

图 3-5　2000—2018 年青海省万元 GDP 生态足迹

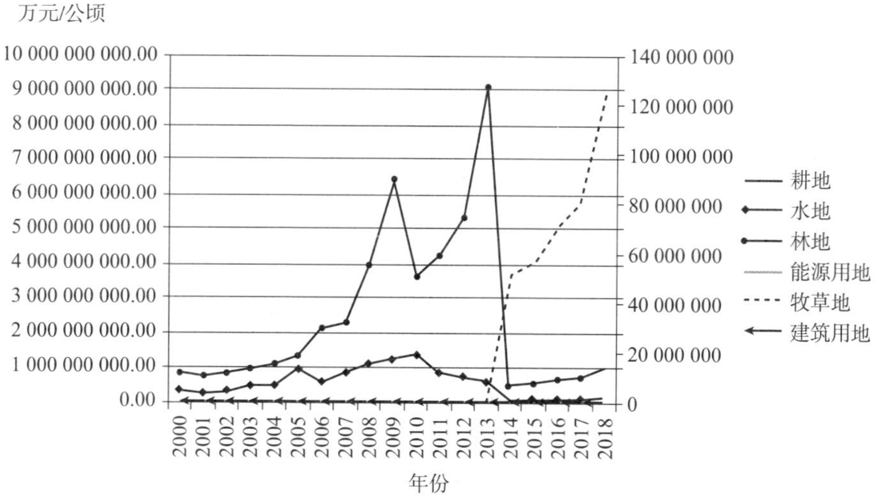

图 3-6　2000—2018 年青海省可更新资源能值万元 GDP 生态足迹

（二）生态足迹多样性指数

近年来，生产力、资源的利用效益与生态系统多样性的关系是研究的焦点。生态足迹多样性反映的是区域生态经济系统中生态足迹的分配情况，若地区内生态足迹多样性指数越高，说明生态经济系统稳定程度越高；反之，反映为区域内生态系统稳定性较差。

从图 3-7 中可以看出，生态足迹多样性还存在着平台波动的特性，这表明在资源利用率不断提升的背景下，仍还有一些不利影响：一是随着青海省城镇化、工业化速度的加快推进，城市建设用地面积的不断扩大，导致农牧业用地或其他生态土地面积的减少；二是工业化的不断发展和居民消费水平的提升，产生的工业垃圾和生活垃圾将会占用大量的耕地面积，对青海省生态多样性造成一定程度的损害，破坏其生态经济系统的稳定性。青海省在2014年3月31日就印发了《青海省主体功能区规划》，合理规划国土空间利用，提高各类土地资源利用率，保持土地资源利用的多样性成为主要目标。可见，提高青海省生态足迹多样性指数，维护生态经济系统稳定性的压力也会逐渐显现。

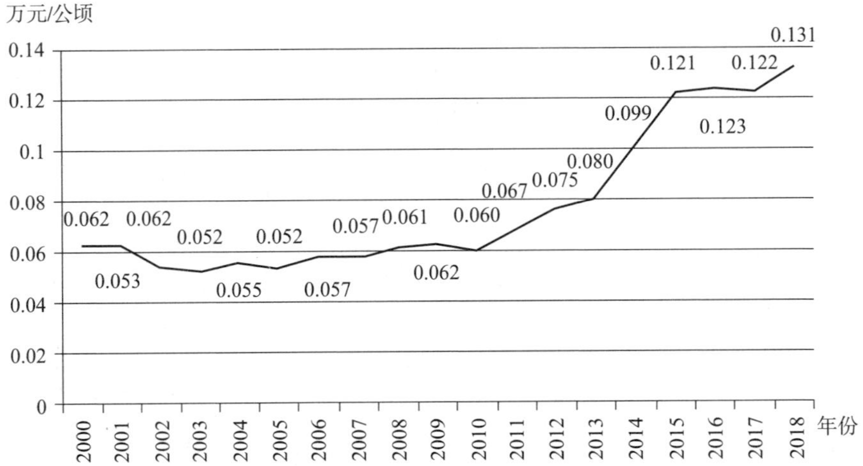

图 3-7　2000—2018 年青海省生态足迹多样性指数

（三）生态经济系统发展能力

生态经济系统发展能力越高，反映出地区社会经济发展水平越高。地区生态经济系统发展能力与生态足迹是一致的，都能够反映区域生态经济发展水平。

青海省生态经济系统发展能力和人均生态足迹如图 3-8 所示。青海省生态经济系统的发展能力与人均生态足迹的持续增长有着密切的联系。生态经济系统发展能力的提高主要是依靠生态足迹的增加实现的。生态经济系统发展能力表明，区域生态系统发展能力由生态足迹和生态足迹多样性指数决定[26]。青海省生态经济系统的持续发展主要源于经济社会的快速发展，生态环境的不断改善。随着经济规模总量的不断扩大，对资源和能源的需求也不断增加，然而不可更新资源的不可持续性将成为经济社会可持续发展的瓶颈。

在此背景下，青海省更加需要转变经济增长方式，调整产业结构，依靠科技创新驱动推进生态经济快速发展。

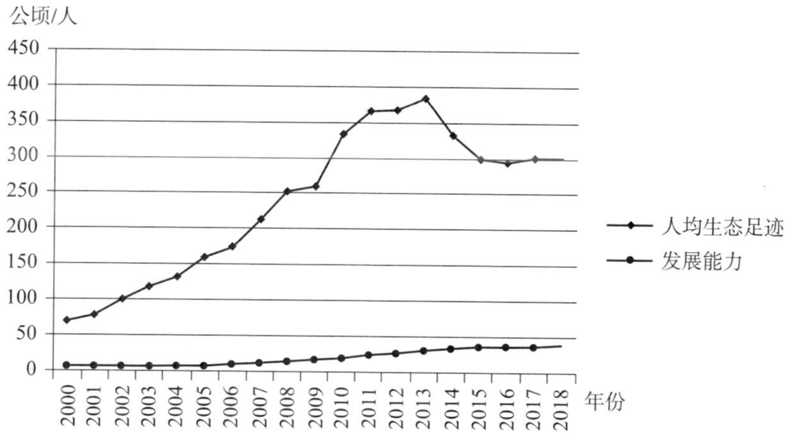

图 3-8　青海省生态经济系统发展能力和人均生态足迹

第五节　青海省生态经济发展现存问题

从对青海省生态经济发展水平的分析和评价来看，青海省生态经济协调发展主要存在以下问题：人均生态足迹持续增加，可持续发展受到威胁；粗放式的经济增长方式造成资源及能源的大量消耗；能源消费结构不合理，主要以传统的煤炭、石油能源消耗为主；区域间生态经济发展水平不均衡，差异较大。

一、人均生态足迹持续增加，可持续发展受到威胁

全省人均生态足迹增大，人均生态承载力呈下降趋势，说明经济增长方式并不与经济结构优化程度相一致。2000—2018 年全省人均生态足迹总体呈增长趋势（图 3-8），表明目前全省对资源能源的消耗总体呈上升趋势，尤其是对能源的消耗增长更快。西部大开发战略实施以来，青海省的经济总量快速增长，但主要依靠丰富的矿产资源及其初级加工品输出，对资源和能源的依赖性较大。随着人口规模的扩大，经济规模的增长及城市化进程的不断推进，经济社会发展对资源能源的消耗持续增加，生态赤字将成为必然，因而青海省的可持续发展也将受到严重阻碍。

二、经济增长方式不合理，资源能源消耗量偏大

“人的需要”是一切科学“产生的原因”[179]。“人与自然”协调发展是“社会化的人，联合起来的生产者，将合理地调节它们与自然之间的物质交换，把它置于他们的共同控制之下，而不让它作为盲目的力量来统治自己；靠消耗最小的力量，在最无愧于和最适合于他们的人类本性的条件下来进行这种物质变换。”[180]然而，这种探索的过程却极其漫长，也复杂，主要在于资源有限性与经济增长可持续性的矛盾，是由人类的发展历程、经济状况和生产力发展水平决定的，它是建立在社会要素分工和资本专业化基础上的，是社会需求的持久性及当前生产力组织过程的僵硬性的具体反映。长期以来，依靠粗放式的经济增长方式推动经济增长，造成了资源的极大浪费，同时给脆弱的生态环境带来了威胁。生态技术与意识的落后，造成工业生产效率低下。工业规模的增加势必增大对土地、资源及能源等要素的需求，加速生态足迹的增加。工业规模扩大是经济增长的必然趋势，因此工业效率的高低直接关系到资源能源的消耗量，生产技术和管理技术水平决定工业效率的水平。青海省经济起步晚，工业生产技术先进性不足，势必会影响工业生产效率。因此，经济增长方式的不尽合理，一方面加速了资源能源的消耗规模；另一方面限制了资源能源利用效率的再提升。

三、传统能源消费结构比重较大，清洁能源比重有待提升

由上述研究结论可知，全省人均生态足迹的持续增大，最主要的原因是能源用地生态足迹增大。能源消费结构中增加原煤、原油消费比重会直接导致能源用地人均生态足迹增大，增加水电能源消费比重会导致建筑用地人均生态足迹增大。但就全省人均生态足迹结构实际情况来看，建筑用地人均生态足迹占比较小，还有较大的腾挪空间。因此，应在可替代条件下，增加水电能源消费比重以替代原煤、原油的消费比重。由表 3-16 可知，青海省自 2000—2018 年能源消费总量以及结构中原煤占比呈现先增长后下降的趋势，但整体来看比重较高；原油呈现逐年下降趋势，有助于降低能源用地人均生态足迹；天然气比重呈上升趋势，虽然天然气属于清洁能源，但同时也是化石能源，开采与加工过程中对生态环境的影响较大，因而会致使人均生态足迹呈上升趋势；目前水电在能源消费总量中的比重与 2000 年相比有所下降，加大对水电资源的利用效率和利用规模，有助于促进全省生态经济系统可持续发展。

表 3-16　2000—2018 年青海省能源消费总量以及结构

年份	能源消费总量（万吨标准煤）	占能源消费总量的比重（%）			
		原煤	原油	天然气	水电
2000	897.23	30.18	18.96	4.83	46.03
2001	939.33	28.02	18.05	7.52	46.41
2002	1 018.83	26.42	15.77	13.25	44.56
2003	1 122.70	28.72	13.47	15.07	42.74
2004	1 364.38	27.56	14.07	15.79	42.58
2005	1 670.36	43.34	9.45	8.77	38.44
2006	1 903.39	44.60	8.49	9.27	37.64
2007	2 095.02	46.82	8.86	9.08	35.24
2008	2 279.15	42.49	9.81	13.36	34.34
2009	2 348.17	41.46	8.53	13.91	36.10
2010	2 814.57	34.14	7.61	11.21	47.04
2011	3 189.03	28.19	10.53	12.79	48.48
2012	3 524.06	31	9.27	14.4	45.33
2013	3 820.33	31.24	8.12	13.76	46.88
2014	3 768.16	31.67	8.24	13.95	46.14
2015	3 991.7	29.77	8.21	12.86	49.16
2016	4 134.11	32.53	8.52	14.28	44.67
2017	4 110.51	36.28	9.92	14.97	38.83
2018	4 202.46	32.12	11.12	15.69	41.07

资料来源：根据 2000—2018 年《青海省统计年鉴》整理所得。

注：2005—2008 年能耗及相关数据根据第二次经济普查结果进行调整而得。

四、区域生态经济发展水平不平衡

全省区域生态经济发展水平不均衡，差异较大。总体上来看，东部较发达地区生态经济发展水平较差，生态赤字较为严重；工业化水平相对较低、人口密度较小的西部南部地区生态经济发展水平较高，大部分地区处于生态盈余状态。

生态赤字最为严重的是西宁市、海东市、祁连县、互助县、贵南县及同德县部分地区。其地处人均生态承载力脆弱区，但是人均生态足迹又相对较大，因而生态经济平衡发展水平较低。人口相对较少的中西部地区，虽然部分地区处于人均生态足迹较大区域，但其较高的人均生态承载力能够支撑人类活动的消耗，且处于盈余状态。从人均生态足迹能值结构上来看，东部地区能源与耕地的人均生态足迹较大，西部地区草地人均生态足迹较大。这一特征与青海省产业布局相吻合，东部地区主要以工业和农业为主，西部南部地区以生态畜牧业产业为主。

第四章

青海省产业转型升级演进分析

近些年来，为了在保证生态环境的前提下充分发挥资源优势，青海省在“生态立省”战略、“五四战略”和“四个扎扎实实”的指引下，坚持走绿色经济发展道路，进一步加强区域合作，加快结构调整，转变发展方式，扩大对外开放程度，不断谋求跨越发展、绿色发展、和谐发展、统筹发展目标的实现。

第一节 青海省产业结构演进脉络分析

一般说三次产业，是指产业结构状态在宏观、整体上的表现方式，体现产业转型升级的基本轨迹。“一二三”表明在三次产业总值中，第一产业比重最高，其次为第二产业、第三产业。例如，1970 年之前青海省三次产业结构均为“一二三”型，其中，1970 年青海省三次产业生产总值构成为 41.2∶34.2∶24.6，这也意味着在 1970 年之前青海省的农业社会转型任务未完成，即产业发展水平乃至整个社会发展水平仍处于总体落后的局面。因此，“一二三”的产业结构，从现代社会的角度看，实质上是发展滞后的象征（除特殊布局的需要，如某些地区定位于现代农业区）。不过，产业结构的演变是一个历史的过程，青海省须实事求是地对待“一二三”。

“二三一”是工业社会的典型表现，是人类产业走向文明的必经时期，因而可以视为产业转型升级的过渡状态。从“二三一”的历史进程看，可区分为早期的“二三一”与现代的“二三一”两个阶段。早期的“二三一”阶段，主要特征是先污染后治理，即当今发达国家均已经历的产业状态。现代社会的“二三一”阶段是知识经济、高新技术产业化及经济全球化的阶段，尽管依然难以全面克服以往工业社会的弊端，但具备了解决困难的条件，尤其是高新技术成果的有效利用，致使一些国家或地区纷纷展开了新时期工业化方式、途径的新探索，如我国2002年就明确提出走新型工业化道路。青海省目前处于早期的“二三一”向现代社会的“二三一”过渡阶段。

“三二一”是产业结构形态进入高阶段的表现，也是青海省产业转型升级的目标。在该阶段中，不仅意味着第三产业比重具有绝对优势（目前发达国家第三产业达到80%以上），也意味着其内含的第一、第二产业形态与功能发生根本性变革。首先，比重较少的现代农业（一般2%以下）呈现出融为一体的双重状态：技术形态上的现代农业和社会形态的现代农业。技术形态上面现代农业的精髓包含三个要点：体现科学技术进步的技术应用与物质技术装备（机械化、信息化、自动化）；形成规模经营和社会服务的产业体系；具有良好效率和可持续发展的竞争能力。所谓社会形态的现代农业是指消除二元结构的现代化农业；其次，“三二一”下的制造业具有“三化”（智能化、环保化和服务化）特征；最后，第三产业中为金融、贸易等产业服务业提供生产性服务的专业服务（信息、人才、财会、公共管理等服务）不断增强，成为服务业走向成熟的重要标志。

一、三次产业结构演变分析

1978—2018年，青海省产业结构经历了较大的变动，形成了以第二产业为主，第三产业快速发展并占有较大比例的产业结构形态（图4-1）。

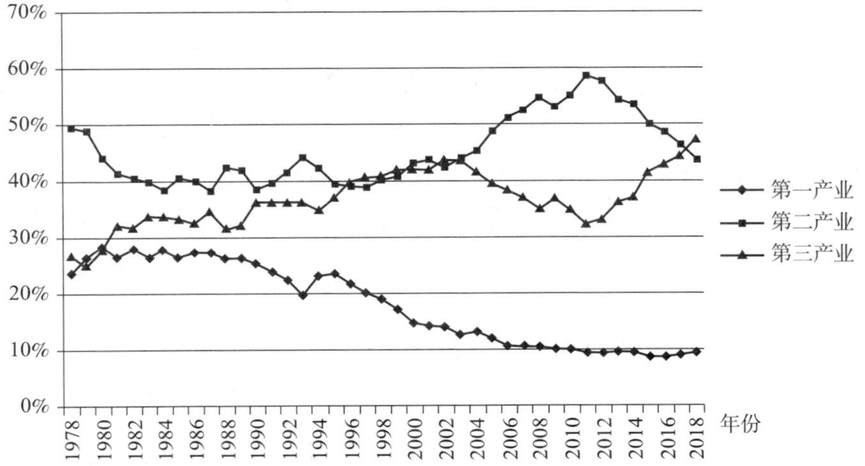

图4-1　1978—2018年青海省三次产业产值结构演变情况

具体表现为以下几方面。①第一产业比重变化呈现两个阶段，1978—1984 年，比重在波动中缓慢上升，从 1978 年的 23.6%上升到 1984 年的 27.8%，随后又有短暂的回落与增长，由 26.2%增加至 27.1%，这一阶段的波动变化充分说明了农村包产到户政策激活了农业潜力，农业产业率先复苏；1987—2018 年由 27.1%下降至 9.4%。②第二产业在 GDP 中的比例在 1978—2011 年，在波动中呈上升趋势，在 1996—2011 年呈现持续上升的趋势，2006 年青海省第二产业所占比例为 51.2%，首次突破 50%；但在 2011—2018 年则呈现持续下降的趋势，2018 年降至 43.5%。③第三产业在 GDP 中的比重在计划经济时期除 1961 年有一个小高潮之外，长期处于较低水平，1978 年之后，由于对外开放政策的实行，上升较快，曾于 1996—2002 年一度跃居三次产业首位，但此后有较为明显的下滑趋势，到 2011 年，降至 32.3%；2012—2018 年，第三产业呈现持续上升趋势，2018 年升至 47.1%。

总体上来说，1978—1987 年，第一、第二产业占绝对优势，产业结构为“一二三”，且其比重相当，三产比重相对较小，产业结构稳定；1988—2002 年，第二、第三产业为主，第三产业快速发展并于 1996 年赶上第二产业，同其并驾齐驱，第一产业比重持续下降，产业结构不断调整和优化，产业结构较稳定；2003—2018 年，第二、第三产业为主，第一产业比重呈现持续下降趋势，在 2003—2011 年，第二产业发展迅速，第三产业比重持续下降，而在 2011—2018 年，第三产业发展速度加快，第二产业比重则持续下降。三次产业结构由 1978 年的 23.6：49.6：26.8 调整为 2018 年的 9.4：43.5：47.1。

根据美国经济学家西蒙·库兹涅茨关于三次产业结构与经济发展阶段理论（表 4-1），当前青海省产业结构基本接近工业化后期阶段，但是第三产业发展缓慢，从数据上看具有明显的工业化成熟期特征，出现这一特征主要是青海省产业政策持续作用的结果。近年来青海省出台了一系列与新能源、新材料等八大产业调整振兴有关的措施，围绕推进柴达木、西宁两个国家级循环经济试验区建设，投资 400 多亿元相继开工建设盐湖综合利用等 30 多个基础产业、特色产业和新兴产业项目，提出“抓内需、增后劲，推动产业结构优化升级”的产业发展理念，因此工业增长速度相对较快，工业产业结构比重较大。其次，青海省第三产业发展缓慢应归因于地理位置的偏远及居民生活水平相对于全国而言较低，旅游、餐饮服务行业发展受到地理、气候等客观限制性因素的影响。特有的冷凉气候条件和高海拔的地理条件极大地限制了农业的发展，尽管近年来，青海省形成了以海北高原现代生态畜牧业科技试验示范区、海南州生态畜牧业可持续发展实验区、黄南州生态有机畜牧业示范区等生态农牧业示范区的格局，但是，截至 2018 年底，青海省第一产业增加值也仅为 268.1 亿元，显然总体规模较小。

表 4-1　西蒙·库兹涅茨三次产业结构与经济发展关系

三次产业 GDP 结构			工业化时期	经济发展阶段
一产比重（%）	二产比重（%）	三产比重（%）		
>33.7	<28.6	<33.7	工业化准备期	初级产品生产阶段
<33.7	>28.6	>33.7	工业化初期	工业化实现阶段
<15.1	>39.4	>45.5	工业化中期	工业化实现阶段
<14	>50.9	>35.1	工业化成熟期	工业化实现阶段
<10	<50	>40	工业化后期	经济稳定增长阶段

二、三次产业内部结构变动分析

第一产业，如图 4-2 所示，农牧业产值之和一直占农业总产值的 90%以上，而林业、渔业产值之和从未超过 10%，可见青海省是一个农牧业大省，农牧业在经济中具有重要地位。2003—2018 年青海种植业、林业、牧业、渔业多样化指数如图 4-3 所示。农业多样化指数主要受制于种植业和牧业的相对比重，2003—2008 年种植业和牧业相对比重较大，加之农林牧渔服务业比重逐年下降，导致农业多样化指数呈递减趋势。从 2009 年开始，三江源地区实施生态移民、退牧还草战略，取得明显成效，畜牧业占第一产业的比例降低，种植业比重相对提升，农业多样化指数有所上升。总体来看，第一产业内部结构优化任务还很艰巨。

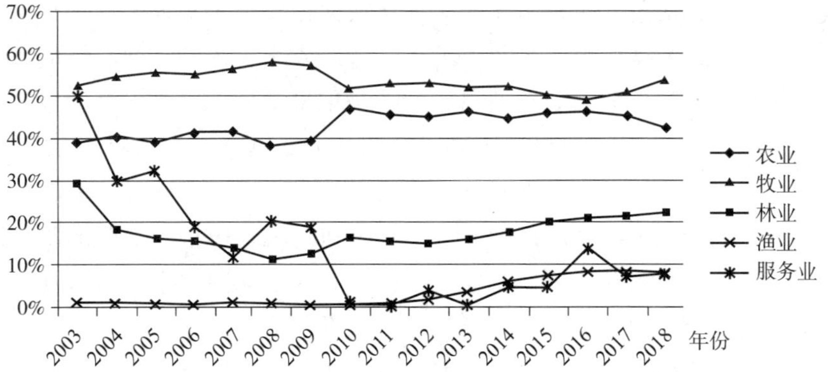

图 4-2　2003—2018 年青海省农林牧渔产值构成

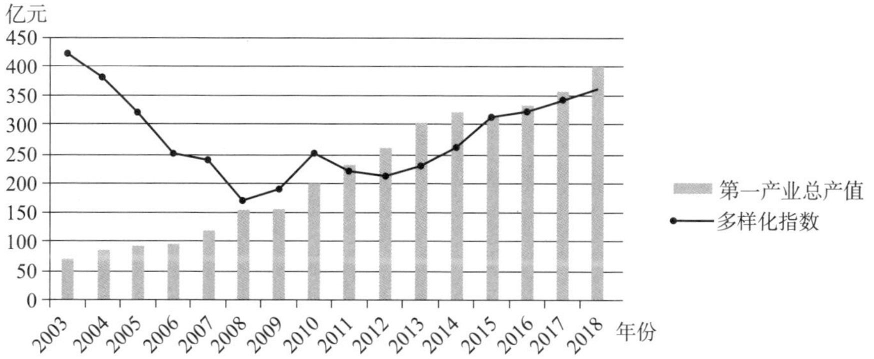

图 4-3　2003—2018 年青海省农林牧渔总产值及农业内部多样化指数

第二产业，1991 年以后工业处于青海经济发展主导地位（图 4-4），且呈现高速增长态势。有以下三个特点。

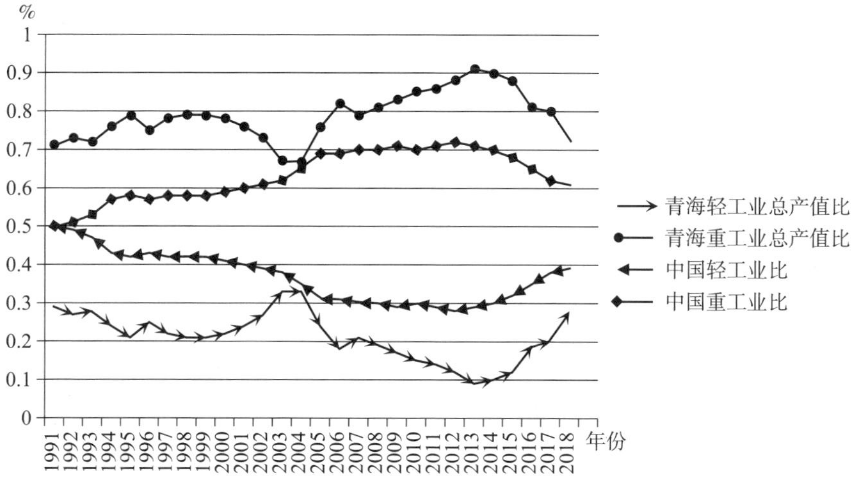

图 4-4　1990—2018 全国与青海轻重工业占比

（1）发展主要依靠重工业，其中又以资源开采及初加工工业为主，如石油天然气开采、电力生产、有色金属开采及初加工、盐化工业等。从青海工业结构来看，青海省重工化程度明显高于全国平均水平，1991—2000 年，青海为 69. 5%，高出全国平均水平 16 个百分点；2001—2018 年，青海为 90. 39%，全国平均水平为 67. 47%，高出近 23 个百分点。青海省轻重工业比例落差平均为 57. 9%，最大时（2007 年）达到 88. 6%。这既说明了青海省重工资源型经济的特点，也表明了青海省工业化发展任务异常艰巨。

（2）青海省依靠资源消耗为主的发展方式难以为继，经济下行压力加大，创新驱动经济发展已是必然选择。从轻重工业结构演变趋势来看，1991—2013 年重工业总产值比重保持波动上升趋势，资源型产业推动了青海经济的快速发展。2013—2018 年，重工业总产值比重由 91.3%下降到 72%。

（3）从数据上来看，似乎青海省已进入重化工业阶段，本质上却是轻化工业失衡。重化工业大多是技术密集型产业，对技术进步有很强的依赖性，其创新性和对生态环境的关注度不高，未注重绿色可持续发展。事实上，青海经济发展的特殊性，是在轻工业没有充分发展的基础上进行的发展，依赖资源重于工业化，呈现“畸重畸轻”的特点，青海省轻重工业发展已处于严重失衡状态。

区域经济学的“木桶”理论告诉我们，如果一个区域内各要素之间的比例关系严重失调，那么作为木桶“短板”的水平就决定了区域总体发展水平。因此，轻工业的发展滞后，轻重工业比例失衡已经从总体上制约着青海省经济的增长质量和水平。

青海省第三产业的总体比重从 1978 年的 26.77%上升到 2000 年的 41.51%，又上升到 2018 年的 47.12%，但其历程也是起伏不定的。一般而言，经济发展程度越高，第三产业所创造的价值占生产总值的比例也就越大，青海省近年来第三产业的发展趋势却与此相反。如图 4-5 所示，2003—2009 年青海省第三产业生产总值占的比重由 43.69%回落到 36.86%。然而 2011—2014 年，青海省第三产业增加值占全省生产总值的比重分别为 32.8%和 37.1%，分别低于第二产业 24.3 个百分点和 16.4 个百分点，2014 年较 2011 年提升 8.1 个百分点。2013 年以来，我国服务业增加值占 GDP 比例为 46.1%，首次超越第二产业。从产业结构看，2014 年第三产业增加值占 GDP 比例继续提升，达到 48.2%，比上年提高 1.3 个百分点，高于第二产业 5.6 个百分点，这意味着青海经济正在由工业主导向服务业主导加快转变。2014—2018 年第三产业产值比重持续上升至 47.1%。服务业比重提升是需求因素和效率因素共同作用的结果，是经济发展过程中产业结构演化的自然趋势，当前青海省应重点发展生产性服务业，在降低物耗、减少投资的情况下保证经济增长的持续性。

从第三产业的结构看，青海省第三产业结构内部不尽合理，以 2018 年为例，传统服务业（主要是机关、事业单位和批发零售餐饮等产业）占第三产业生产总值的 77.57%，为生活服务市场呈现出较为发达的状态；而现代服务业（金融、保险、服务、信息业）等仅占青海省第三产业生产总值的 22.43%，为生产服务的部门呈现不发达的状态，智力型、科技型服务业尚处于起步阶段。因此，加快第三产业的发展应重点发展高技术含量、知识密集型、高附加值和高管理水平的现代服务业。

图 4-5　1978—2018 年青海省第三产业产值比重变化

三、三次产业就业结构分析

改革开放以来，青海省从业人员结构与产业变化基本保持一致，即第一产业的比重在逐步下降，从业人员比重在 1978 年第一产业为 71. 3%，到 2011 年降为 39. 4%，这一趋势还将持续；第二产业的从业人员比重在上升，但是维持在 20%左右，反映出青海省第二产业吸纳就业人员的能力不足。第三产业的从业人员比重在不断上升（图 4-6）。

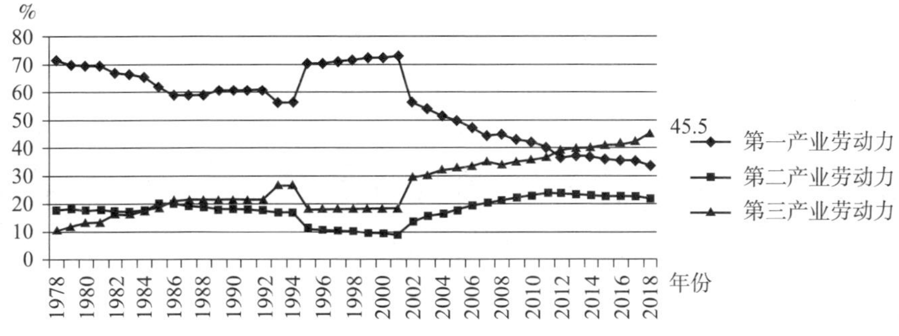

图 4-6　1978—2018 年青海省三大产业劳动力构成

通过就业对比，我们发现以下问题。

第一，虽然从 2001 年开始，第一产业劳动力比重逐年下降，第二、第三产业劳动力比重逐年上升，但是第一产业劳动力比重仍然偏高。2018 年第一产业就业人员仍高达 33.4%。就青海省的农牧业状况而言，存在着普遍性的效率不高问题，或可能的隐性失业。

第二，青海省近几年第二产业比重依然很大，但是第二产业并没有吸纳更多的劳动力进入。2018 年青海省第二产业从业人员占全省从业人员比例为 21.1%，第二产业吸纳劳动力在逐渐减少。

第三，第三产业尤其是服务业对就业的带动明显。2018 年第三产业从业人员比重为 45.5%。从青海省就业人员的分布规律来看，第三产业会成为吸纳从业人员的主力。

第四，青海省从 2010 年起，三大产业的分布开始有新的变化，第三产业劳动力比重从 2000 年开始不断提升，至 2012 年首次超过了第一产业从业人员比重。从 2012 年开始，第一、二产业的劳动力占比持续下降，这说明青海省经济总量持续攀升，效率不断提升的同时，产业结构也在不断优化。

四、基于库兹涅茨法则的产业结构变动分析

美国经济学家库兹涅茨提出了比较劳动生产率的概念及其变化规律，库兹涅茨的经验法则为：某一产业的比较劳动生产率（相对国民收入）= 国内生产总值比重/劳动力结构比重。

在这个法则中，第一产业的相对国民收入小于 1，第二产业和第三产业的相对国民收入大于 1；第一产业和第三产业的相对国民收入将会随时间而下降，第二产业的相对国民收入则随时间而上升。这是因为第一产业国民收入构成下降的速度高于它的劳动力构成下降的速度，第二产业吸附劳动力的能力有限，但国民收入保持上升趋势，第三产业有较强的吸附劳动力的能力（表 4-2）。

表 4-2　1978—2018 年青海省经济发展水平、产业结构及就业结构　单位：%

年份	第一产业国内生产总值比重	第二产业国内生产总值比重	第三产业国内生产总值比重	第一产业劳动力结构比重	第二产业劳动力结构比重	第三产业劳动力结构比重	第一产业比较劳动生产率	第二产业比较劳动生产率	第三产业比较劳动生产率
1978	23.60	49.60	26.80	71.30	18.30	10.40	0.33	2.71	2.58
1979	26.00	49.00	25.00	70.00	18.40	11.60	0.37	2.66	2.16
1980	28.10	44.00	27.90	68.70	17.90	13.40	0.41	2.46	2.08
1981	26.50	41.30	32.20	68.80	17.90	13.30	0.39	2.31	2.42
1982	27.90	40.30	31.80	66.50	17.30	16.20	0.42	2.33	1.96
1983	26.30	40.00	33.70	66.20	17.20	16.60	0.40	2.33	2.03

续表

年份	第一产业国内生产总值比重	第二产业国内生产总值比重	第三产业国内生产总值比重	第一产业劳动力结构比重	第二产业劳动力结构比重	第三产业劳动力结构比重	第一产业比较劳动生产率	第二产业比较劳动生产率	第三产业比较劳动生产率
1984	27.80	38.40	33.80	65.10	17.40	17.50	0.43	2.21	1.93
1985	26.20	40.60	33.20	61.40	20.20	18.50	0.43	2.02	1.79
1986	27.20	40.10	32.70	58.80	20.30	20.90	0.46	1.98	1.56
1987	27.10	38.30	34.60	58.80	19.70	21.50	0.46	1.94	1.61
1988	26.10	42.40	31.50	58.60	19.50	21.90	0.45	2.17	1.44
1989	26.10	41.90	32.00	60.60	18.90	21.10	0.43	2.22	1.52
1990	25.30	38.40	36.30	60.00	18.80	21.20	0.42	2.04	1.71
1991	23.90	39.70	36.40	60.10	18.50	21.40	0.42	2.14	1.70
1992	22.20	41.50	36.30	60.40	18.30	21.30	0.37	2.27	1.70
1993	19.70	44.10	36.20	56.30	17.00	26.70	0.35	2.59	1.36
1994	22.90	42.20	34.90	56.30	16.80	26.90	0.41	2.51	1.30
1995	23.50	39.60	36.90	69.60	11.40	19.00	0.38	3.47	1.94
1996	21.50	39.00	39.50	70.20	10.90	18.90	0.31	3.58	2.10
1997	20.10	39.00	40.90	70.80	10.50	18.70	0.28	3.71	2.19
1998	18.90	40.20	40.90	71.40	10.00	18.60	0.26	4.02	2.20
1999	17.00	41.10	41.90	71.90	9.60	18.50	0.24	4.28	2.26
2000	14.60	43.30	42.10	72.50	9.20	18.30	0.20	4.17	2.30
2001	14.20	43.90	41.90	72.80	8.80	18.40	0.20	4.99	2.28
2002	13.90	42.40	43.70	56.40	13.60	30.00	0.25	3.12	1.46
2003	12.40	44.10	43.50	54.10	15.80	30.10	0.23	2.79	1.45
2004	13.00	45.40	41.60	51.20	16.50	32.30	0.25	2.75	1.29
2005	12.00	48.70	39.30	49.50	17.40	33.10	0.24	2.80	1.19
2006	10.40	51.20	38.40	47.30	19.20	33.50	0.22	2.67	1.15
2007	10.50	52.50	37.00	44.30	20.60	35.10	0.24	2.55	1.05
2008	10.40	54.70	34.90	44.50	21.30	34.20	0.23	2.57	1.02
2009	9.90	53.20	36.90	43.00	21.90	35.10	0.23	2.43	1.05
2010	10.00	55.10	34.90	41.40	22.60	36.00	0.24	2.44	0.97
2011	9.30	58.40	32.30	39.40	23.90	36.70	0.24	2.44	0.88
2012	9.30	57.70	33.00	37.00	24.00	39.00	0.25	2.40	0.85
2013	9.60	54.30	36.10	37.10	23.20	39.70	0.26	2.34	0.91

续表

年份	第一产业国内生产总值比重	第二产业国内生产总值比重	第三产业国内生产总值比重	第一产业劳动力结构比重	第二产业劳动力结构比重	第三产业劳动力结构比重	第一产业比较劳动生产率	第二产业比较劳动生产率	第三产业比较劳动生产率
2014	9.40	53.60	37.00	36.60	22.90	40.50	0.26	2.34	0.91
2015	8.60	50.00	41.40	35.80	23.00	41.20	0.24	2.17	1.00
2016	8.60	48.60	42.80	35.50	22.90	41.60	0.24	2.12	1.03
2017	9.1	46.4	44.5	35.1	22.4	42.5	0.16	2.76	0.77
2018	9.4	43.5	47.1	33.4	21.1	45.5	0.18	2.82	0.76

表4-2数据显示近30年来青海省的相对国民收入（即比较劳动生产率）的有关时间序列分析和横断面数据分析的变化趋势：第一产业的相对国民收入小于1；第一产业和第三产业的相对国民收入随时间的推移总体上呈下降趋势，第二产业的相对国民收入随时间的推移总体呈上升趋势，这是因为第一产业国民收入构成下降的速度高于它的劳动力构成下降的速度，第二产业吸附劳动力的能力有限，但保持了国民收入的上升趋势，第三产业有较强的吸附劳动力的能力。

从图4-7可以看出，1978—2018年，青海省第一产业比较劳动生产率小于1，第二产业的比较劳动生产率大于1，1978—2009年，第三产业比较劳动生产率大于1，但2010—2014年比较劳动生产率小于1。总体来看，第二产业的比较劳动生产率最高，第三产业的比较劳动生产率次之，第一产业比较劳动生产率最低。

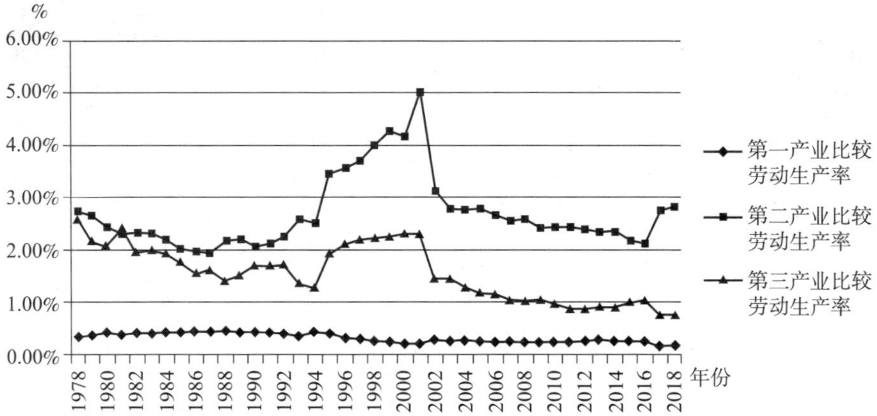

图4-7　1978—2018年青海省三次产业比较劳动生产率变化曲线

1978—1990 年，第一产业的产值比重有所上升，同时剩余劳动力开始向第二、第三产业转移，使第二产业发展较快，吸引劳动力的能力变强，比重也由此开始上升，第三产业的产值比重幅度下降。这一阶段农村经济体制改革进一步推进，多种经济成分共同发展，经济全面增长，产业结构随之发生了变化。第二产业体制改革吸取了第一产业经济体制改革的经验，企业扩大自主权，提高了生产积极性，劳动力比重有所上升。第二产业产值比重大幅度上升，劳动力的构成也有所上升。这一阶段，第一产业产值比重下降速度略快于劳动力构成比重的下降速度，第一产业的比较劳动生产率平稳中呈现下降趋势；第二产业比较劳动生产率略有上升；第三产业比较劳动生产率平稳中有所下降。

1991—2000 年，第一产业和第三产业随时间的推移比较劳动生产率呈现下降趋势，第二产业随时间的推移比较劳动生产率呈现上升趋势。围绕着力提高产品品质、调整种养结构、优化区域布局等方面，加快了农村和农业经济结构的调整步伐。中国加入 WTO 后，经济持续、快速、健康发展，尤其是 1999 年党中央提出了西部大开发的战略部署后，青海省积极响应，号召退耕还林、退耕还草，利用丰富的资源培育特色经济，使第一产业得以迅速发展；以市场为导向，企业为主体，大力发展高新技术产业，改造和提升传统产业为主要内容的工业结构调整取得了明显成效，工业整体技术水平有了明显提高；第一产业和第三产业的比较劳动生产率呈下降趋势；第二产业的比较劳动生产率呈现上升趋势，符合库兹涅茨经验法则的规律。

2001—2018 年，改革开放特别是“十五”以来，青海服务业的发展速度加快，规模不断扩大，服务领域进一步拓宽，服务水平不断提高。随着产业结构的调整，工业化和城镇化进程不断加快，青海省从事第一产业的劳动力逐渐向第二、第三产业转移。这和社会主义化新农村、新牧区建设和生态优先、“生态立省”战略的实施和“四个扎扎实实”的全面落地密不可分。

第二节　生态文明视阈下青海省产业转型升级发展评价

从历史演进的视角，对生态文明视阈下青海省产业转型升级现状进行的分析是对产业转型升级过程的一般性描述，属于“总”的概念，而产业转型升级效应水平则强调产业转型升级的效果和驱动力，属于“质”的概念。因此，要评价产业转型升级的效应，不仅需要从产业转型升级的一般性描述来判定其发展水平与发展规律，也应侧重“质”的方面，突出产业转型升级的实际驱动力和效果。只有对青海省产业转型升级发展水平进行深入分析，才能更清楚地了解青海产业转型升级发展的历程与趋势和转型升级中存在的问题，从而为制定青海省产业转型升级的目标、路径、政策奠定理论基础。

“创新驱动，转型发展”，强调以科技创新为“调结构、促发展”的重要支撑，把理论、科技、文化、管理、制度和体制等创新所带来的活力注入产业发展、结构调整和环境优化中，促使产业发展方式从以资本、劳力、土地等生产要素驱动向以知识、人才、科技等创新要素驱动转型，从粗放型发展向集约型发展转型，从以传统制造业为主力推动经济发展向以战略性新兴产业和服务业为主力双引擎推动经济发展转型，从单纯追求 GDP 增长向包容性增长转型；从先污染、后治理方式向绿色可持续发展方式转型。青海省工业结构中高耗能产业比重过大，现代制造业比重较小。从制造业内部结构看，青海省的制造业是以造纸、石油加工炼焦、黑色金属冶炼加工、有色金属冶炼加工等为代表的高耗能行业。转型升级势必成为生态文明视阈下青海省未来的发展主题。转型升级是产业发展方式与类型的质变，这种质变需依靠创新驱动的推动。

一、评价指标体系的构建

本书依据青海省的特点和现况，在查阅国内外相关文献的基础上，为进一步体现“创新驱动，转型发展”的特征，结合相关专家给出的意见，构建青海省“创新驱动，转型发展”评价指标体系，其中，一级指标为创新驱动指标、产业转型指标和绿色发展指标，并最终选取了 17 个指标（6 个创新驱动指标、6 个产业转型指标和 5 个绿色发展指标）[181-182]（表 4-3）。

表 4-3　青海省“创新驱动，转型发展”评价指标体系

目标层	子指标体系	具体指标
“创新驱动，转型发展”评价指标体系	创新驱动（6 个指标）	国内专利申请授权量
		技术市场成交额
		研发与试验发展经费投入强度
		研究与试验发展（R&D）人员当量
		国家财政性教育经费
		规模以上工业企业 R&D 项目数

续表

目标层	子指标体系	具体指标
“创新驱动，转型发展”评价指标体系	产业转型（6个指标）	居民消费在地区生产总值比重
		第三产业生产总值在地区生产总值比重
		金融增加值在第三产业增加值的比重
		文化产业增加值在第三产业增加值的比重
		第三产业从业人员占比
		创新能力指数
	绿色发展（5个指标）	废水排放量
		SO_2 排放量
		工业污染治理完成投资
		治理废水项目完成投资
		治理废气项目完成投资

二、评价模型及评价过程

首先采用熵值法[183]确定出各指标权重，然后采用层次分析法[184]对青海省产业转型升级发展的支撑条件做进一步地判断，计算得到的数据值见表4-4。

表4-4　青海省“创新驱动，转型发展”评价

年份	总得分	创新驱动	产业转型	绿色发展
2008	0.348 1	0.036 5	0.132 4	0.179 2
2009	0.381 0	0.116 4	0.167 6	0.097 0
2010	0.315 7	0.125 0	0.104 8	0.085 9
2011	0.398 9	0.158 4	0.126 4	0.114 1
2012	0.404 7	0.161 1	0.138 5	0.105 1
2013	0.503 3	0.160 3	0.178 9	0.164 1
2014	0.490 1	0.156 3	0.183 5	0.150 3
2015	0.620 8	0.210 0	0.250 2	0.160 6
2016	0.721 0	0.292 4	0.246 4	0.182 2
2017	0.829 8	0.357 2	0.316 2	0.156 4

三、评价结果及分析

从图4-8评价结果曲线可以看出，青海省的“创新驱动，转型发展”总得分整体呈现增长趋势。分阶段来看，2008—2013 年青海省“创新驱动，转型发展”水平处于缓慢增长状态，平均年增长速度小于 0.1，且不断波动，说明创新驱动、转型发展能力提升明显不足；2012 年开始，“创新驱动，转型发展”水平显著提升，平均年增长速度约为 59%，且在 2013 年得分首次超越 0.5；2013—2017 年的“创新驱动，转型发展”水平总体大幅度提高，并在 2017 年首次达到 0. 8，这也表明了近年来，青海省政府对以创新驱动促进经济转型发展极为重视，大力推动“万众创新”，取得了良好成效。

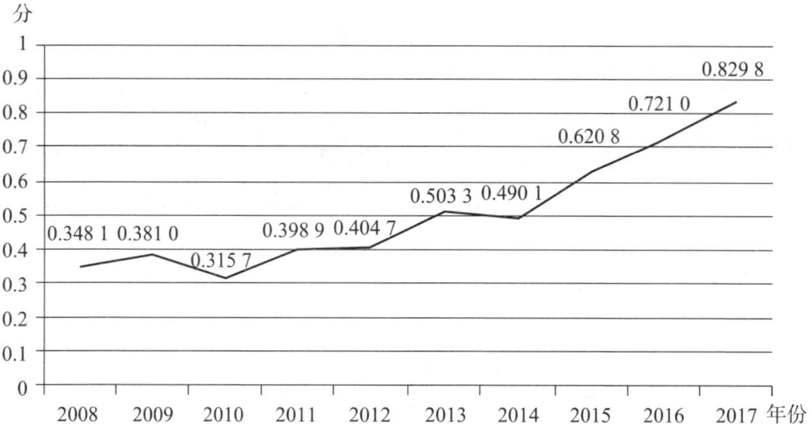

图 4-8 “创新驱动，转型发展”评价指标体系总得分

从图 4-9 评价结果曲线可以看出，青海省创新驱动发展能力逐年提升，且和“创新驱动，转型发展”评价曲线图的发展趋势大致相同，2008—2014 年创新驱动发展能力稳定提升；2014—2017 年，创新驱动能力大幅度上升，

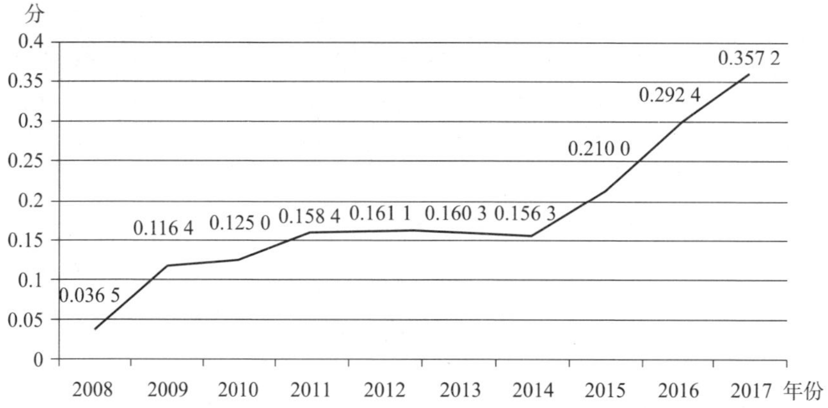

图 4-9 创新驱动指标得分

这与同时间段内的“创新驱动，转型发展”总得分趋势一致，说明青海省产业转型升级的主要驱动力是创新。2014 年，青海省的创新驱动力的平缓波动趋势得到了根本性扭转，上升为 0. 2100，这说明青海省政府对国家倡导的“大众创业、万众创新”政策响应积极，青海省大力培育新兴产业、培育新产能，鼓励创业、推动创新，促进产业的转型发展。

从图 4-10 评价结果曲线可以看出，青海省转型发展能力由 2008—2010 年缓慢上升，转型发展处于落后期；2010—2017 年呈急剧上升趋势，这表明该时间段内青海省产业转型发展速度较快，转型发展能力处于一个波动提升的阶段，说明正是由于国家对创新战略的重视，转型发展一直是热点，青海省也一直加强对转型发展道路的探索。同时，创新驱动指标得分于 2008—2013 年缓慢攀升，明显早于转型发展指标变化，充分说明了创新驱动为 2010 年的经济转型发展提速奠定了必要基础。在今后的发展中，青海省应更加重视高新技术产业发展，重视服务业的发展，进而促进转型发展，走可持续发展道路。

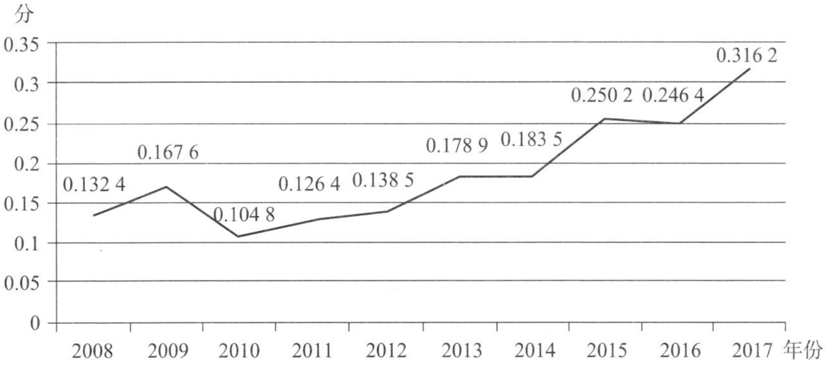

图 4-10　产业转型指标得分

由图 4-11 可以看出，青海省的绿色发展能力呈现先下降后波动上升的趋势。同时，在不同时间段内绿色发展能力的增速差距较大。具体分时间段看，2008—2013 年，青海省绿色发展能力呈现先下降后波动上升的趋势；2014—2016 年，青海省绿色发展能力平稳增长，并在 2016 年达到阶段的最高点，为 0. 182 2；2013 年之后的整体绿色发展水平明显上了一个台阶，可见 2007 年青海省“生态立省”战略的效应逐渐显现。

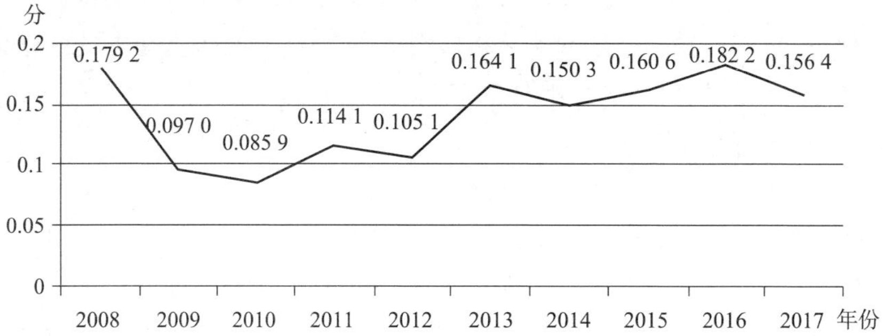

图 4-11　绿色发展指标得分

第三节　生态文明视阈下青海省产业转型升级的比较分析

产业转型升级不仅需要从历史演进中寻找经验，而且需要和同类型区域进行对比，以找到自身的优势与短板。本书将以定性比较分析法来分析青海与西北其他四省（区）产业内部结构的差异，以定量比较分析法来分析青海省与西北其他四省（区）在产业转型升级总体进程、方向的差异，既是为青海省产业的转型升级提供参考，又进一步认清生态文明视阈下西北五省（区）产业结构之间的异同和未来的发展趋势。

一、生态文明视阈下青海省产业转型升级定性比较分析

（一）青海省产业结构总体比较分析

近些年，青海省第二产业逐渐壮大，三次产业结构不断进一步调整，经济总量结构不断扩大，2018 年地区生产总值达到 2 865. 23 亿元。“十三五”期间，青海省的地区生产总值、全社会固定资产投资及地方公共财政一般预算收入等主要指标都达到了预期目标。但总体来看，从“经济小省”向“工业强省”转变的格局还没有突显，第三产业虽然占比较大，但从就业人口结构来看，“十三五”时期青海省产业结构的变化趋势是：第一产业比重下降，第二产业比重迅速提高，第三产业份额缓慢增长。它表现为大量的劳动力和资源从劳动生产率相对较低的种植业和畜牧业向劳动生产率相对较高的工业、制造业、建筑业转移。随着 2013 年以来工业发展增速的逐渐回落，人口和资源开始向以服务业为主的第三产业转移。

1. 纵向来看：第二产业占据主导地位，三次产业结构仍然不优

2018 年，青海一、二、三产业占地区生产总值的比例为 9.4%：43.5%：47.1%（表 4-5），与 2017 年相比，其中第二产业在地区生产总值的比重有所下降，但资源消耗高、技术含量低、附加价值少的重工业依然占据了大头，第一产业比重保持稳定，第三产业比重缓慢上升，但依然在 40%左右徘徊，传统服务业平稳运行，金融保险、电子商务、仓储物流、信息等现代服务业发展缓慢，生产性的产业已成为短板。

2. 横向来看：第一、第三产业占比较小，第二产业比重偏大

从西北五省（区）的三次产业占比来看，青海省第三产业占比较高，在西北五省（区）中排名第二，达到 47.1%；第二产业比重较低，排名倒数第二，占比为 43.5%；第一产业比重较低，在西北五省（区）中排名居中，占比为 9.4%。

表 4-5　2018 年西北五省三次产业结构对比

单位：%

省（区）	对比表
青海省	9.4：43.5：47.1
陕西省	7.5：49.7：42.8
甘肃省	14.8：44.7：40.5
宁夏回族自治区	7.5：44.5：48
新疆维吾尔自治区	13.9：40.4：45.7

数据来源：历年《中国统计年鉴》。

（二）青海省三次产业结构内部比较分析

从三次产业内的各行业来看，虽然青海省产业结构调整效果已经开始显现，但是部分行业比重过大，部分对经济、社会发展具有极大影响的行业发展速度过慢，因此产业内部结构调整依然任重道远。

1. 第一产业：各行业占比不均，发展相对滞后

青海省作为传统的农牧业大省，其机械化与现代化水平较低，农牧业大而不强，在西北五省（区）中没有突出的竞争优势。

（1）纵向来看：林业、渔业比重过小，农林牧渔服务业发展滞后（表 4-6）。

表 4-6　2010—2018 年青海省第一产业发展情况

年份	总产值（万元）	农业（%）	林业（%）	牧业（%）	渔业（%）	农林牧渔服务业（%）
2010 年	2 013 173	45. 74	1. 87	50. 40	0. 06	1. 93
2011 年	2 308 188	44. 58	1. 81	51. 70	0. 09	1. 82
2012 年	2 638 613	44. 38	1. 73	51. 95	0. 21	1. 73
2013 年	3 103 020	45. 29	1. 83	50. 89	0. 41	1. 58
2014 年	3 274 916	44. 03	2. 02	51. 65	0. 68	1. 62
2015 年	3 192 654	45. 42	2. 33	49. 60	0. 87	1. 78
2016 年	3 387 977	45. 90	2. 45	48. 91	0. 96	1. 78
2017 年	357. 84	45. 00	2. 51	50. 71	0. 95	0. 83
2018 年	399. 27	42. 00	2. 58	53. 60	0. 90	0. 91

数据来源：历年《中国统计年鉴》。

纵向比较，近年来青海省第一产业发展较为缓慢。2018 年第一产业总产值达到 399. 27 亿元（表 4-7）。细分来看，农业在第一产业中的比重趋势较为平稳，年均保持在 42%左右，林业的比重较小但整体呈现出上升趋势，牧业的比重占据第一产业的大头但整体有下降的趋势，渔业所占比重甚微但有上升趋势，农林牧渔服务业所占比重在 2003—2010 年呈下降趋势，在 2010—2018 年呈上升趋势。但林业、渔业、农林牧渔服务业的比重整体较小，2018 年三者占第一产业总产值的比例仅为 4%。

表 4-7　2018 年西北五省第一产业内部结构

省（区）	绝对数（亿元）	指数（上年 = 100）				
	农林牧渔业总产值	农林牧渔业总产值	农业	林业	牧业	渔业
陕西省	743. 1	103. 3	103. 2	117. 3	100. 1	105. 7
甘肃省	1 659. 4	103. 7	105. 4	104. 8	102. 4	96. 1
青海省	399. 27	111. 6	104. 2	115. 2	118. 0	105. 8
宁夏回族自治区	493. 6	104. 4	103. 7	83. 6	107. 9	108. 3
新疆维吾尔自治区	3 637. 8	105. 1	109. 9	108. 6	103. 4	109. 4

数据来源：历年《中国统计年鉴》。

（2）横向来看：林业发展速度快，农业、牧业、渔业发展相对滞后。

从西北五省（区）农林牧渔业总产值来看，2018 年青海排名最后且与排名前两位相差甚远（陕西省排名居首位）。从其发展指数上看，由于基数较低，青海的渔业、林业、牧业、农业排名均靠前。林业发展中宁夏的指数为

83.6，排名最后；渔业发展指数中甘肃排名垫底；牧业发展指数中陕西排名末尾；农业发展指数中宁夏和陕西排名靠后。总之，青海的农林牧渔业发展基础较为薄弱，其总产值较低，与其他西北四省（区）相比，农业、牧业、渔业发展相对滞后。

在农业现代化发展上，2018 年青海的农业机械化总动力为 459.1 万千瓦，在西北五省（区）中排名末尾，且与甘肃、陕西、新疆的差距大，其中排名首位的新疆约为青海的 5.9 倍，表明青海农业机械化水平还有很大的提升空间（表 4-8）。就粮食总产量来看，青海在西北五省（区）中排名第五位，且与西北其他四省（区）相差甚远，其中排名第四的宁夏约为青海的 3.68 倍，这就说明青海农业的落后既有自身原因，也有创新驱动不足、结构升级缓慢的原因。

表 4-8　2018 年西北五省（区）农业机械化总动力情况

省份	青海省	陕西省	甘肃省	新疆维吾尔自治区	宁夏回族自治区
粮食总产量（万吨）	106.7	1 226.3	1 151	1 492.5	380.3
机械化总动力（万千瓦）	459.1	2 311.8	2 102	2 703.5	580.6

数据来源：历年《中国统计年鉴》。

2. 第二产业：内部结构趋优，但结构调整任务艰巨

2018 年第二产业对青海省经济增长的贡献率为 43.5%，第二产业对青海省经济增长的贡献率远超第一产业但已低于第三产业（第一产业与第三产业对青海省经济增长的贡献率分别为 9.4%与 47.1%），但从整体上看，“十二五”以来第二产业对青海省经济增长的贡献率呈现出逐年下降的趋势，但第二产业依然是青海省经济增长的重要推动力，要在新型工业化道路上走得更快更稳，实现内部结构的调整，仍然任重道远（表 4-9）。

表 4-9　2010—2018 年青海省第二产业发展情况表

年份	内容	数值
2010 年	生产总值（亿元）	744.63
	占 GDP 比重	55.1%
2011 年	生产总值（亿元）	975.18
	占 GDP 比重	58.4%
2012 年	生产总值（亿元）	1 092.34
	占 GDP 比重	57.7%
2013 年	生产总值（亿元）	1 151.28
	占 GDP 比重	54.3%

续表

年份	内容	数值
2014 年	生产总值（亿元）	1 234. 31
	占 GDP 比重	53. 6%
2015 年	生产总值（亿元）	1 207. 31
	占 GDP 比重	50%
2016 年	生产总值（亿元）	1 249. 98
	占 GDP 比重	48. 6%
2017 年	生产总值（亿元）	1 162. 41
	占 GDP 比重	44. 3%
2018 年	生产总值（亿元）	1 247. 06
	占 GDP 比重	43. 5%

数据来源：历年《中国统计年鉴》。

（1）纵向来看：重工业比重先增加后减少，高耗能行业比重趋于下降。

2010—2014 年，青海省工业生产总值一直保持上升趋势，工业生产总值由 2010 年的 613. 65 亿元增加至 2014 年的 954. 27 亿元，四年增长了 55. 5%。2015 年其工业增加值增速为-6. 33%，虽然 2016 年工业生产总值较 2015 年有所上升，但工业生产总值占 GDP 比例相对 2010 年的 45. 4%已减少至 2016 年的 35. 1%，2017—2018 年一直处于增长状态。2010 年青海省规模以上工业企业增加值增速为 20. 6%，至 2018 年下降为 8. 6%（表 4-10）。从总体上来看，工业总量规模先不断扩大后缩小，是在全产业结构转型升级的一大步。

表 4-10　2018 年青海省十大优势产业工业总产值和增加值

	工业总产值		工业增加值
	绝对量（亿元）	比上年增长（%）	比上年增长（%）
全省规模以上工业企业	2 395. 79	13. 4	8. 6
十大优势产业			
新能源产业	80. 29	4. 4	5. 3
新材料产业	147. 46	12. 5	18. 6
盐湖化工产业	120. 12	2. 8	-2. 5
有色金属产业	604. 93	8. 4	7. 7
油气化工	76. 23	3. 7	-8. 3
煤化工	29. 51	61. 7	56. 1

续表

	工业总产值		工业增加值
	绝对量（亿元）	比上年增长（%）	比上年增长（%）
装备制造业	191.91	19.8	21.2
钢铁产业	165.93	12.0	4.3
轻工纺织业	19.82	-38.7	-50.4
生物产业	54.44	27.5	24.5

数据来源：历年《中国统计年鉴》。

同时，青海省十大优势产业工业总产值较 2017 年均有增长（除油气化工和轻工纺织业、盐湖化工产业）。2018 年，十大优势产业中新材料产业、煤化工和装备制造业的工业增加值比上年增长均超过 10%。同时，新材料产业、盐湖化工产业、煤化工、生物产业和装备制造业的工业总产值比上年增长超过 15%，在十大优势产业中有色金属产业工业总产值占比最大约 7.7%（表 4-10）。

2018 年，十个循环经济重点行业工业增加值占全省规模以上行业工业增加值的 53.9%。工业循环经济重点行业总产值相对 2017 年有所提升（表 4-11），其中煤炭开采和洗选业、石油和天然气开采业、黑色金属矿采选业、化学原料和化学制品制造业、医药制造业、黑色金属冶炼和压延加工业、电力生产业工业总产值增长均超过 15%。石油加工、炼焦和核燃料加工业属于高耗能产业，且十个循环经济重点行业的工业增加值占比较 2018 年有所下降，因此这也在一定程度上表明了青海省的高耗能行业发展趋势得到有效的减缓。

表 4-11　2018 年工业循环经济重点行业总产值和增加值增速

	工业总产值（亿元）	工业总产值增长（%）	工业增加值增长（%）	工业增加值占比（%）
全省规模以上工业	2 395.79	13.4	8.6	100.0
十个循环经济重点行业	1 342.15	18.1	10.1	69.3
一、煤炭开采和洗选业	48.07	137.4	112.6	2.8
二、石油和天然气开采业	128.89	19.2	2.4	12.9
三、黑色金属矿采选业	7.31	341.2	234.9	0.3
四、石油加工、炼焦和核燃料加工业	105.51	10.9	-5.8	8.5
五、化学原料和化学制品制造业	352.28	15.9	6.4	14.6
六、非金属矿物制品业	106.33	8.5	1.9	3.0
七、医药制造业	33.00	28.4	23.0	1.7

续表

	工业总产值（亿元）	工业总产值增长（%）	工业增加值增长（%）	工业增加值占比（%）
八、黑色金属冶炼和压延加工业	64.87	21.0	7.2	2.7
九、有色金属冶炼和压延加工业	279.18	12.2	12.7	7.1
十、电力生产业	216.72	19.6	18.6	15.7

数据来源：历年《中国统计年鉴》。

从轻重工业产值来看，青海省轻工业年产值逐年稳定递增，重工业产值2012—2015年缓慢增长，2016年轻幅度下降，2017年增长幅度较大，见表4-12。2012—2018年轻工业的比重不断上升，重工业的比重不断下降。2012年，轻工业占规模工业的比值为7.65%；2018年，两者之比值调整为19.23%，轻工业的比例上升了约10个百分点。

表4-12　2011—2018年青海省规模以上工业企业发展情况　（单位：万元）

年份	2012	2013	2014	2015	2016	2017	2018
轻工业产值	1 446 389	2 000 217	2 713 123	3 645 205	4 479 299	5 261 975	6 984 017
重工业产值	17 489 017	19 997 916	22 657 914	22 913 353	20 701 874	23 093 656	17 958 900

数据来源：历年《中国统计年鉴》。

（2）横向来看：轻重工业基础薄弱，工业内部各行业居于下游位置。

在西北五省（区）中，2018年青海第二产业增加值和规模以上工业企业主营业收入均排名末位，且第二产业增加值规模以上工业企业主营业收入与陕西差距较大，与宁夏差距相对较小。青海原油产量在西北五省（区）中排名第三，产量为236万吨标准煤；发电量排名第五，与其他四省（区）相比差距均较大，其中新疆发电量约为青海的5.87倍。在西北五省（区）中，2018年青海规模以上工业企业个数排名末尾，规模以上工业企业利润总额产值为59.3亿元，排名第五（表4-13）。

表4-13　2018年西北五省规模工业情况

	陕西省	甘肃省	青海省	宁夏回族自治区	新疆维吾尔自治区
第二产业增加值（亿元）	10 882.9	2 794.7	1 162.41	1 650.3	4 923.0
规模以上工业企业主营业务收入（亿元）	23 060	9 021.1	1 269.5	4 444.7	10 767.2
原油（万吨标准煤）	3 489.8	45.2	236.0	7.3	2 404.44
发电量（亿千瓦小时）	1 757.4	1 531.4	559.0	1 609.7	3 283

续表

	陕西省	甘肃省	青海省	宁夏回族自治区	新疆维吾尔自治区
规模以上工业企业个数（个）	6 426	1 917	569	1 250	3 025
规模以上工业企业利润总额（亿元）	24 362	270.4	59.3	174.2	788.8

数据来源：历年《中国统计年鉴》。

3. 第三产业：生产性服务业发展缓慢，现代服务业发展不足

近几年青海省的第三产业发展相对稳定，2015 年第三产业生产总值首次突破 1 000 亿元，2018 年第三产业生产占总产值 47.1%，但第三产业中现代服务业发展较为缓慢，生产性服务业对经济增长贡献率不够（表 4-14）。

表 4-14　2011—2018 年青海省第三产业发展情况

年份	2011	2012	2013	2014	2015	2016	2017	2018
第三产业生产总值（亿元）	540.2	624.3	766.1	853.1	1 000.8	1 101.3	1 973.3	2 124.6
第三产业生产总值占生产总产值比例（%）	32.3	33.0	36.1	37.0	41.4	42.8	32.69	34.49
交通运输、仓储和邮政行业增加值（亿元）	67.5	71.9	74.2	81.7	90.6	95.0	97.2	98.3
信息传输、计算机服务和软件业增加值（亿元）	49.4	54.2	40.4	44.9	52.5	58.5	59.1	59.5
金融业增加值（亿元）	62.6	83.7	145.2	175.2	220.9	245.8	265.3	178.5

数据来源：历年《中国统计年鉴》。

（1）纵向来看：信息技术产业发展较慢，金融业发展相对较快。

从具体的服务业发展情况来看，青海省的金融业增加值在 2011—2018 年快速上升，2018 年金融业增加值年比 2011 年增长了 2.85 倍，2017—2018 年增长趋势放缓。但从其金融业增加值的增长率来看，2013 年的增长率最高，高达 73.45%，2014—2018 年的增长率有所下降。交通运输、仓储和邮政行业增加值在 2015 年突破 90 亿元，2016 年小幅度增加至 98.3 亿元，但总体而言增加值增长率前期较高，后期放缓，2017—2018 年增加值增长率仅为 1.13%。信息传输、计算机服务和软件业增加值增长速度较慢，2011—2018 年总体呈缓慢上升趋势，2016 年增加值增长率为 0.68%。这表明青海省的信息技术行业不仅基础薄弱且发展较为缓慢，新常态下青海省产业转型升级中，信息技术行业的发展已经成为工业信息化和工业绿色化的短板。

（2）横向来看：第三产业发展滞后。

从西北五省（区）的发展情况来看，2018 年青海第三产业增加值排名末尾，且与西北五省（区）的平均值差距甚远，这表明青海第三产业发展总体较差。具体而言，电子商务，交通运输、仓储和邮政业，住宿和餐饮业，金融业的增加值，批发和零售业增加值在西北五省（区）中均排名第五，且与排名第一的陕西相差较大，与宁夏、新疆、甘肃也有较大差距。这也在一定程度上表明了青海的现代服务业与生产性服务业均发展不足（表 4-15）。

青海省第三产业是短板，生活性服务业的先天不足影响了其产业发展，在很大程度上成为旅游业跨越发展的羁绊，生产性服务业的创新不足、水平不高和结构不完整成为现代级产业升级的“紧箍咒”。

表 4-15　2018 年西北五省（区）第三产业发展情况　　单位：亿元

	陕西省	甘肃省	青海省	宁夏回族自治区	新疆维吾尔自治区
第三产业增加值（亿元）	9 274. 5	4 038. 36	1 224. 01	1 612. 37	4 999. 23
电子商务销售额（亿元）	832. 62	293. 5	103. 69	199. 31	668. 15
交通运输、仓储和邮政业增加值（亿元）	497. 62	229. 91	48. 96	58. 66	180. 03
住宿和餐饮业增加值（亿元）	1 300. 10	553. 59	274. 6	314. 69	623. 53
金融业增加值（亿元）	861. 53	274. 3	60. 89	120. 84	323. 16
房地产业增加值（亿元）	1 604. 40	563. 23	169. 15	160. 92	702. 18
批发和零售业增加值（亿元）	4 178. 23	2 123. 83	566. 72	757. 95	2 502. 18

注：数据来源于中国统计年鉴。

二、生态文明视阈下青海省产业转型升级定量比较分析

本文采用产业结构年均变动值和 Lilien 指数模型测定产业升级的速率，采用产业结构超前系数测定产业升级的方向。在对青海省产业转型升级进行比较研究的过程中，选取了西北四省（区）陕西、甘肃、宁夏、新疆进行对比分析。

（一）产业升级进程的测定

1. 产业结构年均变动值

产业结构年均变动值：反映一定时期内产业结构年均变化的绝对值，计算公式为：

$$k = \left[\sum_{1}^{m} (\mid q_{i1} - q_{i0} \mid) \right] / n$$

其中，k 为产业结构变动值，q_{i1}为报告期构成比，q_{i0}为基期构成比，m 为产业门类数，n 为基期与报告期之间的年度数。分别计算 2007—2018 年 5 个省（区）的产业结构年均变动值，如表 4-16 所示。

表 4-16　2007—2018 年西北五省（区）产业结构年均变动值

	（时间段 $T1$）2007—2012 年产业结构年均变动值（%）	（时间段 $T2$）2013—2018 年产业结构年均变动值（%）	（时间段 $T3$）2007—2018 年产业结构年均变动值（%）
青海省	2.01	3.94	1.35
陕西省	0.48	3.07	1.49
甘肃省	0.31	4.49	2.61
宁夏回族自治区	1.13	1.37	1.44
新疆维吾尔自治区	0.82	3.64	1.95

注：原始数据来源于中国统计年鉴。

从时间段上看产业结构年均变化情况，在时间段 $T1$，青海排名首位，其年均变动率为 2.01%，紧接着青海排名的是宁夏，其后为新疆，年均变动率分别为 1.13%、0.82%，而陕西、甘肃的产业年均变动率最低，均少于 0.5%；在时间段 $T2$，甘肃的产业结构年均变动率最高，突破 4%达到 4.49%，其次是青海和新疆，均超出 3.5%，逼近 4%，陕西排名倒数靠后但也达到 3.07%，排末尾的为宁夏，其年均变动率为 1.37%。比较 $T1$ 和 $T2$ 两时期，我们可以发现甘肃、新疆、青海和陕西的年均变动率有显著的提高，相对而言宁夏的年均变动率变化不明显，情况保持稳定；在总时间段 $T3$，青海处于倒数第一的位置，而甘肃的年均变动率最高，达到 2.61%，其次是新疆，接近 2%，陕西与宁夏的年变动率较为靠后且与青海相差较小。从总体上看，在时间段 $T1$，青海相对其他西北四省（区）而言，其产业转型升级的速率是较快的，但是在时间段 $T2$，青海相对其他西北四省（区）而言，其产业转型升级的速率有所放缓。这也表明了青海的三次产业占比在 2007—2018 年起伏不定。

2. Lilien 指数模型

Kuznets 和 Kaldor 提出，因为生产效率驱使导致了劳动力从第一产业转向第二产业、第三产业，因而可用劳动力在各个产业间的转移速度来测定产业转型升级速度。考虑到此方法在测度方面的优点和数据的可获得性，本文选用 Lilien 指数模型来比较上述各省（区）三大产业转型的速度，其公式如下：

$$\Psi_{jT}=\left|\left[\sum_{i=1}^{n}\frac{EMP_{ijT}}{TEMP_{ijT}}(\Delta\log EMP_{ijT}-\Delta\log TEMP_{ijT})^2\right]^{1/2}\right|$$

其中，i 代表三大产业，j 代表 5 个省，EMP 代表每个产业的就业人数，$TEMP$ 代表总就业人数。Lilien 指数值越大，代表 T 时间内劳动力在各个产业内再分配速度越快。根据收集的数据，我们计算了 2007—2018 年西北五省（区）的 Lilien 值，结果如表 4-17 所示。

表 4-17　2007—2018 年西北五省（区）Lilien 值

	（时间段 $T1$）2007—2012 年 Lilien 指数	（时间段 $T2$）2013—2018 年 Lilien 指数	（时间段 $T3$）2007—2018 年 Lilien 指数
青海省	0. 464	0. 233	0. 776
陕西省	0. 930	0. 712	0. 271
甘肃省	0. 127	0. 451	0. 653
宁夏回族自治区	0. 658	0. 485	0. 819
新疆维吾尔自治区	0. 189	0. 590	0. 644

注：原始数据来源于中国统计年鉴。

从时间段上看 Lilien 值的变化情况，在时间段 $T1$，青海处于中等的位置，其中 Lilien 值最突出的是陕西，为 0. 930，甘肃和新疆的 Lilien 值较低；在时间段 $T2$，五省（区）的 Lilien 值相差不大，青海处于落后位置，陕西的 Lilien 值相对较高，甘肃和宁夏相对较低；比较 $T1$ 和 $T2$ 两时期，可以发现甘肃和新疆的 Lilien 值有较大提高，宁夏、青海和陕西的 Lilien 值大幅度下降；在总时间段 $T3$，青海处于第二的位置，其中宁夏排名第一，新疆和甘肃的 Lilien 值也相对较高，陕西的 Lilien 值较低。这表明 2007—2018 年青海的劳动力在各个产业间的转移速率较快。

3. 青海省产业转型升级进程评价

从以上分析结果来看，西北五省（区）在时间段 $T1$ 都经历着产业转型升级，而比较 $T1$ 和 $T2$ 前后两个时期的五省（区）转型升级速度，$T2$ 时期的升级速度较 $T1$ 期间有所放缓。青海省的产业发展速度在西北五省（区）中均处于中偏上位置。青海省产业转型升级速度在 $T1$ 时间段内均大于在 $T2$ 时间段内的升级速度，这说明用劳动力在产业之间的转移及各个产业占总产值比例两个指标来描述产业转型升级速度是可行的。产业结构年均变动值和 Lilien 指数模型都能很好地描述产业结构的演化过程及其变动规律，对于优化产业结构、促进经济高效发展具有重要作用。

就青海省而言，在西北五省（区）中，青海省的产业结构年均变动速度在时间段 *T*1、*T*2 中分别排名第一、第二；在时间段 *T*3，青海在西北五省（区）中排名最后。这表明了在 *T*1 时间段，青海省的产业结构变动速度是较快的，但是其变动速度在 *T*2 时间段有所放缓。主要原因有以下几点：一是青海省经济发展的基础较为薄弱。青海省由于地处我国内陆地区，气候条件较差，交通不便利，民族成分复杂，文化整体水平较低，导致丰富的自然资源难以得到高效的开发与利用，多样的民族文化难以转化为经济增长的有效动力，全省科研教育文化水平整体较低，导致难以获得先进的生产技术，管理经验难以得到有效利用。二是青海在经济发展的过程中坚持以生态文明建设为中心。由于青海气候条件较差，生态环境脆弱，同时又是长江、黄河、澜沧江的发源地，因此青海省历届政府都强调坚持走绿色经济发展道路。生态经济和绿色经济发展道路的收益在短时间内难以见效，但是有利于解决环境危机和能源危机，全面协调经济、社会与生态发展。

因为 Lilien 值越大，代表在 *T* 时间段劳动力在各个产业内再分配速度越快，因此我们可以推测 *T*1、*T*2 时间段，在西北五省（区）中，青海省的劳动力在各个产业内的分配速度均排名相对较为靠后；在时间段 *T*3，青海在西北五省中排名第二。这表明在时间段 *T*3，青海省的劳动力资源在各个产业内的分配速度是较为稳定的，同时其分配速度也是较快的。其主要原因有以下几点：一是在 *T*3 时间段内，青海省第一产业呈现出持续递减的趋势，第二产业呈现出先增加后递减的趋势，第三产业与第二产业相反，呈现出先递减后增加的趋势，2018 年三次产业生产总值构成为 9.4∶43.5∶47.1。随着政府的引导和经济的不断发展，青海省产业结构基本接近工业化中期阶段。三次产业结构的调整在很大程度上影响着劳动力的分布。青海省三次产业的年末就业人员数构成由 2007 年的 44.3∶20.6∶35.1 发展到 2018 年的 33.4∶21.1∶45.5。所以劳动力在各个产业间的转移速度在一定程度上也反映了产业转型升级的速度。二是牧区劳动力转移就业的人数持续增长。2017 年青海省全年农牧区劳动力转移就业 119 万人次（2016 年全省三次产业总就业人口为 324.3 万人），占全省就业人口的 36.69%，这也在较大程度上提高了青海省的 Lilien 值。

（二）产业升级方向测定

经济发展过程中，产业结构总是沿着一定方向变动，产业结构超前系数是测定某一产业结构增长相对于整个经济系统增长趋势的超前程度。可以通过这个系数判断产业结构的变动方向，其计算公式为：

$$E_i = a_i + (a_i - 1) / R_t$$

其中，E_i 表示第 i 部门的结构超前系数，a_i 表示第 i 部门报告期所占份额与基期所占份额之比，R_t 表示同期经济系统平均增长率 $R_t = [\ln(\text{GDP 报告期}) - \ln(\text{GDP 基期})]/n$，$n$ 为时段年份数。$E_i>1$，表示第 i 产业超前发展，所占份额出现上升趋势，$E_i<1$，表示第 i 产业发展相对滞后，所占份额出现下降趋势。这就可以直观地测度产业转型升级的方向。

计算出的 2007—2018 年西北五省（区）三大产业的超前系数结果如表 4-18所示。

表 4-18　2007—2018 年间西北五省（区）的三大产业超前发展系数

	T1＝2007—2012 年超前系数			T2＝2013—2018 年超前系数			T3＝2007—2018 年超前系数		
	第一产业	第二产业	第三产业	第一产业	第二产业	第三产业	第一产业	第二产业	第三产业
青海省	−0. 125	1. 657	0. 114	−0. 863	−5. 007	3. 928	−1. 125	0. 105	2. 580
陕西省	0. 208	1. 151	0. 978	−0. 940	−2. 965	3. 464	−1. 049	0. 060	2. 670
甘肃省	0. 474	0. 474	0. 474	0. 744	7. 188	4. 140	0. 488	−3. 137	4. 008
宁夏回族自治区	−0. 821	0. 922	1. 470	−1. 832	−0. 079	2. 155	−2. 710	0. 291	2. 499
新疆维吾尔自治区	0. 676	1. 368	0. 617	0. 323	−19. 137	3. 904	0. 518	−1. 606	3. 473

注：原始数据来源于中国统计年鉴。

从表中可以得出，在 T1 时间段，西北五省（区）的第一产业超前系数均少于 1，这也说明了西北五省（区）第一产业均存在不同程度的滞后发展；而陕西、甘肃和新疆的第一产业超前系数均大于 0，说明该三个地区的第一产业虽然存在一定程度的滞后发展，但相对青海和宁夏而言，其滞后现象较为缓和。在第二产业，青海、陕西、宁夏的超前系数值均大于 1，而甘肃和宁夏的超前系数小于 1，这也在一定程度上反映了 T1 时间段西北五省（区）中青海、陕西、宁夏的第二产业均存在不同程度的超前发展，而甘肃和宁夏的第二产业则存在滞后发展现象。在第三产业，西北五省（区）只有宁夏的数值大于 1，而其他四省（区）则均小于 1，这也在一定程度上反映了 T1 时间段除宁夏外，其他西北四省（区）的第三产业均存在不同程度的滞后发展，宁夏的第三产业则存在超前发展的现象。

在 T2 时间段，五个地区三大产业发展情况相差较大。在第一产业，西北五省（区）的第一产业超前系数均小于 1，这也说明了西北五省（区）第一产业均存在不同程度的滞后发展；而甘肃和新疆的第一产业超前系数均大于0小于1，说明两个地区的第一产业虽然存在一定程度的滞后发展，但相对青海、陕西、宁夏而言，其滞后现象较为缓和；在第二产业，除了甘肃的产业超前系数大于1，其余地区的产业超前系数均小于0，这说明除了甘肃的第二产业存在超前发展的现象外，其他地区均存在着滞后发展的现象；在第三产业，西北五省（区）的超前系数均大于1，说明了在第三产业上，西北五省（区）均存在超前发展现象。

比较 $T1$ 和 $T2$ 两个时期，我们发现在 $T1$ 和 $T2$ 时间段，西北五省（区）的第一产业均存在滞后发展现象。但在第二产业，青海、陕西和新疆由超前发展转变为滞后发展，甘肃则由滞后发展转变为超前发展，与此同时，宁夏的滞后发展进一步加深。在第三产业，青海、陕西、甘肃、新疆均由滞后发展转变为超前发展，宁夏的超前发展程度进一步提升。总体上看，西北五省（区），的三大产业发展情况在不同中却有相同之处：第一产业和第二产业发展起伏不定，第三产业发展趋势较为明显。

在时间段 $T3$，西北五省（区）的第一产业的超前系数均小于1，且青海、陕西和宁夏的第一产业超前系数均小于0，可得出西北五省（区）的第一产业发展都存在相对滞后现象，其中青海、陕西和宁夏的第一产业发展的滞后现象较为严重。在第二产业中，西北五省（区）的超前系数均小于1，且甘肃和新疆的第一产业超前系数均小于0，可知西北五省（区）的第二产业发展都存在相对滞后现象，且甘肃和新疆滞后现象较为严重。在第三产业中，西北五省（区）的超前系数均大于1，这表明西北五省（区）的第三产业均存在超前发展现象。比较 $T1$ 和 $T2$ 两个时间段第三产业超前结构系数，可发现 $T2$ 时间段的数值明显大于 $T1$ 时间段的数据，这也从一定程度上说明了在政府相关政策的积极引导下，五个地区的第三产业的后期发展势头强劲。

就青海省而言，在时间段 $T3$，青海省的第一产业处于严重滞后发展的状态，第二产业处于相对滞后发展状态，第三产业处于超前发展的状态；在时间段 $T1$，第一产业是严重滞后发展的，第二产业超前发展，第三产业相对滞后发展；在时间段 $T2$，第一产业的滞后发展进一步加深，第二产业由超前发展转变为滞后发展，第三产业也由滞后发展转为超前发展。这也表明了青海省产业结构正处于一个不断优化发展的进程中。综合分析，我们发现青海省及西北其他四省（区）的产业发展符合发达国家三大产业的发展规律：首先第一产业的占比不断下降，第二、第三产业的占比不断上升；随后第一、第二产业的占比不同程度下降，第三产业的占比持续上升。

三、生态文明视阈下青海省产业转型升级总体评价

通过纵向与横向、定性与定量的对比分析，对生态文明视阈下青海省产业转型升级现状总结如下。

（1）青海省的产业结构整体上处于不断优化与升级的过程中，但与西北其余四省（区）相比，其整体产业转型升级速度及水平相对较低。

（2）青海省的产业发展符合发达国家三大产业的发展规律，并且现阶段处于第一、第二产业的物质生产部门的比重都不同程度下降，第三产业的比重持续上升阶段。

（3）在产业升级进程方面，2007—2012 年，青海省相对其他西北四省（区）而言，其产业转型升级的速度较快，但在 2013—2018 年，其产业转型升级的速度有所放缓。

（4）在产业升级方向上，2007—2018 年青海省产业已经逐渐由第二产业转向第三产业。其主要原因有以下两点。一方面，青海省产业发展的层次不断提升。近年来，在新理念的指导下，青海省着力于产业结构的调整和经济发展动能的转换，生态畜牧业试验区建设取得新进展，以新能源、新材料为代表的新兴工业快速成长，战略性新兴产业不断壮大，新业态、新模式不断显现，服务业比重超过 40%，对经济增长贡献率首次超过工业，进一步提升了青海经济发展的层次。另一方面，青海省产业发展的动力持续增强。近年来，随着供给侧结构性改革的持续推进，有效激发了青海省产业发展的内生动力，推动了发展动能的转换及产业结构的不断优化。农牧业向特色化、优质化发展；工业向规模化、集群化发展，新能源稳步发展；服务业向专业化、新型化发展，消费呈较快增长态势。

第五章

生态文明视阈下青海省产业转型的目标设计

把青海省产业的转型升级置于生态文明的视阈下，其发展依旧存在着很多问题，如生态环境的破坏，不合理的资源配置，粗放的生产经营，科技创新能力不足，产业间分布不合理等。尤其是产业结构、轻重工业比重不平衡、生态经济发展水平较低、区域经济发展不平衡、主导产业关联度低、产业链脱节等问题还较为突出。只有解决这些问题，青海产业才有可能真正实现健康、可持续的绿色发展。因此，本书在梳理青海省产业结构演变、发展现状、转型升级的基础上，进一步探讨青海省产业转型升级过程中存在的问题和原因，致力于回答青海省在生态文明视阈下产业转型升级过程中的关键问题：青海产业转型升级如何转变？转去哪里？即青海省产业转型升级的思路、目标和路径。

第一节　生态文明视阈下青海省产业转型升级总体思路

2016 年十二届全国人大四次会议期间，习近平总书记来青海代表团参加审议时提出“四个扎扎实实”的重大要求，“扎扎实实推进经济持续健康发展，扎扎实实推进生态环境保护，扎扎实实保障和改善民生，扎扎实实加强规范党内政治生活”，充分说明了青海省的生态地位不可动摇。在国家可持续发展战略和创新驱动发展战略的指导下，青海省提出以“四个转变”推进“四个扎扎实实”重大要求的落实。通过“一优两高”战略部署，进一步明确青海省经济社会发展的目标定位、方法路径和重点任务。

从 2002 年的“突出重点抓生态”开始，经过“生态立省”“四个发展”“四个转变一个更加”“一优两高”等战略地实施，到今天“五个示范省”建设的推进，青海省的生态建设取得了突破性进展，也为生态文明建设的再提升进而推动社会进步奠定了坚实基础。基于此，在生态文明视阈下青海省产业转型升级的总体思路是：坚持生态保护优先，立足于供给侧改革，深度调整优化产业结构，紧扣创新驱动发展战略，以创新驱动产业转型升级，统筹兼顾“速度”与“质量”，推进“一优两高”战略实施，从而最终实现绿色可持续发展。

一、坚持生态保护优先，推动产业高质量发展

青海省最大的价值在于生态，最大的责任在于生态，最大的潜力在于生态。生态文明建设必须处于突出位置。十九大报告指出“要着力解决发展不平衡问题，大力提高发展质量和效益”，为转型升级提供指导。也就是说，在保护生态环境的前提下，青海产业要充分利用资源，坚持生态保护优先，质量第一，效益第一，兼顾“速度”和“质量”，促进产业绿色发展，实现绿色可持续发展。

长期以来，青海经济在质量偏低、效率不高的基础上快速发展，产生和积累了相应的矛盾和问题。然而，增长并不等于发展，过度消耗资源、破坏生态环境的粗放型发展是不可持续的。转变经济发展方式，提高发展质量和效益，才有可能保持经济合理增长。经济增长的短期动力包括投资、消费、外贸、财政和货币政策等。需要注意的是，质量创新也是经济增长的短期驱动力，因为它可以提高产品的性能、可获得性或经济性，迅速刺激新的消费，进而产生新的投资需求。长期动力包括人力资本积累、科技进步和制度建设等。提高资源的投入产出效率，减少资源消耗，提高经济的长期供给能力，不断提高劳动者素质，加快人力资本积累，这些都是经济长期发展的重要因素。因此，在“质量时代”，质量创新不仅可以在短期内刺激经济增长，而且可以成为产业转型升级和经济长期增长的可持续动力。

近年来，青海省经济和社会发展取得了巨大成就，但也存在着巨大的区域不平衡。必须清楚地认识到，青海省发展不充分依然是其主要的矛盾。因此，需要在对发展方式进行变革的同时提高发展的质量和效益。由于资源环境约束日益紧张，生态保护任务艰巨，必须将绿色经济贯穿经济活动全过程，要减少资源消耗，减少污染排放，缓解生态环境压力，确保经济可持续发展。实现人、物、环境生产的协调发展，是可持续发展理念的实践和体现。

青海省三次产业转型升级路径应适应生态文明视阈下青海省产业转型升级的需要，即以生态保护为重点，以推进优质产业发展和抓好供给侧结构性

改革为抓手，坚持创新驱动发展战略，全面落实绿色发展理念，坚持人与自然和谐共存，形成资源节约、环境良好的空间格局、产业结构和生产方式，走生产文明、生活繁荣、生态良好之路。青海省的产业发展唯有“转”才能换新颜。产业转型应抓住“一带一路”、创新驱动发展、对口支援等政策机遇，关注行业发展和整合资源的突出问题和薄弱环节，最大限度地补齐发展短板。为了实现长期经济发展目标，还必须有相应的产业结构调整政策和保障措施，通过调整产业之间的相互关系，实现资源的合理配置，建立统一、开放、竞争、有序的市场体系，完善行政执法体系，促进公平竞争。产业转型升级关键在改革创新、激发动力、扎实推进，进一步扶持实体经济发展壮大，营造良好的发展环境。青海产业发展的根基在生态，发展的关键在生态科技，青海产业转型的目标应该将青海的生态现实考虑进去，以创新驱动为核心，以生态保护为重点，促进绿色发展。

二、深度调整优化产业结构，促进产业转型升级

青海省近几十年的快速发展带来了许多社会问题，如生态环境破坏禁而不绝，贫富差距扩大难以消弭，供求关系产生深刻变化，结构失衡问题突出等，这些问题的存在，一方面是历史发展积累，另一方面也是社会需求进步引发的。因此，在生态文明建设的新要求下，一方面要提高高质量生产的能力，从供给侧出发调整供需关系；另一方面要积极调整和优化产业结构，实现经济的绿色化、生态化发展，为可持续发展增添活力[108]。

1. 供需关系

青海经济的问题主要表现在供需失衡。从供给方面看，青海经济的结构调整受到了过剩产能的影响；在需求方面，青海经济的供给和需求已相互错开，中低端产能供给过剩，市场需求却疲软，高端产能供给不足，甚至无法满足有效需求。此外，青海省经济供给结构调整力度不够大，不能对市场需求结构的变化做出及时的反应，经济供给效率偏低。因此，供给侧结构性改革要以需求为基础，调整和优化供给结构，适应新需求，引导需求。

2. 结构性问题

经济结构中的关键要素包括产业结构、要素结构、排放结构和动力结构。这四个要素相互独立，又相互影响。

（1）产业结构。由于低端、中端和粗放型产业在青海的产业结构中占有很大比例，这些产业全都是高耗能、高污染、低技术含量和低附加值的产业。

同时，高新技术、高附加值产业比重较低，这些恰恰是产业的高端水平的代表，拥有低碳环保、高创新等优点。由此可见，青海省产业结构升级的关键是如何提升技术创新能力和技术装备水平，为高端产业发展提供核心动力。2020年青海省省十三届人大四次会议指出，青海省已初步形成以生态、循环、数字、飞地“四种经济形态”为引领的经济发展新格局：新能源成为省内第一大电源，截至2019年底全省已构建形成盐湖综合利用产业链、锂电产业链、光伏制造产业链等8条产业链，实现工业总产值约1 414亿元，占全省规模以上工业总产值的60.5%；2019年全省新能源、新材料、生物医药、装备制造产业增加值分别同比增长8.9%、30.8%、9.39%、26.5%，特色循环产业已成为我省工业经济发展的重要支撑；西北地区首个域名根服务器（L根镜像服务器）上线运行，西宁国际互联网数据专用通道获工信部批复，海南州大数据产业园投运……战略性新兴产业在培育经济增长新动能方面的作用越来越明显，必须通过大力推进科技创新体系建设和完善，支持新兴科技和科研项目，利用科技促进产业转移等方式加快青海产业的转换和升级[111]。同时，必须降低产业结构调整中的金融风险，尽快完善金融体系，加强社会保障机制，为清理落后产能和发展高端产能提供后勤保障[112]。

（2）要素结构。生产要素包括一般要素和高级要素。生产因素的投入对经济发展起着至关重要的作用。资源、土地和劳动力是一般要素，信息、知识、技术和人才则是高级要素。对高级因素的投入较低，这是青海低端产业比重偏高的根本原因。青海是人口小省、人才小省，站在新的起点上建设富裕、文明、和谐、美丽的新青海，人才短缺是最大制约因素，需要实施人才强省战略。因此，青海需要完善科技创新体系，完善教育改革，加强高端技术和管理人才建设，推动经济投资结构向高端转移，依靠创新提升产业结构，实现结构优化。

（3）排放结构。废物排放是所有产业在经济发展中都必须面对的问题。产业的排放结构在产业结构优化过程中也显示出自身的重要性。青海的工业产业对环境造成了污染，虽然相较于生态足迹而言，青海自然生态有生态盈余，但相对于大面积的无人区而言，生态环境的形势依然严峻，尤其是废水、废气、废渣、二氧化碳、二氧化硫等污染物的排放量较大，其根本原因也与经济学中的公共外部性理论有关，也就是说，环境友好、资源节约的观念普及程度和建立的坚定程度不够，人们常常把自然资源看作是可以免费使用的物品，认为可以无限期地无偿使用，没有将这些自然资源的使用成本计入生产投入和经济核算，因此便造成了资源的浪费和环境的污染。所以，在进行生态保护时，必须借助相应的经济手段，引入自然资源的产权制度和有偿使用制度，建立资源环境利用补偿机制[113]，建立完善的能源、水资源、排污权、碳排放权等运行规章制度，使青海经济的排放结构与体制更加合理，与自然社会更加协调。

（4）动力结构。投资、出口和消费一直被视为中国经济增长的驱动力。然而，从本质上讲这是一个需求现实，旨在解决经济大幅波动时出现的短期经济衰退问题，而非长期经济驱动力。换句话说，这只是经济发展的外部原因，而不是内部原因[114]。要促进产业转型升级，促进经济健康、可持续发展，必须从供给侧寻找出路。只有在新的生产力条件下，解除生产关系中的制度约束，促进生产结构的优化，并加快生产要素的升级，才能启动真正的经济引擎[115]。简言之，必须加快体制改革，加快产业转型，促进技术创新，提高经济全要素生产力，保持经济长期增长的动力。

三、紧扣创新驱动发展战略，以创新驱动产业转型升级

党的十九大报告提出，要坚定实施创新驱动发展战略，加快建设创新型国家。科技在产业转型升级过程中发挥着重要作用。它是产业升级的第一动力，既丰富了产业表现，提高了产业技术含量，也扩展了产业生态化发展的路径，最终促进产业转型升级。

推动产业转型升级的重要动力是创新。技术进步所创造的新技术、新产品，逐步推动并形成新的部门和产业。这些部门和产业迅速积累了各种资源，依靠自身的技术优势和对新技术、新工艺市场垄断地位，不断扩大生产规模，逐步形成完善的产业链。同时，科技创新也通过创造新需求、构建创新网络促进产业升级，而新需求的出现也会带来产品创新的动力，新产品也将随之不断出现。新的产业领域技术和工艺要求对上下游产业提出了更高的要求，最终形成一条新的、完整的产业链，促进产业结构演变。在这个过程中，需求规模、需求结构和市场细分的不一致会影响市场结构，也会导致产品或服务的更新，从而促进产业结构的演变。

创新促进经济增长的机制主要包括以下三个方面：一是增加产品的多样性，提高产品或服务质量，促进生产和消费水平提高，推动中间产品、产业发展，通过不同的、新颖的供给来创造需求，促进经济增长；二是创新可以加速产业的动态变化，改变产业的生命周期，促进新的产业、部门的出现，转变企业高污染、高能耗的发展方式，快速地实现产业结构的转变，促进经济的生态、绿色、可持续发展；三是通过技术进步，增加人力资本、知识和

技术的积累，提高产业内部要素的利用效率，促进经济健康发展。

此外，由于知识、技能和专业的差异，产业间的知识和技术通过溢出效应扩散，而知识、技能和专业的整合也会影响创新和产业演进，可见不同研发部门之间的知识溢出是影响创新和产业演进的重要因素。随着科学技术的不断发展，创新资源和创新成果将在不同行业之间进行再分配，最终实现产业结构的优化和升级。产业发展水平受科技创新水平的制约，当一个地区具有较高的创新能力和较强的科技实力时，该地区的工业发展水平必然很高；相反，当一个地区科技创新力量薄弱时，其产业发展自然会受到传统资源型产业的主导，高新技术产业的发展也就缓慢。

没有外部环境的良好支持，创新活动就无法顺利有效地进行。实施创新驱动的转型和发展战略，需要政府、行业内部、教育和研究的有效结合。同时，要坚持以市场为导向，以企业为条件[116-117]。具体而言，创新离不开教育和技术的支持[118]。大学和研究机构聚集了大量的科技资源和应用研究方面的专业人才，在知识创新方面处于领先地位，为创新活动提供理论基础和人才，也是创新活动的主要实施者。此外，社会需求是创新的动力，创新活动必须以市场为导向，满足社会需求。同时，各项活动的有效实施离不开政府的指导和管理，良好的机构、体制、条件和环境是成功进行创新活动的保障[119]。

总的来说，科技创新是产业转型的动力，为产业转型提供科技支撑；产业转型提高了对技术创新的潜在需求，促进了创新和发展。2019 年青海省深入实施创新驱动发展战略，重点领域研发不断拓展，在推进全省经济、社会发展中发挥了引领作用。全省科技进步贡献率预计达到 54%，全省万人有效发明专利达到 2. 34 件，区域综合科技创新水平全国排名上升至 26 位，创新型省份建设取得积极进展，科技支撑高质量发展取得新成效。《2020 年青海省科技会议》报告中指出，科学技术对全省经济社会发展的支撑能力进一步增强，创新型省份建设迈出坚实步伐，要全面贯彻新发展理念，深入实施创新驱动发展战略，推动科技创新和制度创新“双轮驱动”，坚定不移实施创新驱动发展战略，加快创新型省份建设，以科技治理能力建设为主线，进一步深化体制机制改革，加强基础研究和应用基础研究，攻关关键、核心技术，提升产业技术创新实力，扩大科技交流合作，强化人才队伍建设，激发创新创业活力，增强科技创新供给，努力为实施“一优两高”战略、建设“五个示范省”、培育“四种经济形态”提供强有力的科技支撑。可见，在青海省产业转型升级的过程中，必须坚持创新驱动的发展战略，推动产业转型升级。

第二节　生态文明视阈下青海省产业转型升级总目标

青海省实现产业、生态和社会的协调发展，一是要明确产业升级方向，加快产业转型升级步伐。坚持创新驱动转型升级，推动传统产业向高新技术产业转变，顺应新的常态和新的机遇。二是要注意产业转型升级与要素禀赋的契合关系。充分考虑青海省的自然和经济禀赋条件和社会资源，充分发挥青海省区域协调合作机制，对区域产业结构的调整进行分类和指导。三是坚持供给侧改革，充分发挥市场在资源配置中的决定性作用。四是要关注产业转型升级与产业融合的关系，促进循环经济产业链整合。五是充分发挥投资的推动和引导作用，结合投资促进和培育主导产业，促进产业转型升级。突出将环境友好和生态保护的目标贯穿产业转型升级的全过程，实现绿色可持续经济发展。

为明确生态文明视阈下青海省产业转型升级的总体思路，青海省产业转型升级的总体目标可分为创新驱动战略目标和绿色可持续发展目标，未来 30 年，可按 10 年的时间间隔分为短期目标、中期目标和长期目标。

一、青海省产业升级的创新驱动战略目标

在贯彻落实《中共中央国务院关于深化体制机制改革加快创新驱动发展战略的若干意见》的基础上，2017 年，中共青海省委、青海省人民政府印发了《青海省贯彻〈国家创新驱动发展战略纲要〉实施方案》，提出要把发展重点放在创新上，着力解决创新环境差、创新支撑能力弱、人才瓶颈突出、科技经济一体化程度低等问题，促进创新，形成更多创新依赖型的发展框架。创新已成为推动产业转型升级、经济社会发展的主要动力。根据《国家创新驱动发展战略纲要》精神，结合青海省的实际发展，青海省确定了“三步走”的战略目标。

短期目标（至 2028 年）：第一，适应创新驱动发展要求的环境制度、政策和法律制度有了进一步的完善；第二，政府、产业、教育、科研相结合的创新体系基本成熟；第三，创新人才合理分享创新效益，创新驱动发展战略真正落地；第四，青海特色优势产业创新体系建设取得重大进展，转型发展取得重大突破；第五，创新能力大幅提升，突破一系列制约经济、社会发展的重大瓶颈，聚集一批科技创新带头人，在相应的行业领域形成优势；第六，

产业结构完成由早期“二三一”向现代“三二一”的转变，形成以高新技术产业优化升级为先导，以先进制造业为支撑，现代服务业全面发展的产业布局。

中期目标（至2038年）：第一，充分建成具有青海特色的产业和开放型区域创新体系，实现科技经济深度融合，进入创新型产业升级省份行列；第二，形成高效率、规模完善的创新体系和机制，拥有一大批科研机构、研究型大学和创新型企业；第三，从根本上转变产业发展的动力，形成一批在国内具有重要影响的创新成果，若干特色产业进入价值链中高端，实现可持续发展，有更高的就业质量、更高的收入和更好的生活质量；第四，产业结构由现代的“二三一”向“三二一”转变，现代农业比重较小，建立智能化、环保化、服务化的制造业，建立为金融、贸易等产业服务提供生产性服务的专业服务业，高新技术产业增加值占全省工业增加值的比例达到12%，知识密集型服务业增加值占全省生产总值的比例达到15%，科技对经济增长的贡献率达到55%。

长期目标（到2048年）：第一，完成产业转型升级，全面实现工业化和现代化，形成以高端制造业和智能服务业为主体，循环经济高度发达的现代产业体系；第二，“三二一”产业结构趋于稳定成熟，科技创新层出不穷；第三，科技创新综合实力显著增强，为实现第二个一百年的目标提供强有力的支撑。

二、青海省产业升级的绿色可持续发展目标

加快绿色能源示范省建设，走既符合国家战略，又符合青海省实际的绿色可持续发展道路，具体如下。

近期目标（到2028年）：第一，初步形成绿色产业结构，全面提高绿色产业发展水平，经济发展方式转变为资源节约和循环利用的集约化模式；第二，在一个成熟的地区，建立循环工业、农业、服务业和循环发展型社会四大体系；第三，装备制造业、资源加工业、高新技术产业进一步成熟，推进新型工业化，以技术产业和现代服务业为主体的现代产业体系日趋完善，工业化已进入中后期发展阶段，信息化已成为产业发展的重要形式，产业转型的体制机制和形式提升到新的水平；第四，完善资源回收利用体系，构建回收、拆解、分类、加工、交易一体化的回收体系，推动生产者落实废物回收责任。

中期目标（到2038年）：第一，进入青海省向生态强省过渡的阶段，产业结构协调程度较高，以第三产业为主体，经济发展与资源节约、生态保护、

社会进步的关系更加协调；第二，循环经济发展模式在全省推广成功，实现了资源的综合节约和循环利用，生产系统与生活系统的循环联系，形成健全的资源节约型社会制度；第三，建立适应资源型地区特点的动态高效的体系和机制，体系活力和产业竞争力接近或达到国际先进水平；第四，在科学技术的支持下，完成资源密集型和劳动密集型产业向技术密集型和知识密集型产业的转化、升级和产业创新，减少对资源的依赖，不断优化能源生产和消费结构；第五，成功建立市场导向的绿色技术创新体系，发展绿色金融，加强节能环保产业、清洁生产产业和清洁能源产业的建设和发展，推进能源生产和消费革命，建设清洁、低碳、安全、高效的能源体系。

远期目标（到 2048 年）：第一，青海成为生态强省，生态意识强，治理能力强，服务功能强，经济实力强，经济效益高；第二，产业成功转型升级，生态环境体系基本平衡，生态环境得到改善，建设成为资源节约型、环境友好型“两型”社会，实现绿色、可持续发展。

第三节 生态文明视阈下青海省产业政策的功能定位

对产业发展有重大影响的政策措施和制度总称为产业政策。产业政策可根据其功能分为选择性产业政策和功能性产业政策。选择性产业政策是指政府为对某些产业进行保护和支持，加快这些产业的发展，实现经济赶超目标而制定的政策。现如今，中国的经济发展模式已从要素驱动型模式和投资驱动型模式转向创新驱动型模式，从规模型和粗放式增长模式转向高质量和集约型增长模式。经济发展战略的根本转变，客观上要求产业政策的目标、功能和手段也要随之进行变革，必须改革传统的政策模式，构建积极高效的新型政策机制，引导产业转型升级，推动经济长期可持续发展。

一、以往产业政策的不足

1. 对产业激励一般不足

为了实现预期的结果，产业政策通常需要满足两个条件：合理地制定政策及有效地实施政策。在制定政策过程中，政府容易受到一些自我认知方面的制约，不能精确预判产业的未来发展，导致产业政策设计与现实之间出现矛盾，即“政策偏差”；在实施过程中，地方政府和企业组织是产业政策的执行者，近年来，由于部分功利性考核指标影响，以高投入、高排放、高污染换取经济增长的后果不断累积，造成了宏观的产业政策不能得到很好的落实，即“落实偏差”，也是政策执行偏差。这是指执行者在实施政策的过程中，由于受主客观因素的制约，其行为效果偏离政策目标并产生了不良后果的政策现象。

2. 传统产业政策进行创新升级面临很多需要破解的难题

改革开放以来，我国为了满足人民群众温饱的需求，增加市场供给、扩大就业等，制定的产业政策大多旨在提高市场集中度并实现规模经济，实施外延式扩大再生产。各级政府、企业都偏好于产业的规模和发展的速度，没有真正发挥技术进步和创新能力驱动效应，造成了目前的结构升级和经济转型都需要付出更多的努力，还有很多需要破解的难题。

3. 偏好政府的选择多过于市场竞争

选择性制定产业政策实现结构调整，目标主要是保护和培育特定产业。过多地使用行政命令来解决问题，没有从根本上解决产业内存在的问题，企业创新能力的建设往往也被忽视。那些受到政府保护的企业受市场竞争的影响小，创新能力也缺乏有效的激励，导致整个行业的技术水平和生产效率得不到有效提升，科技创新不能适应长期经济发展的需要。

二、新型产业政策的功能定位

1. 调整产业结构的核心是着力提高产业竞争力

传统产业政策以产业结构政策为核心，以行政措施、补贴、政策性贷款、税收优惠等为手段，以产业间倾斜资源配置为基本特征，行业过于宽泛且效果不佳。随着我国市场经济的不断更新，加上技术的不断进步和系统的不断完善，市场资源配置机制正在发挥决定性的作用。相关政策应以支持行业增长后劲为基础，重点关注对整个工业体系的持续发展具有重要意义的行业。

2. 将扩展生产能力导向转变为提高技术创新能力导向

发挥产业政策的引导作用，建立以企业为主体，以市场为导向，产学研结合的技术创新体系，形成自主创新的基本制度框架。一是使企业成为研发投资的主体，引导企业加大研发投入，促进企业特别是大型企业建立研发机构。二是完善技术转移机制，促进企业技术集成和应用，将知识产权激励机制和其交易制度结合起来，大力发展为企业服务的各类中介服务机构，促进企业与高校和科研院所之间的知识转移和技术转移。三是为中小企业创造更加有利的政策环境，制定有利于中小企业发展的相关法律和政策，支持中小企业的技术创新活动，积极支持中小企业的发展。

三、为优化产业政策提供保障

1. 加强政策间的衔接

制定新的产业政策时，政府不仅需要考虑与国家、省、市级产业政策相呼应，避免矛盾和冲突，同时还要与本地区现有的一系列政策相协同。如果实施的政策有相应期限，则应说明政策实施的开始和结束时间；对于与现行政策重叠和改进的措施，必须在新政策中予以明确说明。加强政府各部门间的沟通，各级政府部门应准确把握青海省产业发展的相关规律，及时认识到青海省产业转型升级的重要性，以及区域特点和行业特征。同时，各级部门应加强联系和沟通，相互协作与配合，确保制定出的政策足够精确和系统，在实施中真正落到实处。

2. 创建良好的政策环境

一是企业的审批程序应当尽可能地简化，缩短相应的审批时限。要调整和完善各种工业项目审批程序，建立工业项目审批绿色通道，简化工作流程，下放审批权限，实施审前审查，以确保缩短时限、提高效率、加快企业项目前期报批和项目落地速度。二是深化并行审批机制。需要进行并行审批时，所有相关部门的现场调查需求都应提交给产业主管部门，并由其负责并进行联合调查且应一次性完成，调查结束后将结果反映给主管部门。推进“延迟服务，现场服务，预约服务，在线审批”，进一步打通服务公司渠道，对于那些有长远发展目标的重大项目，按照“特殊事务，全程服务”的原则进行审批。三是营造倡导创新、重视科研、反复试验的科研氛围，建立鼓励创新和容错纠错的文化环境，保证科技人员的学术自由和研发热情。一方面要加强建设科研诚信体系，引导广大科技工作者恪守学术道德，坚持社会责任；另一方面要加强科学教育和知识普及，丰富科学教育的内容和形式，提高全民科学素养，塑造全社会科学、理性精神。

3. 加强政策跟踪管理

政策应主要面对企业（项目），并且加强与政策受益者的沟通，鼓励企业在发展自己的同时，为该地区的产业发展作贡献。可以组织专门的政策公告和培训课程，为企业解读政策，帮助企业充分理解政策；帮助企业充分利用好各级各类扶持政策，及时提醒符合鼓励政策条件的企业申报奖励，并做到尽快兑现奖励；倾听企业对产业政策的要求，这也对今后政府出台新的产业政策提供了帮助。

4. 加强人才队伍引进与建设

一是以高校、科研院所和重点企业为支撑，培养一批人才。二是完善人才使用机制，着力培养一批熟悉国际国内产业市场、具有较强创新能力、掌握专业技术的高层次工程管理人才，建设一批拥有优秀创新人才的科研平台。三是改革和完善人才评价和激励机制，将科技成果转化与产权制度相结合，采取参与技术创新成果分配、技术定价、技术人员归属、技术成果奖励等条件激励手段。允许战略性新兴产业的国有企业实施技术骨干、管理骨干自主选择相应的激励方式，充分发挥国有企业的竞争力。四是依托重点产业、重点企业和重大项目，采取更加优惠的政策措施，把国内外优秀人才引进战略性新兴产业。例如，通过项目支持引进研发机构、高端技术人员和技术团队，支持海外归国人员在我省开展业务；以战略性新兴产业为重点，面向国内外市场，大力吸引具有自主知识产权和国际领先水平的高端人才来我省创业。五是推进科技创新人才与现代管理专家的高端融合，支持企业实施股权激励、高级管理人员期权激励制度。完善高层次人才选拔任用制度，加快大学生创业园建设，吸引和鼓励大学生进入创业园。

5. 完善创新导向的评估体系

对大学和科研机构实施相应的绩效评估，应将评价指标扩大到技术的转移及其成果对经济和社会的影响上来，而财政科技经费的支持与否将取决于评价结果的好坏。同时，改革完善国有企业评价机制，把研发投入和创新绩效作为重要考核指标。

第六章

生态文明视阈下青海省第一产业转型升级的路径与保障措施

第一节　青海省第一产业转型升级路径

由特殊地理位置和气候环境决定的特殊物种资源是青海特色农牧业发展的基础，青海省发展特色农业和农产品具有天然优势。第一产业转型升级的方向和关键是坚持规模化、集约化、绿色化、有机化、品牌化，结合农业供给侧结构性改革，追求向高质量和高效率的现代农业转型。应依托丰富的生态资源和青海省旅游业的发展机遇，扩大农业功能，挖掘农村生态休闲旅游；优化农牧业区域布局，西宁和海东大力发展现代水产养殖业；海北、海西、海南大力发展湖泊周边的现代农业、绿洲农业和生态有机畜牧业；黄河沿岸的冷水养殖形成由马铃薯、油菜籽、大麦、蚕豆、果蔬、肉牛、肉羊、奶牛、冷水鱼及饲料组成的“十大”重点特色产业[65]。

一、加快产业化发展

鼓励大规模、集约化、规范化的经营，建立一批农业专业合作社，推进“企业+合作组织+基地+农户”的经营模式，扩大马铃薯、藏医药材、牦牛等特色农业基地规模，扶持一批农业龙头企业发展。要实现建设生态循环、可持续发展新农业的目标，应以产业融合、科技创新为引擎，走以产业园区示范优化生态，以新型主体引领助推生产，以产业扶贫改善生活之路，全面提升高原特色现代农业水平。

1. *必须立足于全行业的发展*

对龙头企业的原材料基地进行专业化建设、新技术改造及新产品开发，创建本土化品牌，积极打造科技含量高、加工程度深、增值空间大的农产品。利用龙头企业的优势，及时将市场信息、适用技术和管理经验传递给农牧民，组织和推动农产品的生产和销售。

2. 对农牧民专业合作组织给予相应的鼓励和支持，提高生产组织化程度

依托农牧民专业合作组织中介服务机构，组织农牧民开发特色优质农产品，并与农牧民签订生产销售合同，积极引导和大力支持农牧民发展各类专业合作组织和行业协会，鼓励农牧民围绕生产流程开展多元化、多形式的合作。相关部门出台鼓励大规模、集约化、规范化运作的政策，培育农业专业合作社，奖励已达到一定规模的新成立的农业专业合作社。同时，股份制改革和股份合作社是现有形势下促进传统畜牧业向高原特色现代畜牧业转型的最有效的组织措施和方式。

3. 协调利益联动机制，切实保护农牧民利益

鼓励企业与农牧民签订生产和销售合同，确定最低购买保护价格，产业政策应当确定为农牧民提供包括养殖技术、市场信息、生产资料和产品销售在内的各种服务。订单农业的合作方式应被大力提倡，通过规范合同内容明确企业和农牧民的权利和责任，同时提高订单的履约效率，让企业组织者和农牧民之间建立起稳定的购买和销售关系。推广“企业+基地+农户”的经营模式，将企业组织者和农牧民紧密地联系起来。

4. 建立健全农产品市场体系

建立原产地市场、批发市场和终端消费市场网络，建立蔬菜、水果和肉类等新鲜农产品专业批发市场，以改善分销特色农产品的速度。加快建立和完善农产品冷链物流配送体系，构建连锁经营、统一配送和电子商务信息网络平台，不断扩大外部市场。

5. 加强质量监管制度，提高农产品质量

培训农牧民以农产品质量安全标准为根本的意识，大力推进农产品标准化、规范化和规模化生产，建立农产品质量认证标志。完善农产品质量安全检测体系，加强农产品质量安全监督检查，密切监测生产区环境质量、投入品质、基地生产规范、运输和储存规范、市场监测和其他关键环节，建立从现场到市场的全过程质量监督机制，不断提高农产品质量安全。大力推进农业标准化，对采用国际公认的农产品控制技术和管理体系如 GAP、HACCP、ISO 9009 的企业给予相应的奖励。

6. 加强农业基础设施建设

农业基础设施建设不仅要提高农业综合生产能力，促进农业结构调整，还要促进生态环境的协调发展。因此，有必要根据农业结构，全面加强农产品质量建设，打造优质高产农田和特色农产品基地，促进农业结构调整的有机结合。丰富基础设施建设内容，改善农业生产条件和生态环境，为农业结构调整和循环农业的有效发展奠定坚实基础。

7. 加快培育新型农业经营主体

2017 年青海省出台的《关于加快政策体系建设，培育新型农业经营主体的意见》明确提出，加快形成以家庭经营为基础的立体复合型现代农业经营体系。对农牧民而言，以合作与结社为纽带，以社会服务为支撑体系，推动农业供给侧结构性改革，引导农业适度规模化，这对促进农牧民经营管理的发展，增加农牧民的就业和收入具有重要意义。青海省农业产业转型应遵循国家战略方针，充分发挥政府在培养新型农业经营者中的作用。一是要充分发挥政府的教育引导作用，增强全省培养新型农业经营者的意识，努力营造全省重视和支持新型农业经营者发展的良好氛围；二是充分发挥政府支持和激励作用，适度的财政支持是主体成长的基本保障。

二、品牌战略推动

青海已发展成为我国枸杞、大麦、沙棘、马铃薯、油菜、牦牛、绵羊等农畜产品的主要生产基地，区域特色农业发展潜力巨大，特色农作物品种丰富，在国内外市场上具有较高的竞争优势。然而，大部分特色农产品仍处于早期发展阶段。由于经济组织落后、企业基础薄弱、科研投入不足、长途运输困难、信息匮乏等，特色农业企业规模小、效益低，大量特色农产品尚未形成品牌影响力，品牌建设十分落后，给农牧民带来的经济效益不大。为此，首先需要加大政策扶持和财政补贴力度，继续加快青海农业结构调整，进一步扩大青海特色农业发展，实施差异化管理，鼓励和支持龙头企业发展，从而带动特色产业的发展。其次，要加强基础设施建设，增强物流仓储能力，建设特色农产品集约化加工产业，打造特色农副产品和畜产品集约化加工产业区，扩大农产品产业链和特色产业规模，向专业化、标准化、产业化方向发展，促进农业现代化发展。

首先，为了响应国家创新驱动发展战略的号召，青海省在利用地方特色农产品打造独特品牌时应有一定的创新性，从青海独特的高原地形和绿色生态环境入手，打造适合现代消费理念的品牌。

其次，青海省鼓励种植和培育农业优势、特色产品，扩大苜蓿、大麦、马铃薯、藏药等特色农业基地规模，奖励规模达到一定程度的特色农业基地。为了发展特色农业，还需支持企业实施品牌战略，鼓励具有区域特色和文化传统的农产品申报驰名商标和名牌产品，培育一批具有较高市场占有率的农产品品牌，打造品牌优势和市场优势，为农业产业做大做强创造有利条件。鼓励企业积极申报无公害农产品、绿色食品、有机食品和国家地理标志保护产品，对申报成功并取得国家、省、市认证的产品和企业给予奖励。

最后，还要制定保护地方特色农产品的措施。根据国家《原产地域产品保护规定》和《地理标志产品保护规定》，结合青海省的实际情况，制定保护地方特色农产品的措施，组织开展农产品区域化、产地命名、品牌标识等工作，实施法律保护，提高特色农产品的知名度和可信度，保证质量和特色。

三、绿色可持续发展理念推动

在过去的几十年里，先发展后治理的做法破坏了我国的生态环境。近年来，绿色发展不仅是一个战略，更形成了全民共识，生态文明建设受到了前所未有的关注。践行绿色发展观，走可持续发展之路，是中国特色社会主义发展的必由之路。

要加快建立以产业生态化和生态产业化为主体的绿色经济体系，坚持以绿色有机农畜产品示范省建设为引领，构建高原特色农牧业现代化产业体系、生产体系、经营体系，整体打造“生态青海、绿色农牧”区域品牌。农牧业产业结构调整必须与生态农牧业建设相结合，生态环境是结构调整的主轴。要积极发展无公害绿色农牧业，就必须改善生产条件，加强环境治理，这样才有可能促进青海生态农业建设，实现生态效益。现代农牧业的发展趋势就是优质农牧业和生态农牧业相结合，青海省特色农牧业也必须向这一方向发展。

第二节　第一产业转型升级的保障措施

青海省第一产业主要是种植业和畜牧业，应立足青海省的农业特色，发挥资源优势，优化农业结构，推广和应用农业“五新”技术（即推动新品种，新技术，新肥料，新农药，农具生产新工具），大力发展高效生态农业。推广生态农业模式，实施农业标准化生产，积极推广节地、节水、节约和循环农业技术，发展“资源—产品—废物—再生资源”循环农业模式，大力发展高附加值优势产品和特色农业，使青海省的农业资源优势转化为经济优势。转变传统农业观念，以市场为导向，以绿色生态有机农业为目标，因地制宜，推进传统农业向现代农业转型，提高农业生产的比较效益和农业发展水平，推动农业经济的可持续发展。

一、落实主体功能区规划

《青海省主体功能区规划》将全省主体功能区划分为三大部分，包括重点开发区域、限制开发区域（重点生态功能区、中部生态功能区、省级农产品主产区）、禁止开发区域，明确划分了不同主体功能区的区域范围、功能定位及开发目标及原则等基本问题，并针对不同区域制定了不同的财税金融政策、投资政策、产业政策、土地政策，以及农牧业政策等相关政策，明确各级政府职责，建立绩效评价及监测评估体系等。生态经济发展应充分落实《青海省主体功能区规划》基本思路、基本方法、基本原则，明确各级政府基本职责，认真贯彻。

青海省生态足迹和生态承载力的区域分布不均衡，人口与资源的分布不匹配，导致了区域生态足迹差异化较大。应完善区域发展布局，走具有青海特色的城市化发展道路，平衡生态足迹的区域差异。产业布局与城镇化发展必须与《青海省主体功能区规划》相结合，合理布局产业结构和城镇化发展结构，明确区域发展定位，生态服务功能区严格限制经济活动规模。

青海省的地理位置及气候特征决定了全省的人口与资源的分布状况，东部地区气候条件较好，人口密度大，工业基础好。因此，应加快东部地区城市群建设，形成以西宁市、海东市为中心的沿湟水轴线型城镇密集区。城市的集群有利于整合资源，增加资源的利用效率。西部地区气候条件恶劣，资源丰富，是重要的资源富集区和生态环境脆弱区。西部地区城镇化建设中，必须将生态环境保护放在首要位置，以《青海省主体功能区规划》为指导，在不影响生态平衡的前提下加快柴达木循环经济示范区、海北高原现代生态畜牧业科技试验示范区、海南州生态畜牧业可持续发展实验区、黄南州生态有机畜牧业示范区等园区建设，提高产业规模化生产、集约化经营、产业化发展水平。

二、创新完善生态保护制度

发展生态经济、实现资源节约与环境保护必须建立在有效的体制机制基础上。建立资源有偿使用制度和生态环境补偿机制是资源节约、环境保护体制机制改革的重要举措。青海生态经济要获得长足发展，就必须认真制订严格的管理条例和健全的管理制度，落实资源有偿使用制度和生态环境补偿机制。

同时，要创新和完善生态保护优先制度，实行最严格的生态环境保护制度。要健全源头防治、过程控制、损害赔偿、责任追究的生态环境保护制度体系，健全大气、水、土壤污染防治机制，构建覆盖全省的“天空地一体化”生态环境监测网络体系和大数据平台，落实以排污许可制为核心的固定污染源监管制度，完善污染防治区域联动机制，健全环保信用评价和信息强制性披露制度，落实生态环境损害赔偿制度。深入践行“绿水青山就是金山银山”的理念，持续深化“三个最大”省情认识，坚决扛起筑牢国家生态安全屏障的重大责任，以国家公园示范省建设为引领，建立自然生态系统保护新模式，打造美丽中国靓丽青海名片。

三、利用信息技术发展

可以利用“互联网+农业”的形式，鼓励农村参与农牧业电子商务平台建设，协调农村电子商务产业链发展，实现农牧产品生产加工向高端营销的新转变。加强农业与其他产业的融合，如加强种植业、养殖业和第二、第三产业的融合，通过农牧业龙头企业带动生产、加工、物流、销售、服务等全产业链的发展，创造高附加值农牧产品，鼓励和引导农牧产品加工业通过建立生态农牧业园区、青海特色农产品生产基地和建立创新驱动发展示范点集聚园区等实现整合，推动农牧业内部结构调整，带动农牧业乃至其他产业的发展。通过借鉴优秀的创新发展案例或新型农牧业模式的经验，建立创新驱动发展示范点，促进农牧业发展。此外，结合青海地区农牧业发展环境，鼓励发展“农牧业+旅游”模式，如发展休闲娱乐产业、农牧业民俗文化产业等，促进农牧业功能转变。

根据国务院办公厅《关于推进农村一二三产业融合发展的指导意见》，大力推进新型城镇化，加快农业结构调整，延伸农业产业链，优化农业产业结构，促进农村经济发展，发挥农业的各项功能，大力发展农业新业态。

第七章

生态文明视阈下青海省第二产业转型升级的路径与保障措施

第一节　青海省第二产业转型升级路径

青海省正处于城市化和工业化加速的关键时期，青海产业转型升级的模式应属于低碳转型，产业结构调整的政策重点应是绿色发展，积极制定和实施绿色发展政策，引导加快绿色低碳技术的研究开发，构建绿色低碳产业体系。

第二产业转型升级的方向和重点是：充分利用优势，在优化增量的同时调整存量，加快建设特色鲜明、优势突出、绿色可持续的现代产业体系。依托供给侧结构性改革，加快淘汰落后产能，加快传统产业转型升级步伐，全面提高采矿、化工、有色冶金、能源化工、特色轻工业、建材、农牧产品加工等传统产业的产品技术水平、节能环保水平，促进传统产业结构升级。推动新能源、新材料、网络信息、大数据应用、生物医学等特色新兴产业快速崛起。大力发展具有青海特色优势的光伏锂产业，建设光伏锂产业基地；依托骨干优势企业，抓紧推进关键工序智能化、关键岗位机器人替换、物料搬运机械化、生产过程智能化，加快实施智能制造工程，在重点区域建设自动化、智能化车间，提高制造智能化水平。

一、实施创新驱动战略

全省科技创新应坚持以实现经济、社会可持续发展为基本目标，依靠科技进步重点突破延伸产业链的关键技术瓶颈，在延伸产业链的同时延伸产品价值链，提高产品科技含量和价值。近年来全省大力发展园区经济、循环经济，以实现节能减排的目标。具体来看，着力构建产业纵向延伸和横向拓展相结合的循环型经济产业体系，着力推动盐湖化工、油气化工、煤化工等特色优势产业相融合，着力加快水能、风能、太阳能等可再生资源的开发利用，着力加快农畜产品、特色高原生物等可再生生物资源的绿色发展，不断推动高原农牧业循环经济发展[185]。依靠科技创新驱动重点解决制约生态产业链的关键技术，围绕生态产业链部署科技创新链，围绕科技创新链完善资金支持链，全面实施创新链、人才链、产业链一体化发展，提高资源能源利用效率，降低生态足迹，提高人均生态承载力，对青海实现跨越发展、绿色发展、和谐发展、统筹发展具有非常显著的意义。

二、加快传统产业转型升级

青海省经济增长贡献仍然依赖于传统能源重化工业、金属和非金属矿产品产业、黑色冶金和其他资源依赖型产业，而轻工业和装备制造业、医疗制造业和清洁能源等的贡献虽然不断增多，但比例仍然相对较低。因此，加快传统产业转型是产业转型升级的关键所在，要提高这些产业的技术含量，加大自主创新力度。首先，加强低碳技术的研究和开发，有计划地加快低碳技术的发展，增加政策和财政支持，鼓励引导企业积极引进和应用新技术，实施节能减排技术改造。其次，聚焦产业升级和链条拓展，组织关键领域的关键技术研发，特别是有针对性地解决核心技术和共同技术问题，将产业推向价值链的高端，形成一批在国内具有较大影响力的创新、特色产业集群。

传统产业的提升应依托现有钢铁工业、盐湖化工、有色金属、石油天然气化工等支柱产业，扩大规模，充分发挥现有优势，促进传统相关产业的整合和推广，支持优势企业兼并重组，做大做强。鼓励目前的企业继续扩大规模，对于企业拥有的生产工厂，允许增加层数、新建或改建，新增加土地面积比和建筑系数按最低下限收取管理费用，并进行相应的奖励；鼓励企业协同发展，现有企业用以整合或扩大产业的上下游供应链的改造、自主创新和管理改善项目，都优先纳入省级产业发展，并且在现行的自主创新激励或补贴基础上增加奖励比例。

通过引进精细化管理、建立龙头企业，鼓励产业间的协同合作和兼并重组，在产业转移等方面制订科学合理的激励措施，支持企业进行技术改造，鼓励企业购置国内外先进设备，生产线达到一定标准且产生明显经济效益的，按购置总额给予一定比例的资金奖励。鼓励企业节约能源，减少排放，奖励自愿实施清洁生产审核、清洁能源替代，完成工业废水处理的企业，奖励标准可以基于原始奖励标准增加奖励金额。

三、扩张战略性新兴产业发展

战略性新兴产业是指技术密集型产业，这些产业往往基于重大技术突破和发展需求形成，具有良好的市场前景、经济技术效益和产业带动效应，关系到经济、社会发展和国家安全的大局。青海省作为典型的资源型内陆省，要紧紧依托资源优势，加大对基础设施、人才、技术等要素的投资，重点发展新材料、新能源、生物产业、节能环保、电子商务等新兴产业。

战略性新兴产业的扩张会导致工业碳强度的降低及工业 GDP 的增长，因此，通过战略性新兴产业的扩张，产业结构的改善是可持续的，它将不断提升战略性新兴产业的低碳优势。但是，战略性新兴产业依旧存在一定的外部不确定性，其外部环境无法满足产业长期发展的需求，依靠市场机制和企业自身的能力很难迅速发展。为此，政府的支撑作用就显得尤为重要。政府应为战略性新兴产业的快速发展创造良好的市场环境和制度环境，完善知识产权保护和技术转让制度，保护企业的自主创新和合法权益，同时通过相应的公共财政手段，减少技术和需求的不确定性，确保新兴产业良性、健康、快速发展。

（1）绿色产业应当被优先考虑。在招商过程中，应优先考虑节能循环经济项目。达到一定规模的项目，优先考虑其用地需求，为符合国家政策并且节能效果良好的经济项目提供适当的财政支持。

（2）电子商务是未来企业进行营销和生产的主要平台，因此必须加快建设电商平台。政府可以适当对电子商务平台企业的会员费（包括广告费、技术服务费、平台使用费等）进行补贴；对于当年利用电商平台达到一定税收额度的企业给予回报奖励。

（3）继续鼓励软件产业、创意产业和电子信息产业的发展。基于原始奖励标准，可以提升这三类企业的奖励标准。

（4）推进创新驱动、支持新兴产业发展。对于新兴产业应该以产业基地为载体，加快供给侧结构性改革，建设一批具有科技创新能力和绿色发展能力的示范区，从而推动建立以企业为主体的市场化、产学研结合的创新体系。

（5）以“四个转变”新理念推动新兴产业绿色循环发展。青海省近年来在加快产业转型升级、加大技术创新投入和重大产业项目建设等方面取得了重大的突破。在“四个转变”新形势下，应进一步做好项目建设和产业发展，牢固树立环保意识，担起环保责任，细化任务、强化举措，推动产业的绿色循环发展。政府应通过加强顶层设计，优化投资环境，引导和规范行业发展，真正将资源优势转化为产业竞争优势。

为了抢占特色新兴产业的制高点，青海省实施了“百项创新项坚工程项目”，重点建设了锂电池、光伏电池及新材料集群，同时，积极利用现代生物提取技术，以健康制品和药品两大系列为方向，构建特色生物产业链和产业集群。未来要坚持以国家清洁能源示范省建设为引领，加快建设全国重要新兴能源产业基地，构建多能互补、集成优化的清洁能源体系，打造“绿色能源特区”。要以智能制造为主攻方向，着力提升先进制造业比重，加快构建新型制造体系，培育新兴产业集群。同时，要坚持开放创新，不断增强优质要素资源配置能力，建设一批以市场为导向的创新平台，着力攻克一批重大核心技术，构建涵盖核心技术、关键零部件的价值链，掌握产业发展的主动权和话语权。

四、培育优势产业

优势产业的发展应坚持大规模、同步引进的战略，重点发展机电产业和精密五金产业。在政策优化方面，引进和支持一批技术含量高、驱动力强，能够形成产业集群的重点企业。

（1）优势产业应加快产业集聚，形成产业集群。以机电产业为例，建议鼓励区内现有优势企业加快形成龙头企业，促进产业从一般加工到高端制造，从产品竞争到品牌竞争的升级。可以考虑为机电领先企业建立认证标准。对于确定为龙头企业实施的技术改造、自主创新和高新技术产业化的投资项目，优先将相关条件纳入区级年度支持计划，并予以推荐列入省、市级计划。对于具有一定年度营业收入的龙头企业和相关优秀企业，从增值税、企业所得税等的地方留存中拿出部分做奖励扶持。

（2）鼓励企业管理创新。随着管理创新对企业发展重要性的日益增加，建议加大鼓励企业管理创新力度。获得市级以上（含市级）认定的企业管理创新示范企业奖和获得省、市级管理质量奖励的企业，积极承担和参与国际标准和行业标准的修订。对于企业，奖励标准可以根据原始奖励标准增加奖励金额。

（3）优势产业应充分发挥作用，鼓励建立产业服务平台，为行业提供管理咨询、信息服务、通用技术研究、工业设计、物流和仓储服务，实现资源共享，共同发展。政府可以为新建立的服务平台提供启动补贴，鼓励该地区的研发机构向同行业的中小企业开放。政府可以根据提供的服务次数或受益企业数量向研发机构提供补贴。

（4）鼓励优势产业企业加快专业和优势零部件生产业务的分离，发展专业配套企业，促进区域内中小企业协调发展，强化核心业务。除了奖励那些提供专业支持的中小企业，还应考虑向与该地区中小企业形成支持加工关系的大型企业提供补贴。补贴标准可以基于支持生产产品的销售额或支持加工产品的产值。

五、寻求资金支持路径

一方面，政法要发挥财政支出对产业生态化转型升级的促进作用，要充分运用绿色采购政策，为产业生态转型升级提供市场引导。目前，政府绿色采购已成为一种国际趋势，许多国家和地区已将其作为实施可持续发展战略的重要措施，例如，美国、丹麦、加拿大等国家通过颁布相应的法律法规来优先购买环境认证产品。因此，应加大绿色办公用品采购比例，加强绿色公共工程和绿色装饰采购，落实并推进绿色产品协议供应体系，实施政府集中采购绿色产品模式，建立专项财政转移支付平台，降低转型升级过程中的风险，从而引导和促进产业生态化转型升级。

另一方面，要探索产业生态转型升级的资金支持路径。支持工业生态转型的金融市场包括低碳资本市场、低碳基金市场和低碳交易市场。低碳金融产品主要包括绿色信贷、碳基金和碳金融。生态经济发展的核心内容是工业生态，因此，资助进行生态经济发展的产业包括低碳能源产业、低碳技术产业、新兴低碳产业、传统产业的低碳升级。结合区域经济发展的阶段性特征，金融支持区域生态经济发展的关键方向也不同，有必要选择合适的金融支持路径。青海省位于青藏高原的腹地，虽能源资源富集，但生态环境脆弱，重化工业和以环境承载能力为主的“高碳化”产业结构之间的矛盾日益突出，生态环境保护与区域经济发展的可持续性遇到了极大挑战。青海省要走低碳化的绿色发展道路，金融支持生态经济发展的重点应该是传统“高碳”产业的低碳化，传统能源开发技术向新能源产业开发技术升级。支持转型关键技术研究支出，坚定布局全新技术的低碳化产业。

六、大力发展园区经济

《青海省主体功能区规划》所规划的重点开发区域和限制开发区域基本与全省各个工业园区、现代农业园区及生态畜牧业园区的区域相一致。东部重点开发区域主要围绕西宁（国家级）经济技术开发区和海东工业园区，西部柴达木重点开发区域主要是柴达木循环经济试验区下属的格尔木工业园区、德令哈工业园区、乌兰工业园区、大柴旦工业园区四个子园区，以及茫崖行委、冷湖行委等地区工业园区；限制开发区域主要包括海东高原特色现代生态农业和大通国家现代农业示范区，海北现代生态畜牧业科技试验示范区、海南州生态畜牧业可持续发展实验区、黄南州生态有机畜牧业示范区等园区。可见，重点开发区域和限制开发区域的开发主要是以园区经济为主，以循环经济发展为基本目标。

从各个循环经济示范园区的地理区位上来看，示范园区所在区域生态经济平衡状况都比较差，生态赤字较为严重，尤其是东部重点开发区域和现代农业开发区域。西部地区生态情况较好，主要源于西部地区地广人稀，对生态系统的消耗较东部地区小，但随着西部地区开发强度的加大，西部地区的生态足迹将呈上升趋势，生态经济平衡能力将有所调整。因此，各区域应以园区经济为依托，集中区位优势，完善区域生态经济发展布局，形成以企业为中心的点状生态经济系统，以产业为中心的线状生态经济系统和以园区为中心的网状生态经济系统。

结合生态文明建设的要求，建设工业园区将有助于产品对接，有助于控制三废、降低原材料和产品的运输成本，有助于资源的综合利用，有助于基础设施的完善等。因此，在园区产业集中发展理念的指导下，青海省产业转型升级应以产业园区为主要载体，加快工业园区标准化建设，积极改善工业园区内的基础设施和环境，为产业的发展创造良好的条件，不仅要为配套产业提供发展空间，还要积极创造宜居宜业的生活环境。突出园区特色，推动重点项目向产业园区集聚，使项目集中、产业联动、要素聚合、链条交融，进而大幅降低生产制造成本。建设一批主导产业明确、相关产业集聚、基础设施共享、污染控制集中、废物回收利用的工业园区。例如，以园区为载体，鼓励和支持实力雄厚的有色金属企业组建企业集团，实现规模化、集团化发展。西宁经济技术开发区甘河工业园区建设成为有色金属冶炼、压延基地，集科研、生产、销售、服务于一体，是国内外具有重要影响力的有色金属工业园区；格尔木工业园、柴达木循环经济试验区、藏青工业园等建设成为有色金属工业基地，成为利用地方藏青有色金属资源的重要加工基地。

七、大力发展循环经济

大力推进生态文明建设，利用自然资源大力发展循环经济，实现产业融合与发展。在资源和环境的制约下，建立生态工业体系是第二产业实现转型的有效途径，有利于降低资源消耗、减少污染、缓解资源环境压力，保持工业持续健康发展。生态工业体系的建立也是循环经济的核心，要将生态化工系统打造成为一系列物质流动的“闭路循环”，工业过程或工厂甚至废物的产出是下一个工业过程或工厂的原材料，整个工业系统要求“零排放”和“零污染”。现实中，青海第二产业发展以资源型为主，特别是围绕青海主导资源（盐湖资源、有色金属、石油、天然气等）的产业结构，迫切需要发展循环经济，促进转型升级。

借鉴国内外循环经济发展的成功经验，按照“减量化、再利用、循环利用”的原则，合理布局，构建循环经济模式，通过完善要素投入，将传统产业高投入、低产出的增长方式转变为集约型、生态型的增长方式，实现经济发展与生态环境的良性互动。

首先，按照循环经济“资源—产品—废物资源”的运行模式，围绕资源开发利用的各个环节和各种“弃物资源”进行流程优化，形成不同流程之间的良性循环，并通过循环经济的“资源—产品—废物资源”和“资源—产品—废物—资源”这两个环节，实现企业内部的良性循环，减少污染物排放，甚至实现零排放。例如，加大有色金属资源开采、冶炼、综合利用的研发和投入，重点发展难采有色金属和难选矿石开发技术，铅锌冶炼金银综合回收技术等，实现矿山尾砂和冶炼渣等再生产和再利用。在镁、钠电解、铅锌冶炼等有色金属生产中，要充分注意氯和硫酸副产品的平衡，与化学工业相适应，积极发展聚氯乙烯、丙烯酸纤维、聚氨酯、农药等相关产业，延伸产业链，形成有色金属、化工产业集群。

其次，要促进企业间良性循环，支持核心企业，培育中小补充链企业，构建企业内、企业间资源循环与代谢交换体系，一次加工与多次加工相结合，形成高效循环的产业链，逐步消除污染，提高资源综合利用率和循环利用率，并且通过销售差价来实现深加工、低端供应和盈利，促进企业集约加工，提高资源利用效率。

最后，运用集约经济和生态经济增长的理念，整合资源，重组传统资源产业，发挥循环经济的规模经济效应。随着区域经济合作的发展，区域间将出现一个更高级别循环。从整个社会周期来看，要大力发展旧材料配发和资源回收产业，形成全社会“自然资源—产品—可再生资源”的循环经济模式。

八、科学合理规划开发

青海省石油、天然气、金属和非金属矿产资源丰富，但大部分地区自然植被生长发育缓慢，调节恢复能力弱，生态环境脆弱。因此，有必要合理、科学地规划开采，在一些禁止开采的地区严格禁止开采；对部分限制开发区的采选应以“质量”而不是“数量”取胜，在开采前应做好开采规划和环境影响评价，严格控制开采规模、规模和范围；对一些可以开发的地区，也要注意保护生态环境，科学规划、合理发展。要走绿色可持续发展道路，注重生态保护，注重生态文明建设。

青海省矿产资源丰富，储量大，部分地区开采较为方便，因此，规模小、生产能力低、技术薄弱、落后设备和产品结构单一等问题尚未得到解决。企业间竞争也比较集中，产品大多属于低端产品，且原矿集中度低，价格竞争导致利润率低下、资源消耗增加等问题十分突出。

鉴于此，青海省应进一步严格执行矿业和矿产加工行业准入制度，加大对企业整合的政策支持，鼓励有实力、有能力、有资源优势的企业按照创新驱动发展战略紧密升级改造技术，以资源、环境、能源、材料消耗为主要标准，淘汰落后产能，对主要技术指标达不到生产设备标准的予以淘汰，对电解铝、水泥、铁合金等行业重点关注，加大对水泥、碳化硅、铁合金等行业的监督，淘汰规模小、高能耗的重污染企业，提高行业生产效率。以大中型投资集团为主体，以上市公司为媒介，推动煤（水）电铝加工业一体化发展。促进全省基建材料行业研发升级，和西宁市、海东市相通行业兼并重组，全面提高行业技术水平。

深化环境资源税改革试点，完善税收征管体制，加快低水平、落后产能的关停，尽快实现退出。对于产能过剩的行业如钢铁行业、有色金属行业、水泥行业等，采取消除落后、兼并重组、扩大需求、产业转移等综合措施，同时需要政府介入，引导企业自觉实施、认真贯彻资源税从价征收和改革的政策，对不合格的高耗能、高排放矿产产品征收从价资源税，取消不合理的税收减免优惠政策，削弱企业进行低品位开采的动力。

总之，要在开采的同时开始生态恢复，在开采结束后生态恢复也同时完成，避免遗留生态环境问题。

九、发展生态保护衍生产业

生态保护衍生产业是生态经济的创新产业，将市场机制引入到生态保护中，将生态保护成果转化为产品，建立和完善重要生态产品的交易机制，推动生态保护衍生产业发展，主要包括碳交易产业、水权交易产业、排污权交易产业等产业。发展生态保护衍生产业既能保护环境又能发展经济，实现双赢。

发展碳交易产业，解决二氧化碳排放问题。碳交易是把二氧化碳排放权作为一种商品，从而形成二氧化碳排放权的交易，简称碳交易。青海省应结合区域特点研究草原碳汇的计量办法，开展碳汇资源评估工作，科学合理地核算碳汇资源，编制碳汇资源开发操作指南。尽快开发碳汇产品并进入市场交易，实践探索适合青海省的碳汇资源开发路径。开展碳交易试点，强化碳汇的经济社会、生态保护等多重效应，提升碳汇资源的质量。建立碳汇资源储备库，逐步开发一批碳汇项目并探索将其碳汇减排量列入配额管理，作为储备资源应对未来全国碳交易市场的发展。同时青海省还应积极探索制定《青海省碳排放权交易管理办法》《青海省碳排放权配额管理规定》等法律法规，明确相关部门的职责和任务，推动碳交易市场的建立。青海省应做好碳排放交易的前期工作，制定各类企业排放配额分配机制、交易模式，进行碳排放交易平台支撑技术和碳排放交易能力研究。积极开展碳排放试点，确定交易企业的名单，完成交易企业初始配额分配，建立配额登记注册系统和交易结算系统，为开展碳交易做好充分的准备。

开展排污权交易，控制污染排放。首先建立完善的排污权有偿使用制度，根据青海省实际情况，合理核定排污权，积极开展排污权试点工作。为不同企业制订排污权配额，借鉴国内各省市排污权试点的成功经验和结合试验区实际，科学制订排污权交易价格。完善相关法律法规，规范排污权交易行为，保证排污交易公平。通过收费机制，实施排污权有偿使用制度，有效控制企业污染排放。同时要实施排污权交易监督管理，建立排污权交易市场价格调控机制，稳定交易价格，维护市场正常运行，对排污交易中弄虚作假的行为进行严肃处理。

第二节　第二产业转型升级保障措施

从总体上看，青海省正处于资源密集型产业向环境友好型、资源节约型转变的起步阶段。在区域产业结构演变过程中，由于地区专门化水平低，资源优势还远远没有转化为市场经济优势，多种有优势的自然资源还处于待开发状态。从发展的角度看，由于资源的有限性和部分可替代性，随着开发规模的扩大，既易引起开采条件的恶化，又容易导致区域发展的不稳定。

青海省的第二产业主要受资源禀赋和经济基础的影响，青海资源型、高耗能产业较多，硅、铁、铝等多类主导产业面临产能过剩、节能减排压力大等因素制约，发展易受国际市场波动的影响。但是青海省发展的优势在于资源的充沛性，因此应用循环经济发展理念统领全省资源开发和经济建设成为必然。为此，省委政府确定了培育十大特色产业战略目标，着力推动产业转型升级，提升经济技术开发区层次和水平，构建柴达木循环经济主导链，加快海东工业园区产业布局和支撑项目建设，促进全省工业结构向特色优势型、循环经济型、创新驱动型和园区带动型转变。加快构建循环工业体系，走低碳、绿色、集约、循环的新型工业化道路，同时，进一步加大传统产业升级改造力度，以柴达木循环经济试验区为根基，将青海建设成为全国最大的盐湖化工基地和全国重要的水电、有色金属、新型煤化工和特种钢基地，并以水光电互补、盐基多产业互补、煤化工产业循环为基础，打造全国循环经济试验区。抓住国家制定光伏电站分区域上网标杆电价，对分布式光伏发电实行按照电量补贴政策的机遇，进一步加大光伏电站建设规模。充分利用全省高原特殊生物资源优势，着力发展特色生物产业，加快藏毯、藏医、藏药、沙棘精深加工等重点产业的发展。

一、健全地方性法规体系

从全国看，工业低碳转型升级呈现出良好的态势。为了确保这种良好的势头，中央政府不断完善各种支持体系。从青海省的角度看，要把“生态立省”战略不断向纵深推进，这就要求青海省落实国家低碳经济发展立法和制度，并尽快研究和引入相应的地方政策支持系统。

目前，我国保障生态经济发展的政策法律建设较为薄弱，许多方面的单行法律尚有缺位，这也导致各省在制定地方性生态经济法律法规方面缺乏参照和依据。为了有效促进产业生态发展，有必要尽快完善相关法律制度。2015 年 1 月，《青海省生态文明建设促进条例》诞生，这是青海省的第一部省级地方生态文明建设法规，也是除贵州省之外全国第二部省级层面的生态文明地方性法规，为明确生态责任、保护生态利益提供了强有力的法律保障。随着“生态立省”战略的深入贯彻实施，应不断完善相关生态文明建设的政策措施、制度法规，让生态文明建设活动有法可依，生态文明活动相关利益人有法必依，以强有力的制度建设推动生态经济发展取得新成就。青海省应根据国家颁布的相关低碳环保法律法规，立足本省的发展实际，尽快制定相关法律法规，确保区域产业转型有法律依据。发展生态经济的目的是实现经济社会发展和生态环境保护的双赢，这既符合可持续发展的理念，也是世界经济发展的大势。因此，青海省必须结合自身的区域经济发展阶段、资源禀赋和环境优势，尽快制定出符合区域社会、经济利益的前沿性生态技术发展路径。

特别是要加强资源税、环境保护税等税收的征收管理，探索建立健全保护环境税收体系，这也是我国全面摆脱高污染、高能耗的经济模式，走向创新型经济的基础。就各级政府而言，“环保税”时代的到来，将会更加有力地推动环保优先、生态先行战略的实施，促进增长与转型、经济与生态、建设与民生的良性互动，打造生产发展、生活富裕、生态良好的绿色发展样本，使生态资源优势成为发展的最大优势。同时，有利于构建促进经济结构调整、转变发展方式的绿色税制体系，有利于规范政府分配秩序。对企业来说，“环保税”制度的重要功能就在于引导企业转型升级，全面淘汰高污染的落后产能；引进、新建高污染、高能耗项目，意味着企业的高税负，这无论对地方主政者，还是对希望得到税收优惠政策的经济主体都是不利的。加大资源税、环境保护税的征收管理，将大大推动绿色发展战略的实施。

二、推进科学技术升级

青海产业竞争力低的主要原因是缺乏自主创新能力、关键技术和本土知名品牌。技术进步可以提高产业系统对环境系统的适应性，实现产业发展与环境的协调，是促进产业结构演变，实现产业转型的重要因素，也是振兴传统产业的重要推动力。十九大报告中指出，创新是引领发展的第一动力，是建设现代化经济体系的战略支撑，强调大力推进技术创新，促进资源利用效率的提高，实现全行业的跨越式发展。要提高青海工业的竞争力，必须增强自主创新能力。只有根据区域和行业特点，加强技术创新的引导、支持和参与，不断提高技术创新能力，加快技术向现实生产力的转化，促进传统产业的转型升级，才能实现产业平稳转型的目标。

以高新技术和适用技术促进产业转型升级。青海的资源型产业具有明显的超前发展优势。但资源型产业有着对资源的依赖性、投资的风险性、经济效益的递减性、工作环境的艰苦性、生态环境的破坏性、产品的无差别性和可延伸性等特征，这也限制了资源型产业的可持续发展，因此资源型产业要在继续重点发展石油天然气开采、有色金属开采冶炼、盐湖化工、煤化工等优势产业和支柱产业的基础上，按照新型工业化的要求，利用信息技术和高新技术，促进产业链的延伸，促进石油、化工、原油与天然气开采、加工和后续产业的融合，扩大加工领域过程和产业链，按照资源节约和环境保护的要求，增加产品附加值，降低青海省传统重化工产业能耗和污染，实现优质工业发展、重化工转型升级。

由于工业基础体系布局的原因，青海的加工业具有典型的两头在外特征，即原材料和加工制成品市场在省外。这就要求青海的加工业要加强国内外技术合作与交流，引进和吸收国内外先进的技术和资本，把自主创新和外部技术结合起来，加快利用高新技术和适用技术进行传统产业的转型升级，优化产品和技术结构，提高劳动生产率，提高技术装备水平，进而提高企业的快速反应能力。建立和完善区域技术创新体系，始终以技术进步和提高企业技术创新能力为主要手段，促进产业转型。加大政策和资金投入，加强龙头企业创新基础设施建设，完善中小企业技术创新体系，搭建科技项目孵化创业平台。充分利用青海省高校、科研院所的智力资源和现有硬件设备，促进产学研合作，鼓励企业发挥主体作用，加强专业技术人员的培训，促进科技进步。

此外，还应当建立完善全省统一的科技成果转化公共交易服务平台，连接企业、研发机构、高等院校和技术转移服务机构、投融资机构等，发布国内外科技成果信息和技术需求信息（包括科技援青项目信息），提供科技成果转化交易服务。对省内企业、研究开发机构、高等院校通过该平台转让科技成果、并在省内转化的，给予技术输出方补助；对省内企业通过该平台受让省外先进技术成果，并在省内转化、产业化的，给予该企业补助。

三、提高技术投入水平

2018 年青海省单位 GDP 能耗下降 2.88%，超过目标 2.38 个百分点，完成年度降低目标任务。“十三五”前三年，青海省能耗实际增长 240 万吨标准煤，占“十三五”能耗增量指标的 21.4%；单位地区生产总值能耗累计下降 14.79%，完成“十三五”目标任务的 147.9%。“十三五”能耗“双控”指标均符合进度要求。可见，青海省科技创新支撑引领发展的能力有了明显提升，但还存在核心技术攻关能力不够强、技术优势不够明显、关键领域创新水平不够高、科技创新成果转移转化不够快等问题，对此，要集中优势力量破解核心技术难题，促进成果转化。特别是要围绕生态环境保护，集中突破一批生态修复、环境保护等领域的关键技术瓶颈，强化污染防治关键技术攻关，为绿色发展提供强有力的技术支撑，助推生态文明建设。

技术进步可以提高产业系统对环境系统的动态适应性，实现产业发展与环境的协调，通过技术创新实现产业转型升级。通过融入全球创新网络，依托重大科技项目突破关键核心技术，汇聚世界创新资源供全省使用，加快青海省自主创新进程，大幅提升科技能力。通过大力推进技术创新，提高资源利用效率，实现产业整体跨越式发展，走创新驱动、内生动力增长的转型道路。

按照资源节约和环境保护的要求，增加产品附加值，降低青海省传统重化工产业能耗和污染，实现优质工业发展、重化工转型升级。例如，有色金属冶炼和轧制行业属于高能耗行业，青海有色金属冶炼和轧制的能耗问题主要集中在两方面，一是由于青海省煤电价格相对较低，能源消耗和经济成本压力对节能减排的驱动力不强；二是青海有色金属冶炼、轧钢企业规模相对较小，起点较低，数量较多，企业间竞争多集中在价格方面，造成利润较低，技术引进、更新改造研发能力严重不足；三是青海省属于欠发达地区，企业仍处于无序竞争阶段，企业间力量严重不平衡，企业容易追求短期利益而忽视长期利益。因此，如何降低能耗，提高青海有色金属冶炼和轧制行业的竞争力，已成为决定青海有色金属冶炼轧制行业未来发展的因素之一。鉴于青海省工业技术水平与装备水平还不够，只有提高技术投入水平，通过政府的资金杠杆的撬动，帮助有凝聚力、有实力、有资源、有优势的企业引进、吸收和改造先进技术，然后进行破解和创新，才能降低青海省的能源消耗。

四、加快原材料基地建设

青海不仅是我国的天然生态屏障，也是我国重要的能源和原材料供应基地，能源重化工基地建设已成为青海省经济、社会发展的主导战略。青海进入工业化中期后，作为区域协调发展的“结合点”，应进一步加快产业升级改造，积极推进新能源、原材料基地建设。在建设新能源和原材料基地的过程中，必须转变观念，构建新的产业经济形态，把青海省发展模式从“能源和原材料基地”模式转变为循环经济模式。在加快原材料基地建设的过程中，要发挥配套服务设施的作用，让服务优先，促进主导产业加快发展。要进一步加快交通基础设施、城市基础设施和生产性服务设施建设，特别是主干道建设，缩短与发达地区和主要城市的“经济距离”的同时，加快信息咨询等生产性服务业的发展。另外，加快原料基地建设，这不仅有利于青海轻工业的大规模发展，稳定原材料质量水平，为标准化生产打下基础，也有利于青海省农牧民收入的快速增长。加快原料基地建设，必须走绿色可持续发展道路，以资源循环链的形式建设原料基地，最大限度地提高资源利用率。例如，青海独特的牦牛肉干企业在饲养牦牛时需要大量优质牧草，而优质牧草的育肥则需要天然有机肥和牦牛产生的粪便。满足这一循环后，养殖业、畜牧业、有机肥等行业的原材料基地也可以遵循这一循环。

五、加强国内外合作与交流

生态技术是发展生态经济的重要支撑，也是生态经济政策体系得以实施的保证。目前，欧盟、美国、日本等国的生态技术相对成熟，国内各省市生态技术发展却较为不平衡。德国的鲁尔区就是一个值得借鉴的案例，鲁尔区的转型发展表明，结构调整需要制度创新来支持，提高资源型区域产业更新能力和区域自身发展能力是经济转型的关键。资源型经济的转型是一个长期的过程，过去50年来，德国政府在鲁尔区的经济转型和发展中发挥了极其重要的作用。因此，青海省产业生态化转型升级需要加强和国内外的合作与交流，在合作与交流中学习并引进先进的生态技术，同时通过经验学习，推进青海省的产业转型升级。

六、调整能源消费结构

由表7-1可知，2000—2018年青海省人均生态足迹中以煤炭、石油为主的能源用地人均生态足迹占据主导地位。为此，应加快实施“生态立省”战略，推动传统产业转型升级，调整能源消费结构，增加太阳能、风能等绿色清洁能源在能源消费中的比重。能源用地人均生态足迹直接改变了全省人均生态足迹持续增长的态势，生态经济平衡状况得到较大程度改善。因此，降低煤炭、石油等传统的能源消费比重，增加水电、天然气及太阳能等绿色清洁能源的消费比重意义非常重大。

表7-1　2000—2018年青海省生物和能源资源账户人均生态足迹时间序列

单位：公顷/人

年份	耕地	草地	水域	林地	能源用地	建筑用地
2000	0.27	41.1	0.008	0.003 18	17.8	9.36
2001	0.287	41.1	0.013 2	0.004 08	26.2	9.8
2002	0.281	40.8	0.011 7	0.004 15	50	9.54
2003	0.286	41.1	0.008 39	0.004 11	66.9	8.84
2004	0.303	43.5	0.009 6	0.004 28	76.2	11.6
2005	0.321	44.9	0.005 72	0.004 14	98.5	15.1
2006	0.299	44.7	0.011 3	0.003 07	110	19.5
2007	0.291	44.5	0.009 37	0.003 52	147	21

续表

年份	耕地	草地	水域	林地	能源用地	建筑用地
2008	0.332	43	0.009 34	0.002 59	187	21.6
2009	0.344	51.1	0.008 67	0.001 71	183	25.4
2010	0.341	50.8	0.009 8	0.003 73	248	32.8
2011	0.335	49.6	0.019 9	0.003 97	284	32
2012	0.338	47.4	0.026 8	0.003 56	278	39.9
2013	0.347	50.5	0.035 8	0.002 33	291	40.7
2014	0.62	0.449	0.403	0.048 1	304	25.5
2015	0.575	0.428	0.388	0.043 6	268	29.1
2016	0.548	0.369	0.316	0.038 9	263	29.7
2017	0.45	0.326	0.26	0.036 4	273	26.3
2018	0.336	0.231	0.172	0.03	271	30.2

随着青海省经济、社会的不断发展，能源需求规模呈急速上升趋势。从目前的能源消费结构来看，较大程度上依赖于不可再生性能源资源的消费。能源消费对全省经济增长起到了极大的促进与推动作用，经济增长依托于能源消费，而产出增加又会进一步刺激能源需求。在这种能源消费方式下，生态足迹将持续增大，生态系统承受的压力将日趋扩大，因此，调整全省能源资源消费结构势在必行。

青海省可再生能源资源丰富，极具开发潜力，为实现调整全省能源资源消费结构这一转变奠定了基础。以青海省水能电能开发为例，全省有 270 多条较大的河流，居西北之首，尤其是黄河上游龙羊峡至寺沟峡 360 千米的河段水量丰富，水电站单位造价低，应利用水资源优势，大力开发水电能。

在省委、省政府大力实施资源转换战略的影响和带动下，亚洲硅业（青海）股份有限公司、黄河上游水电开发有限责任公司、青海华硅能源有限公司成功落户西宁经济技术开发区东川工业园区，标志着以太阳能硅材料为主的太阳能光伏体系正在形成。光伏产业的形成反过来又推动了全省实施资源转换战略的进程，为实现能源消费模式的转变提供了有利条件。

因此，青海省应着重加强对新能源和可再生能源的开发利用，优化能源消费结构，大力发展水电、风力发电、太阳能发电及废弃物燃烧发电等不消耗自然资源的电力项目，减少 CO_2 等温室气体的排放量。城镇化建设过程中优先推广太阳能、天然气等清洁能源，降低全省生态经济系统的压力。依靠科技创新和资金投入，提高资源利用效率，达到提高生态承载力的目的。

第八章

生态文明视阈下青海省第三产业转型升级的路径与保障措施

第一节　青海省第三产业转型升级路径

第三产业转型升级的方向和重点是：遵循“发挥优势，服务大局，突出重点，创新发展”的原则，坚持分类指导、全面推进，构建现代服务业体系；大力发展研发设计、物流供应链管理、电子商务、金融租赁、服务外包、检验检测认证、节能环保服务、新一代信息技术、人力资源服务、品牌建设及售后服务等；促进服务业向专业化和高端延伸的价值链转型。重点发展居民家庭、卫生、养老、体育、文化、法制、批发零售、住宿餐饮、教育培训等需求潜力大、贴近服务人民生活的行业，发挥生活服务领域较强的带动作用；按照“一圈三线三廊三板块”的旅游发展模式，即打造环西宁 2 小时旅游圈，加强青藏线、三江源（唐蕃古道）、祁连山等重点景区和线路建设，重点打造“三廊道”，黄河旅游景观廊道（南线）、青海湖人文旅游景观廊道（中线）、祁连山风光带生态旅游景观廊道（北线）；紧紧围绕旅游名城建设，通过丰富旅游产品、加强景区建设、提高对外宣传等措施，发展全季旅游业，促进青海省服务业形成多元化投资、多元化经营的发展格局[65]。

一、推动文旅产业创新

创新型产业集群本质体现在：与产业链相关的企业、研发和服务机构聚集在特定区域，通过分工、合作和协同创新，形成跨行业、跨区域的具有带动作用和国际竞争力的产业组织形式。创新型产业集群有利于资源的综合利用，有利于建立网络化的知识和技术分布格局，有利于加强产业内的协作，有利于培养具有创新意识、高知识、高技术能力的综合型人才。

产业集群的升级是从产品、技术、研发、品牌到网络、物流、营销、价值链等螺旋式、全方位的提升。青海省的旅游资源和自然环境十分丰富，不仅历史文化悠久，而且具有深厚的民族体育传统。因此，青海省第三产业转型升级需要因地制宜、分类指导，支持和鼓励各地区发挥比较优势，实行差异化发展，促进各类文化资源和要素有序集聚，形成优势产业。加强旅游产业、高原体育产业、文化创意产业的合作与融合，使之成为一个完整的、不可分割的整体。青海的旅游业具有青藏高原的地理特征，在遵循“保护第一，发展促保护”总体思路的基础上，突出保护高原的自然生态环境和多民族、多宗教、多文化的特点，从经济、社会、制度三个方面全面整合三大产业，形成产业集群的横向、纵向延伸产业链。

在创新理念和产业融合发展理念的指导下，深入挖掘优秀文化资源，完善传统文化产业，研发独特的文化产品，提升青海省地方文化设计总体水平，逐步形成具有青海风格的文化产业，探索具有省级民族民间特色的创意发展模式，积极稳妥地推进文化创意产品开发，促进优秀文化资源的传递和合理利用。比如，组织文化创意设计大赛等活动，促进文化、旅游、科技等相关产业的融合与发展。

促进青海旅游经济发展方式的转变，加快旅游业改革，加快青海在旅游产品创新、营销创新等方面的发展，提高旅游经济效益，不断提高旅游业全要素生产率。与此同时，创新政策机制，为旅游业、高原体育业、文化创意产业转型升级提供系列化的政策法规，尤其是金融机制创新。要为灵活、新型的高原特色旅游业持续快速发展提供强大的经济动力，而旅游科技、高原体育科技、文化创意技术大规模的应用和转化需要信息技术支撑体系及前沿技术自主创新转化应用体系等的全面支持与协同。

（一）推动文化产业发展

青海省是西部地区文化产业发展较落后的地区，现开发的文化产品规模小、品种单一、缺乏创意，难以形成有效的市场竞争力。为此，推进青海文化产业发展，需建立合理的文化事业经费投入机制，确保文化单位有开展文化活动的经费及人员经费，解决当前文化馆等部门聘用人才待遇低、留不住人的问题。设立专项基金，引导文化发展，扶持具有民族特色和高水准的艺术创作和作品，对文化名城（村）和非物质文化遗产集中地区安排资金保护；完善财政支持文化发展的政策，拓宽融资渠道，放宽市场准入，降低公共文化服务门槛，鼓励个人、企业、社会团体独资或合资发展民族文化产业，积极引导社会力量参与。同时，青海省应借鉴西部民族地区文化产业与旅游融合发展的有效模式，出台相关的政策与规划，引导青海省文化旅游产品开发及对各类文化体育资源的深度挖掘，如地方传统艺术剧目排练演出、手工艺品制造、销售和“非遗”项目展览、演出，鼓励民族、民间、民俗文艺团体和专业艺术院团与旅游集散地、重点景区的合作，推广具有青海地域特色、民族文化特色的精品图书、音像制品。

（1）对于刚刚入驻的文化企业，当年的税收缴纳达到一定程度时，可以适当给予奖励。为了突出培育文化产业，还可以制定多年奖励政策及延长奖励期限（两年或三年），但奖励比率可以逐年递减。

（2）支持相关文化产业创建自身的品牌。对于具有自主知识产权的文化产品和文化服务可以给予不同的经济激励。

（3）鼓励文化企业积极拓展国内外市场。对于积极参加国家博览会的文化企业，政府给予展位费补贴；如果在该地区举办文化创意比赛（包括工业设计），主办方可获得展览补贴。

（4）申报示范基地也应受到支持。如果区级文化创意产业示范单位（包括企业、公园、基地等）被评为国家级、省级和市级文化产业示范单位，可予以相应奖励。

（二）加快全域旅游业发展

随着《国务院办公厅关于促进全域旅游发展的指导意见》（国办发〔2018〕15号）的发布，全域旅游正式上升为国家战略。以全域旅游为载体，对相关旅游机制进行创新，融合并发展旅游产业、共享发展成果，有利于提升青海省区域旅游业的整体实力和综合竞争力，是旅游业更好地服务于青海经济、社会发展大局的必然要求。旅游产业的转型升级受政策环境的影响很大，想要加快青海全域旅游业发展，政府的支持和政策方面的保障是必不可少的，这要求省政府和有关旅游部门通过科学管理，指导青海省旅游产业的科学发展。就政策方面来说，严格遵守国家旅游产业发展的要求，结合本地区旅游业发展现实，制定科学合理的适用规范和法规。根据当地情况，促进生态低碳旅游建设，营造良好的产业发展政策环境。

（1）开展品牌旅游景区的推广。对于国家级的旅游景点、星级酒店和乡村旅游业务单位，奖励金额可以根据原始奖励标准增加。

（2）以“旅游+”形式，推动旅游业与其他行业、产业的融合发展。推进旅游、农业等部门联合打造一二三产业融合发展的美丽休闲乡村，并鼓励发展休闲生态游，对新开办或经营业绩良好的项目给予一定的补助。

（3）提高旅游业管理服务水平。扶持旅游业发展，首先要以问题为导向，围绕当前“厕所革命”、基础建设、产品供给、经营管理、生态维护等方面存在的突出问题，进行大规模调查，列出工作清单，限制整改时限，突出重点，加强力量，确保青海旅游业在较短的时间内提档升级。

二、推动金融业发展

现代经济的核心是金融。近年来，青海省金融业不断发展壮大，为促进全省经济社会发展作出了积极贡献。但是青海省的金融发展依然与其他省存在巨大的差距，并且难以与经济、社会发展相适应。青海省金融业的发展需优化金融生态环境，以改革创新为动力，加强监管、优化服务，加快调整金融产业结构，完善金融市场体系；发展金融机构，加强金融业对经济的支持和渗透，提高金融要素集中度和配置能力，进一步发挥金融业对转变和优化经济发展方式的积极作用，努力把青海省建设成为青藏高原金融发展的繁荣区、金融生态环境的优质区和金融运行的安全区。

（1）奖励新注册或新落户的金融机构和金融支持服务机构；奖励驻青海的新银行分行、综合分行和分支行；对青海附属新的非银行金融机构给予奖励；考虑根据实际情况给予土地购买、购买房屋或租赁补贴。

（2）奖励在青海省注册的股权投资企业和风险投资企业及具有一定规模的法人和注册资本、股权投资管理企业、民营资本管理公司。对在青海注册的中小企业票据服务、金融服务公司、融资性担保公司、典当行等准金融机构给予奖励。

（3）根据新注册或新结算的金融机构、准金融机构和金融支持服务机构的财务贡献率给予退税奖励。

（4）鼓励银行业金融机构增加实体经济服务，并根据信贷供给配额的增加提供相应的补贴。

（5）针对投融资领域的瓶颈，应该以“三个创新”“四个规范”“两个优化”“一个保障”为原则来突破。创新投资管理方式、创新融资机制、创新服务管理方法；规范企业投资管理、规范政府投资管理、规范中介服务、规范PPP 操作流程；优化管理流程、优化监管约束；强化分工协作、法制和政策保障。

三、推动服务业全面发展

根据各地区的资源禀赋、产业基础和功能定位，结合青海省城市化和东部城市群建设，加快现代商业销售体系、物流配送体系和综合售后服务体系的信息化建设，促进县乡和中部地区商业流通业的发展。规划建设若干服务业集聚区，建设现代物流、现代金融、科技服务、商贸服务、休闲旅游、文化体育社区服务、健康养老、信息消费、电子商务等现代服务业，实施“现代物流系统服务工程”和“农牧区市场体系建设工程”，重点发展以冷链物流和保税物流为基础的第三方物流，支持西宁朝阳物流园、海东青藏高原东部国际物流商务中心和格尔木综合物流园等重点园区建设。以“互联网+流通”为载体发展电子商务，充分发挥市场机制的作用，坚持发展标准化，创新监管模式和服务模式，鼓励企业探索新的经营模式，加快发展电子商务，全面放开服务供给，支持各类市场主体平等参与公共服务设施和平台建设。充分发挥产业与各个数据中心的数据集合作用，基于大数据中心建设和数据的挖掘及其衍生，开展新一轮服务业综合改革试点示范，充分利用服务业发展引导资金，有效利用银行和社会资本投资，加大政府向社会购买基本公共服务的力度，使各行业的服务体系合作更加高效，科技、经济、服务业的整合更加顺畅，创新链有机整合，科学创新效率大大提高。

在生活性服务业方面，推动传统服务业转型，促进个性化、多元化服务业发展，推进餐饮连锁、外卖、团体餐饮、社区餐饮等大众化餐饮区建设，如餐饮美食街、餐饮街等，增加居民生活服务有效供给。加快制订养老服务业发展的实施方案，建设一批老年教育、体育、卫生、家庭经济等重大项目，推动养老服务精细化、优质化转型。创新发展流通产业，突出发展便民惠民的社区商业，构建以西宁为中心、以产业基地为网络的现代商贸物流体系。在东部城市群中，推进连锁、直供、电子商务等现代流通方式，支持东部城市物流企业和连锁企业配送中心的建设。加快以农业市场、鲜活超市、社区连锁蔬菜店、标准化蔬菜市场为主体的农产品零售终端网络建设，加快肉类蔬菜追溯体系建设。特别是注重发挥冷凉条件下动植物资源的特效活性、储存状态与条件的特殊潜能，让资源优势、条件优势转化为服务优势。

四、支持现代服务业发展

青海省的服务业发展滞后，因此，产业政策必须着力调整服务业结构，推动传统服务业转型和现代服务业发展。积极发展新兴服务业，运用现代技术和现代管理手段并且尊重市场的充分竞争，围绕制造业、文化产业、现代物流产业等提供技术性、知识性服务，包括研发和技术服务、信息技术服务、文化创意服务、物流辅助服务、租赁服务、鉴证咨询服务、广播影视服务、商务辅助服务等，提高企业效率。近年来，青海省加快了服务业的发展，规划了现代服务业的布局，基于各地区的资源禀赋、产业基础和功能定位，计划建设多个服务产业集群，加快旅游服务业及生活服务业向精细化、高质量化的转变。服务业在青海省经济中的比重和贡献率不断提升。为谋求服务业的更大发展，还需要进一步改革和优化政策工具和政策内容，主要包括降低市场准入，减少服务业关键领域的预审批，扩大整个服务业的税制改革，减少企业税负；优先建设服务业设施，推进企业信用建设，落实失信纪律处分，逐步形成以诚信为核心的服务业监管体系。

由于服务业具有行业涉及领域多、涉及范围广的特点，且各行业发展的水平和特征不一致，因此，青海省政府必须根据不同的行业制定不一样的政策，对不同行业的企业发展规模实行相应的政策倾斜，让不同行业均有所发展。立足青海省自身产业优势，健全服务业管理体制，推进现代服务业发展。应从服务对象的实际需求出发，通过放宽市场准入机制，加以政府优惠支持，加快行业管理的开放和调控，具体从以下三个方面来提高现代服务业的发展水平。

（1）政府加快职能转变。继续实施简政放权，加强信用建设，提高行政效率，创新监管模式，在放松先行准入的基础上探索提高适应行业特点的监管水平，并尝试使用多域信用数据，将风险和信用监督与大数据分析等信息技术相结合，创造有序、协调的政府服务环境。

（2）实行税收制度和政策保障。进一步深化税费改革，推进生活服务业“业务改革和增长”；对接科技政策，研究专项扶持，拓宽融资渠道，减轻企业负担；聚集优秀人才，鼓励技术创新，引导企业进行技术投资、模式创新、标准化建设和共同的技术平台布局，为改造升级创造有利的条件。

（3）深化投资管理的开放。进一步扩大开放，鼓励外商投资“互联网+生活服务业”领域；推动行业标准制定，促进产业整合；深化登记改革，探索企业登记、企业名称、经营范围等改革。

第二节　第三产业转型升级保障措施

全面落实国家和省支持服务业发展的各项政策，着力培育十大特色服务业，全面提升全省现代服务业水平。坚持建设高原旅游省，以大美青海品牌为指导，丰富旅游文化，推进旅游文化业和体育业整合发展；坚持“以文化为主导，四产业联动”的发展战略，推动服务业发展，加快增长比例，完善结构；坚持走“规模化，差异化，生态化”之路，推动传统服务业向现代服务业的转变；加快实施文化集聚区、物流园区、“三网融合”、商业综合体、网络建设等重点项目，积极发展与人民生活质量密切相关的生活服务业；商务服务、工程设计、信息咨询、物联网等生产服务也应得到大力发展，同时将全省服务业与其他产业融合起来。在政策支持方面，建议制定相应的文化产业、生态旅游业、金融业等不同行业的扶持政策，全面提升服务业发展水平和比例。

一、加强政府作用

产业政策的立场是弥补“市场失灵”，完善有利于形成有效市场竞争的制度环境。市场机制本身无法解决公共产品供给不足、不公平竞争和环境污染等社会问题，必须充分发挥政府的作用，更加注重教育、科研、卫生、社会保障和环境保护等方面的工作，加大环境保护力度，加快电网、铁路网、通讯网等基础设施建设，加强就业与基本民生等公益性基础服务等。

二、重视创新能力建设

促进技术进步和提高研发能力对青海省产业转型升级有着举足轻重的意义。必须通过产业政策的调整来进一步提升产业的竞争优势。近年来，青海省不断加大对高新技术产业的研发投入，通过各种手段鼓励企业创新，产业在传统产业政策的支撑下有了长足的发展，但由于缺乏关键技术和核心研发能力，企业的竞争优势并未形成。在产业转型与升级过程中，要不断地通过教育、培训和研发来提高行业的核心竞争力，改善市场环境，加强专利保护和科研服务，为行业的创新提供良好的外部环境。

三、创建中小企业发展环境

近年来，中小企业平稳、健康发展，已成为国民经济和社会发展的重要力量。在产业结构转型升级的过程中，中小企业拥有巨大的发展空间，它们不仅是平衡区域经济的重要力量，还是重要的创新力量。我国中小企业在今后较长一段时期内都将处于良好的历史发展期，外部政策环境、配套服务、专项扶持等举措将有力促进中小企业快速健康发展。要充分落实各项惠及小微企业的支持政策，鼓励企业进行技术创新，提高生产效率，提升中小企业竞争力，保护中小企业健康快速发展。

四、保护高原生态特色

高原生态特征是青海省旅游产业、高原体育产业和文化创意产业存续的根基，是其发展的基本优势和基本特征。因此，相关产业应注重创新思维与现实基础的融合，突出生态特征和高原特征。一方面要充分发挥第三产业系统共生演进的作用，将第三产业发展与区域城镇化和生态环境建设有机结合，实现协调发展和整体优化；另一方面，要注重第三产业要素的生态化，如绿色食品、生态酒店、生态交通出行、旅游生态景区等。

第九章

全面产业链的生态化建议

柴达木循环经济试验区因具有得天独厚的资源条件、独具特色的生态环境及多样化的民族构成，成为青海建设国家循环经济发展先行区、全国生态文明建设先行区和民族团结进步示范区。本书将在第十章以柴达木循环经济试验区为例进行产业生态化水平实证分析，通过研究探索试验区循环发展的模式，转变经济发展的方式，帮助试验区产业在延长产业链和生态化改造、创建生态文明先行区等方面找到突破点。本书提出推动园区产业生态化发展的多项建议，这些建议可以为如何更好地推动青海省产业生态化发展提供有效参考。

第一节　加快循环经济产业链布局与构建

构建循环经济产业链需要较多数量的企业或较大规模集聚的产业相互间共同利用废弃物或产品，形成循环的产业链条。柴达木循环经济试验区构建循环经济产业链也离不开一定数量规模的企业，然而，试验区本身发展循环经济的基础薄弱，再受自然地理因素的制约，难以在短时间内吸引大量企业或扩大产业规模。因此，试验区构建循环经济产业链，一方面应积极开展招商引资工作，增加企业数量，延伸并丰富循环经济产业链条；另一方面可成立一个专业的循环经济产业链投资基金，根据构建产业链的需要投资相关项目或成立企业，以完善循环经济产业链[145]。

一、开展定向招商引资丰富产业链

招商引资是提高试验区产业规模和发展水平的最快捷、最有效的方式，也是试验区当前工作的重点之一。自试验区成立以来，试验区招商引资一直坚持“走出去”和“请进来”，在青海省内参加“青洽会”“苏推会”等投资贸易洽谈会、推介会等，向省外如香港、浙江、江苏、四川等地派出代表团，举办项目推介会等，成效显著。然而，就试验区目前发展现状来看，还应进一步加大招商引资力度，推进循环经济产业链的延伸。

一方面，要制订科学合理的招商引资计划和招商引资评价指标体系。试验区根据产业链的发展现状，制订招商引资计划，将招商引资任务合理分配到相关部门。构建科学合理的指标体系，从质和量多方面评价招商引资成效，如招商引资实际完成比例、资金到位情况、项目建成验收、项目投资周期、项目投资收益、产业关联等。同时，设定科学的招商引资目标，通过既定目标对招商引资进行综合评估，总结成功经验和失败教训，及时调整招商引资计划。

另一方面，要开展定向招商引资，围绕产业链对接延伸开展项目谋划，强化产业的上下对接。试验区应结合主导产业发展现状和产业链延伸需要，谋划一批特色重大招商项目，制订合作方案，加强重点企业、行业、区域的项目对接。针对循环经济产业链薄弱环节和缺链部分进行重点招商，稳固循环经济产业链。同时定期发布上下对接招商引资信息，抓好“一带一路”倡议带来的机遇，加大宣传，吸引更多的企业投资。

试验区不仅要考虑经济利益，更要注重生态环境利益，但投资商最关心的则是投资的收益。因此，在招商引资中必须明确招商引资的目的和方向，对引资项目进行筛选，坚守生态环境底线。

二、建立产业投资基金完善产业链

由山东鲁北生态工业园和丹麦卡伦堡循环经济模式发展的成功经验可知：真正的循环经济产业链是把整个社会纳入循环链条。因此，这些链条环节具有明显的社会公益性质，具有投资规模大、周期长、见效慢、利润率低的特点，通过招商引资这一途径很难甚至不可能实现引资目标；并且，面对一些对于试验区来讲具有控制性、导向性的产业或产业链中的某一环节，不适合采用招商引资策略。应该建立一个产业投资基金，该产业投资基金具有以下要点：产业投资基金由柴达木循环经济试验区管理部门直接控股；根据标准循环经济产业链的构建要求，寻找构建封闭的“环形”循环经济产业链的空缺节点，由产业投资基金直接发起设立股份制企业，填补缺口；当企业转入正常生产经营轨道后，在合适的条件和环境下，通过管理层收购、杠杆收购或公开竞标的方式将企业进行转让，产业投资基金由直接参与者转变为间接参与者，由投资者转变为管理者和监督者。

第二节 优化产业布局，调整产业结构

一、优化试验区产业布局，推进产业集群

以产业代谢和产业共生理论为指导，合理优化试验区产业布局。目前试验区在此方面已取得一定的成果，形成四大工业园区，发展重点各有侧重。但应进一步整合、梳理各大园区及产业之间的关系。

格尔木循环经济工业园充分发挥其丰富的盐湖、天然气、黑色及有色金属资源，构建盐湖化工、有色金属、油气化工、新能源等产业。围绕盐湖化工，充分利用盐湖资源，加大研发力度，延伸盐湖化工产业链，推进金属镁一体化、钢铁一体化、盐湖化工—氟化工一体化项目建设。加强各产业之间的融合，形成以盐湖化工为核心的盐湖产业集群。德令哈循环经济工业园充分利用周边的盐湖、石灰石、硅石和锶矿资源，构建纯碱、烧碱、电石、氯化钾、硅系列、锶盐产业融合发展的盐湖化工产业体系。加快推进利用纯碱蒸氨废液生产氯化钙，利用粉煤灰、煤矸石、电石渣等废弃资源生产水泥、新型建材等产品的进程，实现副产品的交换利用，进一步延伸产业链。加大推进各产业间融合的力度，形成盐碱化工产业集群。大柴旦循环经济工业园利用盐湖、硼矿、铅锌矿、芒硝等资源，发展硼产业和硫化碱产业，加强提钾老卤、废弃硼酸母液和工业废渣的资源化利用，进一步延伸产业链，配套支撑格尔木、德令哈循环经济工业园产业发展。乌兰循环经济工业园充分利用焦煤资源，积极推进深加工，配套支撑格尔木、德令哈循环经济工业园产业发展，并大力发展特色生物产业项目，形成特色生物产业集群发展。

通过合理规划发展，使试验区产业布局更加科学，在各大园区形成差异化产业集群，为试验区生态化发展奠定良好的基础。

二、提升产业发展层次，调整产业结构

柴达木循环经济试验区是典型的资源型工业园区，第二产业仍然是主力产业。2018 年第二产业比重为 68.5%。第二产业中高污染、高耗能行业占比较大，工业企业仍处于初级阶段。对此，试验区必须提升产业发展层次，进

一步调整产业结构，对高污染行业进行调控，推进循环经济的发展。

首先，加大产品的精深加工力度，提高产品的科技含量和附加值，改变试验区简单初级开采、加工的发展模式，提升试验区产业发展层次，进一步加强对“三废”的回收利用，从而减少污染物的排放量。从前文可以看到，固体废弃物是园区、产业、企业共同存在的问题，采矿业固体废弃物综合利用率低，制造业固体废弃物排放量大。对此，应加大技术研发力度，对固体废弃物进一步利用和处置，延伸产业链。

其次，加大发展新能源、新材料、高原特色生物等战略性新兴产业。试验区太阳能和风能资源丰富，应大规模地发展太阳能光伏、光热和风力发电，推动光伏产业、风电装备制造业的发展，构建“装备制造—太阳能发电、风力发电，风光、水光互补—产业消纳”循环经济产业链。加大开发新材料产业，开发盐湖化工新材料，对尾盐进一步利用；开发油气、煤化工新材料，金属冶金新材料，新能源新材料，新型建筑材料，对工业废渣等进一步利用。加快发展特色生物产业，重点发展农畜产品精深加工和生化制品，发展微生物工程技术，建立高原酵素生产基地；发展生物医药，加快中藏药的生产加工；配套发展生产性服务业，加快现代物流业、商贸流通业等产业的发展；大力发展文化旅游产业，结合盐湖文化，发展盐湖旅游业，推进产业结构的优化升级。

第三节　推进产业技术的整合与联合攻关

生态技术是实现上下游产业对接、延伸产业链的关键，生态技术对产业生态化发展有着至关重要的作用。因此，试验区要提高产业生态化水平，就应具备较强的科研实力，掌握足够的生态技术。掌握生态技术可以通过自主研发和外部引进两条途径。当然，这也需要良好的科技创新环境。

一、充分利用科技创新支撑

2009 年，青海大学与海西州科技局共同完成了《柴达木循环经济试验区科技创新体系建设规划》编制，该规划为试验区的科技创新战略制定了政策体系、研发体系、保障体系、应用推广体系等四大体系相辅相成的科技创新体系。

2012 年，经过多年的建设，青海大学依托人才、技术和清华大学等多所知名高校对口支援的优势，逐步形成了服务当地经济“东西南北中”的科技支撑构架，其中“东”为海东河湟谷地现代特色农牧业和现代农业科技园建设服务；“西”开展柴达木盐湖化工循环经济技术研究和可燃冰研究；“南”为三江源生态保护、玉树灾后重建提供科技服务与支撑；“北”为环青海湖现代生态畜牧业发展服务；“中”以西宁市为中心的区域社会经济发展和国家创新型城市建设服务。青海大学还成立了 6 个校级科研中心（所）、5 个校地联合研发中心、3 个研究院和 1 个技术联盟[186]。

2018 年，全年全州共实施科技项目 46 项，其中，国家级 3 项、省级 19 项、州级 24 项。财政安排科技经费 13 636 万元，其中国家级经费 4 376 万元，省级 8060 万元，州级经费 1 200 万元。

试验区要充分利用科技创新体系，充分发挥政府的主导作用，发挥市场在资源配置中的引导作用，发挥企业在技术创新中的主体作用，发挥各类科研机构和院校的骨干作用，发挥各类科技中介机构的专业服务功能，为产业生态化发展提供有力的科技支撑。

同时，以创新驱动发展战略为契机，加快推进试验区科技体制机制改革，建立健全科技创新市场导向机制，明确企业在技术创新中的主体地位，激发企业的创新活力。完善科技成果应用推广、评价机制和中介服务机制，加强科技与金融的有机结合，促进科技服务业的发展，推动科技成果转化，为试验区生态技术研发创造良好的条件。

二、加快生态技术整合与联合攻关

目前，经过多年的发展，柴达木循环经济试验区已拥有了一批以政府为主体的研发平台和以企业为主体的研发平台，试验区应以这些平台为依托，既要加大自主创新力度，又要实施科学的技术引进策略。

建立完善以企业为主体、市场为导向、产学研相结合的技术创新体系。通过科学立项，搭建产、学、研间的自主创新成果产业化平台，引导和支持创新要素向企业集聚，鼓励高等院校科研机构向企业转移自主创新成果，支持重点企业与高校、科研机构建立产学研合作，围绕试验区发展前景好的主导优势产业开展技术合作和联合攻关。同时，建立专业的科研产业化信息服务中心，为特色优势产业提供信息化服务，掌握各行业发展态势，加快建立电子商务平台，为试验区企业提供发展规划、科技查询、科技评估等方面的科技服务，提升试验区自主创新力。

自主研发是一个漫长的过程，时间、资金等成本和收益都是未知数。试验区产业生态化发展是一个漫长的过程，但也是一个刻不容缓的行动。因此，面对试验区产业生态化亟待解决的生态技术需求，试验区应选择外部引进的方式，缩短解决问题的时间，有针对性地引进一批关键生态技术，形成包括环境工程、废弃物资源综合利用和清洁生产技术在内的循环经济的绿色技术支撑体系。引进一批有广泛推广前景的先进适用技术，如环境工程技术、工业废物资源化技术、一体化开发链接技术、能源的梯级利用技术、煤矸石等大宗工业废物的综合利用和深加工技术，推进产业链的进一步延伸和产业间的融合。同时，要加快引进技术的消化、吸收，并在此基础上进行再创新，形成“引进—消化—吸收—再创新”的发展之路。

三、完善智慧园区环境监管

试验区及其企业、产业在污染控制方面的任务仍是工作重点，这也是试验区实现产业生态化的关键。控制污染物排放可以从完善环境监管、发展生态保护衍生产业两方面入手。

建设和完善监测系统，实现智能监控。环境监管的前提是做好环境监测准备工作。自柴达木循环经济试验区成立以来，园区内监测系统逐渐建立，但监测覆盖率较低。据统计，2013 年试验区对 8 家企业安装了污染源在线监控系统（11 台套），进行实时监控。全试验区安装视频在线监控的企业共有 7 家 19 个视频监控探头，对重点排污企业进行自动监控。2013 年试验区全部工业企业有 498 个，其中规模以上企业有 126 个，重工业企业有 439 个，而被监测企业占规模以上企业的比例仅为 12%左右。试验区应加快空气质量、废水等环境监测站点的建立，对企业生产进行全程、全面的监测，包括对生产中各个重点环节的监控，实时把握环境质量状况。加快推进完善企业自行监测工作，建立监测数据公开平台，实时公开环境监测数据。利用大数据、互联网技术服务于环境监测，加快推进网络信息共享平台和在线监测系统的建设，全区联网公布环境监测数据，实现园区智能化管理。

完善试验区环境监管制度，明确相关部门的职责，约束相关部门履行监管责任，加强对环境污染的监管。建立合理的监督机制，将政府、社会、企业纳入环境监督主体，从而保障相关的环境保护制度得到有效的执行。制定严格的市场准入制度，并建立严格的环境影响评价体系，对入驻企业、新建企业及项目进行环境评估，严把准入关口，从源头上杜绝不利于生态环境保护的行为发生。

加强试验区环境监测队伍的建设。环境监测工作繁重，范围广泛，环境监测人员的知识储备、工作能力和综合素质都直接决定着环境监测质量。这就需要相关部门不断引进和培养高素质的环境监测工作人员，工作人员应熟练掌握监测技术、程序、方法和监测设备的使用，同时还应具备良好的工作态度和职业道德，保证环境监测的质量。

第四节　积极引进和培养科研技术人才

生态技术的研发离不开科研技术人才的支持，科研技术人才是解决生态技术问题的关键。柴达木循环经济试验区实现产业生态化，攻破生态技术难题，必须有一支较为强大的科研团队。由于试验区地处高原，地理环境较为恶劣，社会经济发展较落后，人才短缺是试验区面临的重大难题。因此，试验区应尝试多渠道引进人才、培养人才，解决人才短缺问题。

一、创新人才引进方法

由于特殊的环境因素，试验区必须创新人才引进方法，让更多的人才愿意来、愿意留。建立固定与流动、专职与兼职相结合的灵活柔性的引才机制，落实好人才引进的经费，为高层次人才提供必要的科研经费和物质补偿。做好人才引进规划，定期对试验区人才供需情况进行统计分析，结合试验区的发展趋势对未来人才供需情况进行预测，制定出合理的短期、中期和长期的人才规划，并建立专业的科研技术人才库和企业管理人才库，为产业生态化发展提供专业技术人才。

在强化创新激励方面，青海省提出要完善全省公共技术平台共享服务机制，鼓励支持各类技术成果交易转化，鼓励实施技术标准战略等，大力集聚高端人才项目落地青海。

在加强科研平台建设方面，提出了鼓励大型企业在青海建立研发机构或创新平台，探索“科研飞地”模式，支持“人才+项目”，创建国家级科技创新平台，鼓励国内外科技成果转化平台落地青海，着力培植好“人才+项目”健康成长的优质土壤。

在加大创业扶持力度方面，省政府提出了配置创业启动支持，帮助各类人才自主创业，鼓励银行保险机构积极开展知识产权质押融资业务，支持企业上市挂牌融资，鼓励支持人才创新创业，“扶上马”“送一程”。

在做强人才引育方面，省政府对遴选高端人才（团队）进行重点支持，优先推荐申报国家和我省各类人才科技计划，柔性引进人才劳务报酬可以在聘用单位成本中列支，企业中具有高级职称或博士学位的人才可招聘为编制内人员等，不断拓宽人才发展通道。

二、突出人才引进重点

针对生态产业发展，完善重点领域人才中长期发展规划，争取国家层面引智项目向地区倾斜。对绿色生产、循环经济、环境治理、生态修复等方面的人才重点培养和引进重点领域学科带头人，以及科研和专业技术人员。继续开展培训教育工作，培养各类经营管理人才和产业技术工人；培养和引进一批能够突破关键技术、发展高新产业、带动新兴学科的创新团队，设立创新团队奖，对有突出贡献的单位和个人分别给予重奖。将科技创新团队建设经费纳入政府财政年度预算，针对关键紧缺生态技术设立专项基金和奖励基金，支持相关科研人才对关键技术进行突破，提高他们的参与热情和积极性。

三、完善人才引进激励机制

引进人才是增强试验区科研人才团队的最快捷有效的方式。由于试验区的条件较为艰苦，试验区应通过待遇、事业和感情来吸引人才、留住人才。一是可以通过经济手段吸纳人才，用高薪酬和丰厚的待遇来吸引高校毕业生及其他高素质人才到企业工作，并营造良好的工作环境和生活环境来留住人才；二是通过事业吸纳人才，提供较好的事业发展平台，从人事制度和机制上营造员工发展的环境，让员工能充分地发挥自己的才能；三是完善人才的激励政策，优先解决人才的户籍迁移、配偶安置、子女教育、医疗社保等问题，让科研人才安心开展科研活动，利用感情来留住人才。

四、健全人才培养机制

政府、企业、园区及社会应齐抓共管，做好人才职业培训，进行针对性的培养，提高培训质量和效率，建设一批高素质的人才队伍。一是联合定向培养。企业可以与高等院校、职业技术学校等联合，定向培养相关专业技术人才，对在校定向培养学生进行理论知识的教授，并定期安排到企业进行实践，提升专业技能。二是对现有员工进行培训。企业定期挑选出优秀的员工进行对口培养，根据企业实际需要和员工的不足进行针对性的指导，培养一批高素质的盐湖、煤炭、油气化工人才。三是鼓励合作交流，提升试验区内部人才科研能力。建立试验区企业与青海高校、科研院所、中东部地区高校、科研院所及相关单位的合作交流机制，加强科研技术人才间的交流，共同解决生态技术问题。

第五节　完善配套基础设施建设和服务

完善的基础设施是试验区生态化发展的基础。应加大对基础设施的投入，为试验区企业创造良好的发展环境。

在交通系统方面，完善交通运输体系，提高铁路运输能力，发展公路运输、管道运输等多种运输方式，改变运输方式单一、运输成本高的状况。加大公路建设，增加试验区公路密度。尤其要加快完善原材料地与生产地，生产地与销售地之间的公路建设，为原材料的供应和产品的销售提供保障。加强试验区与周边地区连接公路的修建，保证产品的外运。在铁路方面，试验区内仅有一条青藏铁路，远远不能满足运输需求。应加快完善试验区内及试验区与新疆、甘肃、四川等周边地区的铁路体系，增加试验区企业与周边地区联系的便利性。完善物流系统，解决企业货物运输的问题，让企业根据自身的地理位置、产品性质等情况选择最优的运输方式。同时，应对试验区企业外运产品进行一定的优惠、补贴，降低企业的运输成本，提高企业的竞争力。

在水利方面，做好水利工程规划，加大水利设施建设的投入。加大水利设施的建设，做好水资源的合理配置和区域间的调水工作，在丰水期做好储水工作，解决水资源时空分布不均和缺水问题。严格管理水资源，对水资源的用量、用途进行核查，落实节约和保护水资源的责任。

此外，还应完善电网的建设，增加电网的覆盖面，尤其是部分偏远地区的电网的覆盖，保证企业正常生产用电；完善城市排水、排污系统的建设，实施雨水、污水分流；建立科学合理的调蓄配套系统，解决城市内涝问题。

第六节　提升产业生态化水平的保障措施

产业生态化发展是一个漫长的过程，其实现必定要有一定的保障措施。本书前文对柴达木循环经济试验区产业生态化问题进行了研究探讨，提出政府应从政策、人才、科技等方面给予保障，企业应从实际行动上给予保障，公众则应从自身行为改变来保障，通过共同的努力保障试验区产业生态化的实现。

一、政府层面的保障措施

柴达木循环经济试验区产业生态化发展是一项复杂的系统工程。因此，它需要政府从多方面予以支持，并保证所有政策的有效落地，推动产业生态化发展。

（一）提供法律法规保障

首先，要完善生态化法律法规体系。法律法规作为一种强制手段，具有强制约束力，可以有效地推动资源的合理开发、清洁生产和再循环利用。因此，应认真贯彻落实已有的法律法规，如《中华人民共和国循环经济促进法》《中华人民共和国清洁生产促进法》《中华人民共和国可再生能源法》《中华人民共和国环境影响评价法》和《再生资源回收管理办法》等。结合新时期的要求废止那些已不适用于当前发展形势的条款；在原有的法律基础上，结合产业生态化发展的实际，完善条款的不足。完善生态化法律法规，地方政府应积极配合国家法律制定地方性法规，形成一套完整的生态化法律法规体系，明确相关的责任主体、法律责任和监督检查等内容。

其次，依据生态化法律法规和政策，广泛借鉴国内循环经济试点地区的成功经验，结合实际，制定促进生态产业发展的制度和政策。一是要建立资源与环境信息公告制度，定期通过广播电视、网络等媒介公布资源状况、城市环境质量和主要河流水质状况；建立企业环境表现公开制度，鼓励公众监督企业的环保行为；以国家法律为指导，政策为基础，开展促进循环经济发展的政策和制度研究工作，研究制定清洁生产、绿色消费和资源回收利用等政策和制度，明确界定政府、企业和公众的权利和义务。二是要将产品责任延伸制度和生态补偿制度相结合。借鉴国外生产者延伸制度和产品导向环境政策的成功经验，结合我国及青海省实际建立相关的责任验收制度；对生产者、消费者等相关利益者进行责任划分；通过法律规定生产者、销售商、消费者等对废弃物的处理、回收利用等相关的责任和义务；对于任何破坏自然生态行为的个人和组织予以严厉处罚，并根据相关责任程度，征收生态补偿税；让全员承担一定的环境保护责任，从而提高环境保护的主人翁意识。三是要建立和实施绿色经济核算和考核制度。政府应建立绿色审计等绿色经济核算制度，对企业等相关单位实施绿色会计和绿色审计，并配合实施环境责任追究制度，对生产过程中因不符合规定造成环境污染的领导追究责任，同时，对相关监管部门监督不力的行为进行追责，保证绿色经济核算制度能得到有效实施。

再次，强化激励和约束机制。政府可以通过补贴、信贷等政策激励来保障生态产业体系的构建与实施。根据企业清洁生产、节能减耗等方面的开展情况和难易程度等给企业予以照顾，采取物价补贴、企业亏损补贴、财政贴息、税前还贷等措施，并将这些措施细化，写入相关文件，使其真正落到实处。政府优惠的信贷政策是企业开展绿色生产的有力保障，金融机构应以低息贷款、无息贷款、延长信贷周期、优先贷款、贷款贴息等方式予以企业资金支持。同时设立专项资金鼓励企业创新，对生产工艺、技术等进行改进；尤其是对深加工延伸产业链、产业融合的关键节点技术的研究提供更多的优惠性支持，促进循环经济发展。通过政策调整，使得循环利用资源和保护环境有利可图，使企业和个人对环境保护的外部效益内部化；扩大资源税征收范围，对滥用资源的企业进行惩罚性税收；构建循环经济指标体系，设定指标体系目标值，对相关单位进行定期考核，不合格者进行严厉惩罚。

最后，要实施差异化产业政策。柴达木循环经济试验区产业众多，企业规模大小不一，应根据试验区实际将产业进行分类，分成鼓励发展型产业、限制发展型产业、淘汰型产业等，并实施差异化的产业政策。如对金属镁、镁合金、纯碱等行业布局进行规划调整，淘汰规模小、技术落后、污染环境、资源浪费的皮江法炼镁、烧碱、纯碱企业；将青海盐湖镁、钠、锂、硼等伴生资源通过利用重大项目纳入国家产业发展规划，鼓励用新技术、新工艺生产金属镁、纯碱、烧碱，并在引进先进技术和实施自主创新项目上给予财政、信贷支持。对不同的产业、企业实施差异化土地政策，对用于绿化的土地面积视为生态工程用地，对其给予一定的优惠，享受国家划拨政策；在戈壁、荒漠建设资源综合利用关联项目的也实施划拨用地政策。

（二）提供资金保障

产业生态化的实现需要大量的资金支持，试验区发展中资金保障不足也成为其发展的制约因素之一。因此，政府应为产业生态化发展提供一定的资金保障。

一方面，要落实财政支持。产业生态化发展需要政策、基础设施、科技人员、技术等多方面的支持，单纯依靠企业的力量不可能完成，因此需要政府的大力支持。首先，政府应将产业生态化发展资金纳入财政预算，加大对试验区污染治理、环境保护、企业生态化改造的专项补助，扶持环保产业、绿色产业的发展。其次，落实税收优惠政策，对生态型企业进行税收优惠，鼓励企业进行生态化发展。最后，对生态技术贡献突出、环境保护贡献大的企业给予资金或税收奖励，提高企业生态化发展的积极性。

另一方面，要设立生态化专项资金，为试验区建立生态化发展资金库。首先，建立完善专项资金使用制度和标准，使资金使用有章可循，让所有企业均能公平享有申请专项资金使用的权利。其次，筛选重点扶持企业或产业项目，设立关键生态技术研发专项资金、节能减排和综合利用专项资金、绿色产品开发资金、传统企业转型升级补贴资金、产业链延伸专项资金等相关专项资金。最后，引导社会多方力量投资，拓宽生态化专项资金来源渠道，完善多渠道投资体系，为试验区生态化发展提供强大的资金保障。

二、企业层面的保障措施

企业是落实生态化发展的最基本的微观主体，因此要保证产业生态化发展的实现，必须落实好生态化发展的各项措施。

（一）构建企业生态文化

意识对实践活动具有导向作用，要走生态化发展道路，首先要用生态化发展的思想理念来指导企业的行为活动，保证生态化发展能有效地长期贯彻下去。

企业应加强对全体员工的生态化知识教育，让员工认识到生态环境的脆弱性和环境污染的严重性，让所有员工明白只有生态化发展才能改善当前的环境状况，走生态化发展之路是实现企业可持续发展和人类可持续发展的必然选择；加大生态化发展宣传，组织生态化教育活动，号召员工积极参与；将生态化理念融入企业规章制度中，约束企业员工危害环境的行为。通过以上措施使生态化理念成为企业员工人生观和价值观的一部分，引导和约束员工的行为，并使之逐渐成为企业文化中的重要组成部分，从而形成企业生态文化。

（二）强化科技支撑

科学技术是第一生产力。随着经济的发展，各类环境污染问题不断凸显，解决各种污染问题成为重要课题，而科技则发挥出重要的作用，为解决环境污染问题提供方法和途径。

首先，要加大专利保护力度。专利是衡量国家或地区创新能力的重要指标之一，有力地保护好专利，才能消除创新者的后顾之忧，从而激发创新者的积极性。在试验区实地调研中，有企业谈到由于专利保护力度不足，他们不愿意申请专利和进行科研投入。因此，首先应加大专利保护力度，将专利保护真正落到实处，提高企业进行生态技术研发、产品创新的积极性。其次，加大对专利侵权的打击力度，有效保护专利权人的合法权益，使专利权人真正享受到创新和专利保护为其带来的好处。

其次，要提供技术支撑。利用技术解决污染物的处理、资源的回收利用、产业链的延伸等诸多问题。生态产业发展技术包括清洁生产技术、替代技术、减量化技术、再利用技术、产业链接技术、资源化技术、环境恢复技术等，这些技术涵盖了生产领域、消费领域、环境领域，具有极强的可操作性，急切需要加强研发。应鼓励省内外科研力量积极开展解决制约产业发展的重大共性关键技术、前沿技术的研发和应用示范，大力推进重大技术进步项目及“123”科技支撑项目；支持大型骨干企业创建国家级研发中心、创新型孵化基地等平台，加快关键技术攻关。支持中小微企业进行技术改造、新产品研发和品牌创建等，推动主导产业延伸加工和配套生产性服务业的发展；鼓励科研院所、高等院校和企业组建产业技术联盟，同时扶持技术创新公共服务平台建设，为园区企业研发、产业技术创新等提供专业、便捷、集中的技术支撑和服务。

（三）提高管理者的素质

管理者在企业运行过程中具有制订决策、计划、组织、领导、控制等重要作用。企业管理者素质的高低将直接影响企业的经营效果，影响企业生态化发展的实施。因此要实现生态化发展，管理者的素质是关键。

首先，企业管理者尤其是企业家要树立正确的世界观、价值观和生态观，将生态化发展作为企业发展的首要任务和长期发展目标之一；充分发挥领导者的作用，时刻引导、监督企业的生产行为，预防污染环境的行为发生；引领企业全体员工积极创新，控制污染，保护环境。

其次，加强对管理者管理能力和专业技能的培训，提升其经营管理能力。在企业运行中，提高管理效率，节约生产和管理成本，减少资源浪费和环境污染等突发事件的发生，提高企业资源的利用率。

最后，管理者应保持敏锐的洞察力和前瞻力，能及时洞悉企业所处内外部环境变化，预测市场发展趋势，评估企业发展状况。应对市场变化及时作出战略调整，以减少企业受到的冲击和损失。在生态化发展中敢于革新，尝试新的清洁生产设备或工艺技术，以实现节能减排的目标。

（四）积极履行社会责任

企业是社会的重要组成部分，是社会的“细胞”。企业从社会不断地获取自身需要的各种资源，随之也产生了各种环境问题，因此企业也必须以不同的方式来回报社会：在环境保护、节能减排等方面承担责任，克服盲目追求经济利益的生产经营，为生态化发展和可持续发展作出贡献。

企业履行社会责任，可以通过技术革新、设备更新换代减少生产中各个环节对环境可能造成的污染；可通过降低能耗、节约资源、提高资源综合利用率，降低对资源的消耗；可通过加大技术研发，攻克关键生态技术，为产业链的延伸或资源的回收利用作出贡献；可通过公益事业活动，对环境保护进行宣传，建立环保设施，以保护周边生态环境。企业的社会责任是其应尽的义务，应将社会责任纳入企业的长远发展战略中，充分认识自身应承担的社会责任，将相关责任落到实处，使社会真正受益。

（五）实施绿色经营管理

绿色经营是指企业适应社会、经济可持续发展的要求，引入环境保护的理念，综合考虑消费者的近期需求和长远利益、企业利益和社会利益，把节约资源、保护和改善生态与环境等有益于消费者和公众身心健康的理念贯穿于企业经营管理的全过程，以实现企业的可持续发展，达到经济效益、社会效益和生态效益的有机统一[187]。

首先，企业应制定绿色经营管理制度。试验区企业的管理方式大多还停留在传统的管理方式上，经营管理方式较为落后。面对当今日趋复杂的内外部环境，企业必须转变经营管理理念，完善经营管理制度。企业应根据自身特点，建立一套适应现代经济、社会发展需求，适合企业自身发展的科学完善的绿色经营管理制度，如奖惩激励制度、绩效评价制度、岗位责任制度、环保责任制度等，实现对企业员工进行有效的管理、约束和引导，激发员工工作积极性和工作潜力，提高员工的环保意识。

其次，企业实施绿色经营，离不开高素质的管理人员的支持。高素质的经营管理人才具备丰富的管理经验，较强的专业技能和生态发展理念，能对企业进行有效的绿色管理，促进企业不断地发展和进步。因此，企业要加强管理人才队伍的建设，做好人才储备。企业应定期向社会招聘高素质经营管理人才，为经营管理人才队伍注入“新鲜血液”。同时，对已有的经营管理人才定期进行素质和技能培训，提高管理者的综合素质和专业技能。

最后，提升企业的创新能力。当今企业面对的经济环境瞬息万变、错综复杂，企业必须进行及时调整，才能有效地适应变化，应对风险。创新则是最有效的方式之一，尤其是实施绿色经营更需要创新。企业创新不仅要在生产上，还应在管理上创新。企业的成功管理模式不具备可复制性，因此为适应市场环境的变化，企业必须根据自身特点和需要进行创新，使企业有效地提高绿色经营管理效益。同时，企业要在生产技术、产品等方面进行不断的创新，实施清洁生产，生产绿色产品，提高企业的竞争力。

（六）构建绿色合作伙伴评估体系

建立科学的绿色合作伙伴评估体系，既是对社会负责，也是对企业自己负责；在保证自身进行生态化发展的前提下，还能带动周边的企业共同实现生态化发展。

企业根据自身实际需求和生态化发展的需要，构建一套科学合理的绿色合作伙伴评估体系，对拟将合作的企业进行评估，通过绿色评估的企业再进行进一步的合作。例如，日本理光集团就是一个典型的代表。1998 年 5 月 1 日，日本理光集团发行了《理光集团绿色采购标准》手册，供应商需提前提出申请，理光集团将进行实地调研，供应商满足绿色采购标准方能进行合作，同时理光集团还实行定期审核，以保证环境管理体系持续性发挥作用，这样能有效地带动合作伙伴参与到环境保护中来。

三、公众层面的保障措施

公众是环境污染的制造者之一，也是环境污染的受害者，更是改善环境的监督者、执行者和受益者，试验区产业生态化发展离不开公众的广泛参与。

（一）帮助公众树立生态意识

公众作为试验区产业生态化发展的重要参与者，其生态意识是产业生态化发展的思想动力。因此，若想让公众积极参与推动产业生态化发展，就必须先树立起其生态化意识。首先，应加大生态环保知识的宣传，通过海报、公益广告、开展知识竞赛等公益活动，大力宣传生态环境保护的重要性，让公众认识到自身的环保责任和义务。其次，从多个层面加大环保教育。针对不同的公众群体，采取差异化的环保教育方式。对在校学生发放知识手册，开设环保教育课程；对社会人员，利用微信、微博等向其发送环保知识和环保案例信息，提高其对生态环境保护的认识；对在职人员，将环保知识写入公司章程，定期对员工进行环保知识教育。最后，通过企业文化、社会文化和校园文化的共同作用，提高公众的生态意识。

（二）选择绿色消费，倒逼企业进行生态化发展

消费者是企业得以生存和发展的基础。若企业生产的产品正好满足消费者的需求，那么企业可以将产品销售出去而获利，从而在市场中得以生存和发展。企业生产的产品越能满足消费者的需求，就越能拥有消费者，由此提高企业的竞争力。若消费者均树立起绿色消费观，选择绿色产品，那么企业也必须生产绿色产品以求生存。因此，消费者应培养起科学、健康、环保的消费习惯，利用自己特有的“权力”，倒逼企业选择生态化发展，生产绿色产品。

（三）充分发挥公众的监督作用

公众具有分散性强、分散范围广的特征，这也使其成为有效的监督者。生态环境与公众的切身利益息息相关，公众对环境污染行为进行监督的同时也在维护自身的利益。

首先，公众对企业的监督。当前各种环境污染事件时有发生，应对相关法律法规和政府检查的手段也层出不穷，例如为躲开执法机构的检查，企业选择晚上排污。环保等相关机构能力有限，难以做到全面监管，公众的监督可以有效地弥补政府监管的不足。因此，应充分发挥公众的监督作用，及时举报企业违规排放污染物、破坏生态环境的行为。

其次，公众对政府的监督。政府的执法力度影响着环境污染事件发生的频率。因此，公众要对政府的不作为，与排污企业沆瀣一气等行为进行监督，督促政府不断完善监管手段，提升环境执法效率和力度，共同推动企业节能减排、循环利用等工作的开展。

第十章

青海省产业生态化基础研究——以柴达木循环经济试验区为例

第一节　柴达木循环经济试验区现状

一、试验区“一区四园”发展概况

柴达木循环经济试验区位处青海省的柴达木盆地，具有丰富的自然资源，因而享有“聚宝盆”的美誉。该试验区位于藏、新、青、甘四省的中心地带，向西可至西亚，向南可达南亚，是西部地区重要的战略支撑点。柴达木循环经济试验区于 2005 年由国家发展改革委等六部委批准成为国家首批 13 个循环经济产业试点园区之一，也是目前国内面积最大、资源丰富、发展空间巨大且唯一布局在青藏高原少数民族地区的循环经济产业的试点园区。2005 年试验区成立以后，逐渐规划形成了“一区四园”的管理格局。“一区”即指柴达木循环经济试验区，是以“资源开发、综合利用”为核心，以“低度排放、高效利用”为特点的资源型、区域型循环经济特色产业示范区，“四园”包括德令哈工业园、格尔木工业园、大柴旦工业园、乌兰循环经济工业园（简称乌兰工业园）4 个循环经济工业园。

经过 15 年的发展，试验区已形成“一区四园”发展格局，拥有德令哈工业园、格尔木工业园、大柴旦工业园、乌兰工业园四个子工业园区，已构建以盐湖化工产业、油气化工产业、金属冶炼、煤炭综合利用产业、新能源产业、新型材料产业、高原特色生物产业为主的 7 条主要循环经济产业链。此外还包括盐碱化工、装备制造、非金属冶炼、旅游等附属产业。在青海省政府及海西州州政府的领导下，以及试验区管委会及各企业的努力下，试验区在基础设施建设、企业引进入驻、四园专利申请、循环产业链搭建等多方面取得了显著成果。试验区所在地青海省海西蒙古族藏族自治州，作为一个工业州，其2017年的GDP为526.19亿元（占青海省GDP的20.05%），排名仅次于青海省的省会西宁市而排名第二，为青海省的工业、经济等发展提供了巨大的内生动力。因此总结柴达木循环经济试验区的发展经验，不仅对青海省的经济发展具有重要意义，也能够为国内外其他工业园区的循环经济发展提供借鉴。

1. 德令哈工业园区发展概况

德令哈工业园区位于德令哈市辖区内，东临乌兰工业园，西接大柴旦和格尔木工业园区，青藏铁路、国道315线穿园而过，与德都公路、109国道相连通，位于柴达木循环经济试验区的中心。

德令哈工业园区作为柴达木循环经济试验区“一区四园”之一，是试验区重要的绿色产业和新能源产业聚集区，园区核心面积75平方千米，由综合产业区、绿色产业区、新能源产业区组成。其中综合产业区规划面积52平方千米，已建成面积13平方千米；绿色产业区规划面积5平方千米，已建成面积1.7平方千米，其中一区规划面积1.4平方千米，二区规划面积3.6平方千米；新能源产业区规划面积18平方千米，已建成面积11平方千米。

2. 格尔木工业园区发展概况

格尔木行政区划面积11.9万平方千米，隶属海西蒙古族藏族自治州管辖。格尔木是国家稳藏固疆的战略要冲，西南边防建设的保障基地，国家级柴达木循环经济试验区的核心区，也是青海省2个国家级陆路枢纽站所在地之一。格尔木市由中心城区、唐古拉山区两块互不相连的区域组成，中心城区总体规划面积为262平方千米，建成区面积50.3平方千米；总人口30万，有汉、蒙古、藏、回等35个民族。

格尔木工业园诞生于1992年6月，前身是经省委、省政府批准成立的格尔木昆仑经济开发区。2012年10月，工业园升级为国家级经济技术开发区，2013年，成为柴达木循环经济试验区的核心区、主战场，同时挂牌格尔木工业园党工委、管委会，规划面积调整为120平方千米，主要由45平方千米的昆仑重大产业基地和75平方千米的察尔汗重大产业基地组成。作为柴达木循环经济试验区的核心区、主战场，工业园经过多年的发展，形成了一批特色鲜明、体系完善、增长快速的产业群，对柴达木循环经济试验区发展起着举足轻重的作用。

3. 大柴旦工业园区发展概况

大柴旦位于青海省西北部，柴达木盆地北缘，为海西蒙古族藏族自治州辖区，是柴达木盆地资源开发的重点地区之一。其大柴旦行政委员会驻地柴旦镇，东与德令哈相连，距海西州政府所在地德令哈市约200千米，距省会西宁市732千米，南与格尔木市接壤，距格尔木市约190千米，西北距甘肃省敦煌市320千米，是青海省的北部门户，同时也是由北进入青藏高原的必经之地。

大柴旦工业园规划面积为42.76平方千米，分为三个产业区，分别为锡铁山产业区、饮马峡产业区、大柴旦产业区，其中：锡铁山产业区是以冶金和铅锌尾渣与盐湖资源综合利用、融合发展为核心的精细化工产业区；饮马峡产业区是以盐湖化工与煤炭资源清洁利用、融合发展为核心的能源、化工产业区；大柴旦产业区是以盐湖化工、精细化学品为核心的化工产业区。

4. 乌兰工业园区发展概况

乌兰工业园依托木里丰富的焦煤资源和茶卡、柯柯盐湖钠资源，以及乌兰、都兰、天峻地区丰富的高原特色生物资源，以资源综合开发为重点，着力发展煤焦化工、盐化工、特色生物产业，辐射带动天峻、乌兰、都兰等地区发展，构建青藏高原重要的煤焦化工、特色生物产业基地。

乌兰工业园规划面积10.5平方千米，重点发展煤化工、盐湖化工、特色生物产业和新能源产业，已初步形成了煤焦化、焦油深加工、焦炉煤气综合利用产业链，是试验区乃至全省重要的煤化工基地，对木里煤田原煤资源的循环利用、综合利用具有重要意义，也是配套支撑格尔木工业园区和德令哈工业园区的重要园区。

二、试验区基础设施发展情况

“十三五”期间，试验区将以基础设施水平的进一步提高，实现基础设施与工业布局相配套，与优势资源开发规划相协调，为产业转型升级提供支撑。

1. 德令哈工业园区

近些年，在试验区管委会和州市相关部门的大力支持下，德令哈工业园管委会不断加大投入，园区水、电、路、气等基础设施进一步完善，产业孵化基地、循环经济促进中心、消防设施、环境监测等配套服务设施相继建设，工业园公共服务设施承载能力和服务水平进一步提升。

从三个产业区的角度来看，截至 2017 年，综合产业区已建成 13 平方千米，道路十一横五纵已形成；供水水源 1 处，供水管网约 80 千米，排水管网约 51 千米，中水管网约 32 千米；工业园宗务隆 110 千伏输变电和东山 110 千伏输变电及配网工程已建成，10 千伏配出工程正在实施；涩宁兰天然气输气管线在园区设有输配站，供气管线基本通达；移动、电信、联通等信号实现全覆盖，通讯畅通；污水处理厂、固体废物处置场、循环经济促进中心及环保检测中心建成；科技创新产业孵化基地和创业基地建成 25 栋标准化厂房及其配套设施。

绿色产业区已建成 1.7 平方千米，一区已建成“四横两纵”道路框架；供水、排水、燃气管网均铺设 4 千米；二区已建成“三横三纵”道路框架，供水、燃气管网各 15 千米，排水管网约 11 千米，中水管网约 16 千米；10 千伏电力线路架设 14 千米，35 千伏电力线路架设 5 千米；污水处理厂、集中供热中心、生物工程研究中心及产业孵化园、研发中心、服务中心及 14 栋标准化厂房已建成。

新能源产业区已建成 11 平方千米，315 国道、金光大道自东向西横贯而过，建成主供水加压泵站 1 座，供水管网约 30 千米；燃气管网 4 千米；330 千伏及配套电网已建成。

2. 格尔木工业园区

格尔木地处我国西北、西南两大地理单元的交界地带，西接新疆，直通欧亚大陆桥；北扼河西走廊；南联西藏，直通中印、中尼边境，交通与战略地位极其重要。青（海）（西）藏、青（海）新（疆）、敦（煌）格（尔木）三条公路干线在此交汇；青藏铁路已全线通车；格尔木机场已开通西宁、西安、成都等地的航班。随着察尔汗至格尔木高速公路的建成通车，以及格尔木至敦煌、格尔木至库尔勒、格尔木至成都等多条铁路开工建设，集铁路、公路、管道、航空为一体的西部区域综合立体交通枢纽初步形成。格敦（格尔木—敦煌）铁路、格库（格尔木—库尔勒）铁路建成后，将为格尔木融入丝绸之路经济带从而实现区域互联互通提供客观条件。格成（格尔木—成都）铁路建成后，将格尔木与长江经济带联系起来，从而打通格尔木与我国三大经济圈（环渤海经济圈、长三角经济圈、珠三角经济圈）的联系，也与“21 世纪海上丝绸之路”建立起了联系。格尔木的交通枢纽地位将日益凸显，为实现经济社会跨越发展提供了良好保障。

近年来，园区基础设施条件得到了较大改善，为园区产业发展提供了良好的支撑。但随着循环经济发展步伐的不断加快，园区财政资金不足，建设资金依靠融资贷款的筹措方式已经无法满足经济发展的需求，科技创新中心、孵化器、环保基础设施覆盖面窄等方面的问题依然存在。

3. 大柴旦工业园区

青藏铁路西宁至格尔木段从大柴旦境内通过，在大柴旦境内设有饮马峡、锡铁山 2 个火车站，为客货两运站；敦格铁路作为兰新线与青藏线目前唯一的联络线，是沟通新疆、青海、甘肃、西藏四省（区）的一条最便捷通道。青新公路（国道 315 线）与柳格高速公路（G3011）贯穿全境，并于柴旦镇交汇。国道 215 向北对接甘肃敦煌市，向南连接格尔木并延伸至拉萨，为进藏的必经之路，是西北地区的交通大动脉；国道 215 连接省道 210 向西进入冷湖并连接新疆，经省道 314 至茫崖向东通往德令哈。大柴旦附近有三处机场，一处位于敦煌，距离柴旦镇 320 千米，一处位于格尔木，距离柴旦镇 190 千米，一处位于德令哈，距离柴旦镇 230 千米。交通建设使大柴旦的交通网络更加通达，对大柴旦政治、经济、旅游等各领域发展具有重要意义。

自大柴旦工业园区成立以来，经过各方努力，大柴旦地区城镇、园区内交通、水利、市政、通信等基础设施得到质的提升，覆盖辖区的交通运输网络更加密集，水资源优化配置和管理水平明显提高，智能电网和输供电运行体系比较完善，建有 5.7 万吨日处理能力的污水集中处理设备 2 个，危险废物处理设施 1 个，并建有 2 个公共消防站和 1 个企业消防站。

大柴旦工业园正在计划建设智慧化工业园，拟利用新一代信息与通信技术整合工业园区信息资源，在安全管理、环境监测、应急响应、能源管理等领域实现智能化管理。

4. 乌兰工业园区

乌兰工业园区以新建的乌兰二级汽车站为枢纽，加快推进铜普、察汗诺等乡镇客运站点建设，实现所有乡镇等级客运站 100%覆盖，提升客运周转和集散能力。“十三五”期间，乌兰县境内共规划建设干线公路 2 条，总里程 63 千米，其中：国家高速 1 条，里程 8 千米；普通国道 1 条，里程 55 千米。乌兰县规划农村公路建设 165 条，里程 2 334.8 千米，其中：新建环城连接线 3 条，里程 4.8 千米；县道改造 3 条，里程 68.5 千米；乡道改造 5 条，里程 194.8 千米；村道 82 条，里程 1 320.6 千米；专用公路 72 条，里程 746.1 千米；便民桥梁 304 条，里程 6 536 千米。铁路方面，规划建设茶卡至都兰段地方铁路，以及青海矿业 800 万吨选煤厂项目铁路专用线、茶卡盐湖景区旅游专线铁路。新建乌兰、茶卡火车站，提升乌兰县铁路站场服务能力；扎实推进公路客货运输站场建设，形成多层次、高效率的客货运输站场体系。

乌兰工业园污水处理厂工程项目投资 6 277 万元，为园区配套建设的专用污水处理设施，设计处理能力为 6 240 立方米/天。该项目试运行后所处理污水出水水质满足《污水再生利用工程设计规范》（GB/T 50335—2002）要求，70%产水用作循环冷却水补充水，30%浓水回用至煤场洒水和熄焦用，实现全部回用不外排。2017 年 12 月 30 日完成两路出水自动在线监测系统安装，监测因子有流量、PH、COD、氨氮、挥发酚。2018 年 1 月 15 日完成了数据采集和传输系统的安装及与各级环保部门联网任务。

三、试验区企业引进入驻情况

1. 试验区一区四园企业入驻数量

（1）德令哈工业园区。德令哈市是海西州州府所在地，交通便利，城镇化发展程度较高，德令哈工业园区在成立以前有青海海西化工建材股份有限公司等公司。试验区成立以后规划形成综合产业园、绿色产业园、新能源产业园三个产业园，着力推进盐化综合产业、绿色产业、新能源产业建设，着力做大做强盐碱化工、新材料、新能源等主导产业，积极发展配套装备制造业及物流业，努力建设基础设施比较完备，产业循环衔接和协作配套体系比较健全，产业辐射带动作用明显的工业园区；同时，利用浙江省对口支援建设的有利时机，积极推进浙江工业园建设。

截至 2018 年 5 月，德令哈工业园区共有入园企业 123 家，其中综合产业园有企业 95 家，绿色产业园有企业 20 家，新能源产业区有企业 8 家，产值超亿元的企业有青海发投碱业、中航硅材料、金海建材、青海明阳等 8 家。截至 2018 年，德令哈工业园区重点企业的入驻情况如图 10-1 所示，主要产品有纯碱、氯化钙、高纯氢氧化镁、金属硅、高强高韧镁合金、钢丝网骨架 PE 管、钢带增强聚乙烯波纹管、聚乙烯管、钢结构、压力容器、水泥、中藏药、黑枸杞露、有机枸杞等。

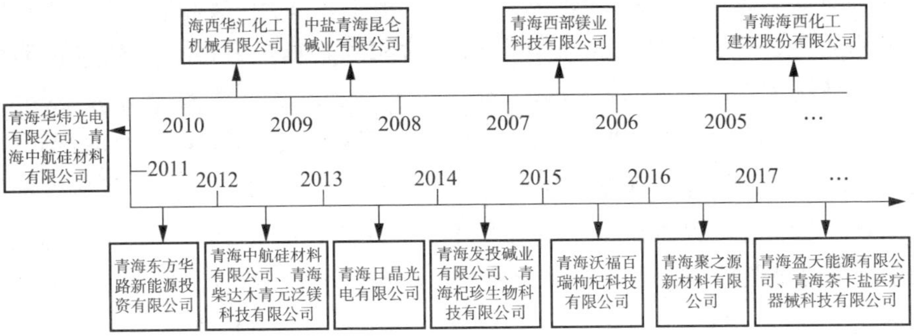

图 10-1　德令哈工业园重点企业入驻示意图

（2）格尔木工业园区。格尔木工业园区作为试验区循环经济建设发展的“主战场”，以加快推进昆仑和察尔汗两个千亿元产业基地建设为目标，做大做强盐湖化工、油气化工和有色金属冶炼、新能源等循环经济主导产业，大力发展现代物流业，做好区内注册、区外发展企业的协调服务工作；同时，依托西藏、新疆等周边地区的优势资源，加快建设藏青工业园、新青科技工业园。

格尔木工业园区的前身是格尔木昆仑经济技术开发区，所以相较其他三个园区具有良好的发展基础。在 2005 年试验区成立之前，就有青海盐湖工业股份有限公司、格尔木炼油厂、格尔木藏格钾肥有限公司等支柱型企业。截至 2018 年初，共有入园企业 491 家，近年来格尔木工业园区重点企业的入驻情况如图 10-2 所示，主要产品有钾肥、硫酸钾镁肥、农用硝酸钾、ADC 发泡剂、液化天然气、甲醇、氯酸钠、高氯酸钾、碳酸锂、铁精粉、粗铅、矿泉水、有机枸杞等。

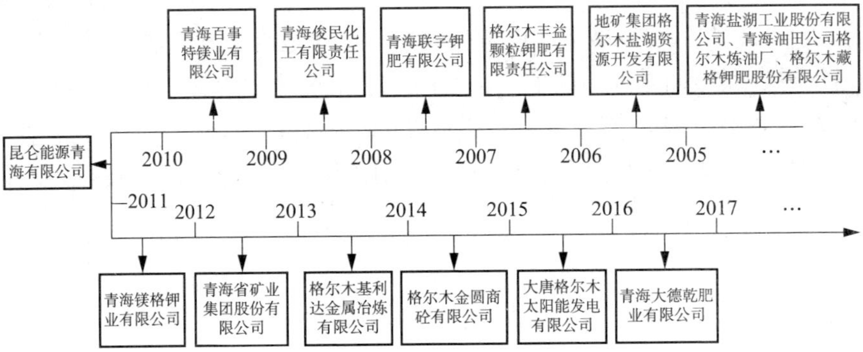

图 10-2　格尔木工业园区重点企业入驻示意图

（3）大柴旦工业园区。大柴旦工业园区依托大煤沟、鱼卡、马海湖、大盐滩、昆特依、锡铁山等地丰富的煤炭、盐湖、有色金属资源，着力做大做强盐湖化工、有色冶金综合利用等主导产业，大力发展新能源产业，辐射带动冷湖、茫崖地区工业经济发展。

大柴旦工业园区发展相对较弱，但是在试验区成立之前也有青海大头羊煤业有限责任公司、青海大柴旦矿业有限公司等企业。截至2018年初，大柴旦工业园区共有入园企业22家，其中饮马峡产业区有10家企业，锡铁山产业区有4家企业，大柴旦产业区有8家企业，以盐湖化工为主。大柴旦工业园区重点企业的入驻情况如图10-3所示，主要产品有煤炭、纯碱、硼酸、电力、硫酸、钾肥、黄金、铅、锌、氯化锂、氯化钙、磷酸一铵、硫化碱、甲硫基乙醛肟、硫酸镁、硫酸钾镁肥、有机枸杞等。

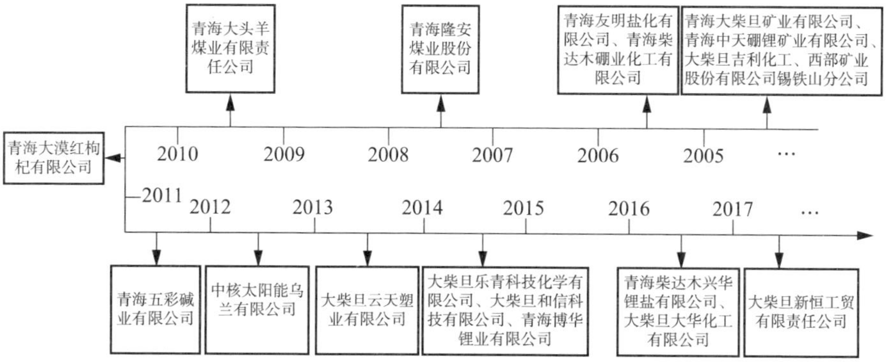

图10-3 大柴旦工业园区重点企业入驻示意图

（4）乌兰工业园区。乌兰工业园区利用木里煤田矿区丰富的焦煤资源，积极推进煤炭深加工和综合利用产业，依托丰富的石灰石、盐湖资源优势，积极推进盐化工产业，大力发展新能源产业，辐射带动天峻县工业经济发展。

截至2018年初，共有入园企业53家，其中规模以上企业2家。乌兰工业园区重点企业的入驻情况如图10-4所示，主要产品有焦炭、精煤、粗苯、焦油、硫酸铵、工业盐、加工盐、氯化钾、茶卡羊、有机枸杞、藜麦、有机肥、昆仑翠美酒玉等。

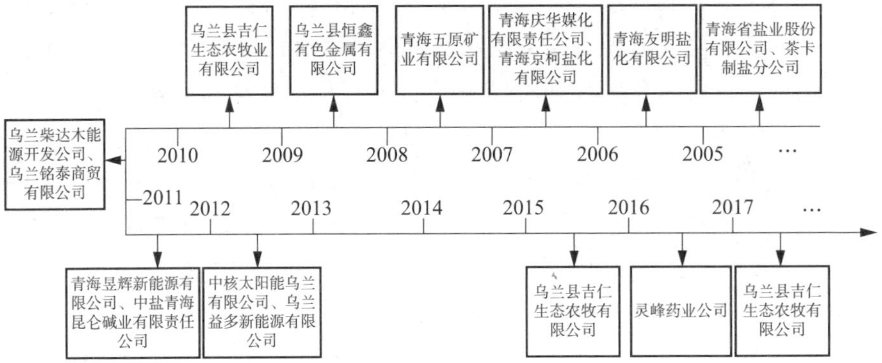

图 10-4　乌兰工业园区重点企业入驻示意图

2. 试验区企业入驻动力因素

企业是工业园区形成的重要基本组成单位，工业园区的发展与其内入驻企业的发展相辅相成。柴达木循环经济试验区自成立以来，通过利用青洽会、园区招商引资等方式吸引了诸多资源型企业的入驻，取得了目前的发展成就。除了主动招商以外，试验区也因本身丰富的资源和不断完善的基础设施等吸引了大批企业。为探究各企业入驻试验区的动力因素，本文实地调研试验区的重点企业 45 家，以填空题的形式访问各企业负责人，总结该企业入驻试验区的前三条动力因素。

如表 10-1 所示，接受调研的企业入驻试验区的第一动力因素在于试验区所在地丰富的自然资源能够给其带来充裕的原材料。试验区所在的海西州是一个工业州，其内入驻的企业几乎是依靠当地特有而又丰富的资源建立的，接近原材料意味着更低的原材料价格、便捷的原材料加工运输成本等，所以接近原材料是各受访企业入驻试验区最看重的因素。

排名第二的动力因素是试验区发展过程中的政策优惠因素。试验区的企业尤其是工业企业在发展过程中都有巨大的成本支出，企业招聘难度大、环保监察力度大、市场环境看紧等这些因素使企业的发展难上加难，所以各类政策的优惠程度也是企业入驻试验区的关键动力因素。有相关负责人提到现在企业的税收负担很重，很多企业都入不敷出，所以试验区的税收和金融贷款优惠政策使很多企业的压力减轻不少。

排名第三的动力因素是试验区管委会和当地政府的支持力度大。试验区管委会的工作是服务与管理入园企业，处理企业与当地政府、金融机构的业务往来等。企业在试验区建厂生产的过程中需要办理非常庞杂且周期较长的手续，如项目审批、结项等，试验区“一区四园”的管委会协助企业完成手续。此外，试验区管委会还会牵头与当地学校合作，协调学生至企业实习，在一定程度上解决了试验区的招工问题。

表 10-1　试验区重点企业入驻动力因素排序表

要素 \ 次数/评分	以第一动力因素出现的次数/评分		以第二动力因素出现的次数/评分		以第三动力因素出现的次数/评分		总计（次/分）	
接近原材料	11	33	8	16	5	5	24	54
政策优惠（税收优惠）	11	33	8	16	2	2	21	51
试验区管委会和当地政府支持力度大	4	12	3	6	2	2	9	20
良好的市场前景	2	6	3	6	2	2	7	14
技术条件支撑及推广	1	3	3	6	0	0	4	9
基础设施建设较完善	1	3	2	4	1	1	4	8
投资环境好	2	6	1	2	0	0	3	8
交通运输便利	1	3	2	4	0	0	3	7
电费便宜	2	6	0	0	0	0	2	6
产业链发展需要	1	3	0	0	3	3	4	6
公司领导的决策导向	1	3	0	0	2	2	3	5
资金支持力度大	1	3	1	2	0	0	2	5
区位条件	1	3	0	0	1	1	2	4
配套设施	0	0	2	4	0	0	2	4
项目力度大	1	3	0	0	0	0	1	3
生产条件	1	3	0	0	0	0	1	3
资源整合需求	1	3	0	0	0	0	1	3
劳动力、人才充裕	0	0	1	2	1	1	2	3
成本	0	0	1	2	0	0	1	2
天然气使用便利	0	0	1	2	0	0	1	2
行政效率	0	0	0	0	1	1	1	1

注：以第一动力因素出现计 3 分/次，第二动力因素素计 2 分/次，第三动力因素计 1 分/次。

除了以上排名前三条的入驻动力因素以外，还有良好的市场前景、基础设施、区位条件、产业链发展需要、投资环境好等也是受访企业入驻试验区的重要促动因素。近些年试验区为了引进更多企业的入驻，出资建立了生产厂房等基础设施，企业可直接拎包入住，同时还给予了企业一定的电费优惠，这对一些小微企业的入驻帮助很大。

四、试验区四园专利发明情况

1. 德令哈工业园区

如表 10-2 所示，截至 2018 年，德令哈工业园区各企业累计有效发明专利 64 项，来自 15 家企业。拥有专利数量多的企业大多都是试验区内成立年限较长，较有实力的企业，如青海西部镁业有限公司。此外发展较为成熟的外省企业，在试验区建厂投产，能够得到较好的发展基础和发展助力，如北京同仁堂健康药业（青海）有限公司 2017 年 8 月入驻试验区，已拥有两项发明专利（图 10-5）。

表 10-2　德令哈工业园区各企业有效发明专利表

序号	企业名称	专利数
1	青海中控太阳能发电有限公司	8
2	青海发投碱业有限公司	1
3	海西华汇化工机械有限公司	1
4	青海金锋实业有限公司	1
5	青海明月王生物技术股份有限公司	4
6	青海东方华路新能源投资有限公司	2
7	青海东方华路新能源投资有限公司/明阳智慧能源集团股份公司	2
8	青海日晶光电有限公司	6
9	德令哈伊明农牧有限公司	1
10	青海华牛生物科技有限公司	2
11	青海绿纤环保科技有限公司	2
12	青海恒信融锂业科技有限公司	4
13	青海西部镁业有限公司	19
14	中广核太阳能德令哈有限公司	9
15	北京同仁堂健康药业（青海）有限公司	2
专利数总计		64

数据来源：实地调研所得。

2. 格尔木工业园区

如表 10-3 所示，截至 2018 年，格尔木工业园区各企业累计有效发明专利 53 项，来自 10 家企业。格尔木工业园区的青海盐湖工业股份有限公司、青海中信国安科技发展有限公司等企业拥有独立研发部门或研究中心，各企

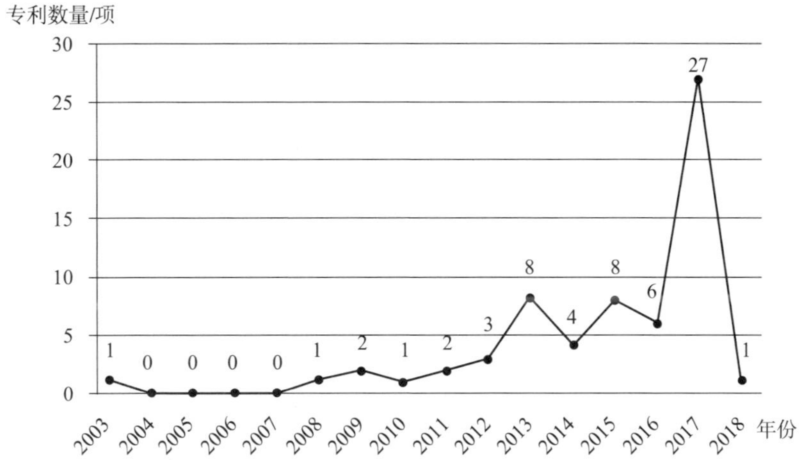

图 10-5　德令哈工业园区各企业有效发明专利

业在积极引进国外先进技术的基础上，不断加强自主研发能力，尤其在盐湖资源综合利用领域，由盐湖股份（简称）、中信国安（简称）等企业自主研发的多项技术均处于国内外领先水平。除工业园企业外，格尔木还与中国科学院青海盐湖研究所、青海省化工设计研究院、化工部长沙设计研究院、华东理工大学等社会科研机构合作，为格尔木工业园产业发展提供了强大的科技支撑。

表 10-3　格尔木工业园区各企业有效发明专利表

序号	企业名称	专利数
1	青海盐湖工业股份有限公司	22
2	青海中信国安科技发展有限公司	12
3	青海恒信融锂业科技有限公司	2
4	格尔木源鑫堂生物科技有限公司	3
5	青海西豫有色金属有限公司	1
6	格尔木同兴盐化有限公司	2
7	青海锂业有限公司	5
8	格尔木康生钾业科技发展有限公司	1
9	格尔木藏格钾肥股份有限公司	2
10	青海华信环保科技有限公司（原青海华信冶炼有限公司）	3
专利数总计		53

数据来源：实地调研所得。

为加快推进科研技术水平的整体提升，格尔木工业园区还创建了省级高新技术产业园区，出台了《格尔木工业园省级高新技术产业园区科技创新奖励办法（暂行）》，培育了晶洁镁露等4家科技型企业、中信国安等8家高新技术企业。

格尔木工业园区依托前身格尔木昆仑经济技术开发区的发展，具有四个园区中最为优厚的发展基础，截至2018年申请专利53项，近五年由于管理机制的改革，专利申请效率提高，保持良好的申请趋势（图10-6）。此外，加快培育了一批科技型、高新技术企业，提升园区企业科技竞争力，园区制订了“一企一方案”，采取成熟一个、申报一个的工作措施，通过引进第三方服务机构、创业导师等资源，为园区企业技术攻关，专利申报，科企、高企申报资料整理，政策咨询等工作提供指导服务。截至2017年末，园区有高新技术企业8家、科技型企业5家、科技小巨人企业5家。除此之外，拟将兰河塑业、西豫有色2家企业培育为2018年高新技术企业，拟将柏丽姿培育成为2018年科技型企业，争取年内完成培育6家科技型、高新技术企业目标任务，目前正在对接企业加快技术研发、专利申报等工作。梳理了金昆仑锂业、睿元生物等重点培育企业9家，加强后期的跟踪对接服务，为今后“两个倍增”计划的顺利实施打好基础，为推进园区经济高质量发展提供有力支撑。

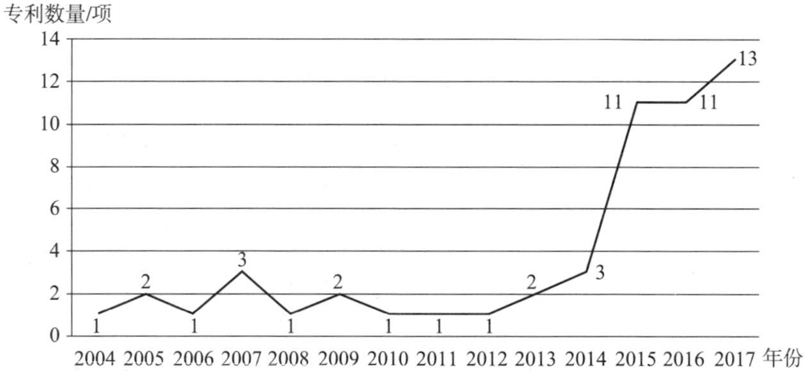

图10-6 格尔木工业园区各年份有效发明专利数量变化趋势图

3. 大柴旦工业园区

表10-4所示，截至2018年，大柴旦工业园区各企业累计有效发明专利21项，来自4家企业。大柴旦工业园区以完善科技创新体系为基础，以提高科技支撑能力为重点，支持科技要素、科技资源向企业集聚，促进科技支撑与产业体系有机融合，全面提升产业发展的科技保障水平和服务能力。工业

园建立以政府为主导、企业为主体、市场为导向、产学研相结合的技术创新体系，鼓励企业与科研机构、高等院校联合建立研发实验室平台；支持以企业为主，创建国家级和省级企业技术中心、工程研究中心，对产业发展中的重大关键技术进行联合研发，力争完成对硼资源开发利用技术、太阳能光热发电中高温熔盐蓄热技术、太阳能光热发电系统关键技术集成及示范、铅锌矿冶炼及综合利用技术、IGCC 煤电一体化技术、油页岩勘探及综合利用技术等 12 个关键技术的攻关；积极争取国家、省、州科技项目，推进高新技术成果的转化和落地，带动产业基地的技术改造和升级。

表 10-4 大柴旦工业园区各企业有效发明专利表

序号	企业名称	专利数
1	青海柴达木兴华锂盐有限公司	13
2	西部矿业股份有限公司锡铁山分公司	5
3	大柴旦乐青科技化学有限公司	2
4	青海中天硼锂矿业有限公司	1
专利数总计		21

数据来源：实地调研所得。

虽然试验区在 2005 年就已经成立，但是大柴旦工业园区在 2016 年才成立园区管委会，统筹管理锡铁山产业区、饮马峡产业区、大柴旦产业区三个子园区。大柴旦工业园区的专利申请也从 2016 年开始出现并迅速增长（图 10-7）。

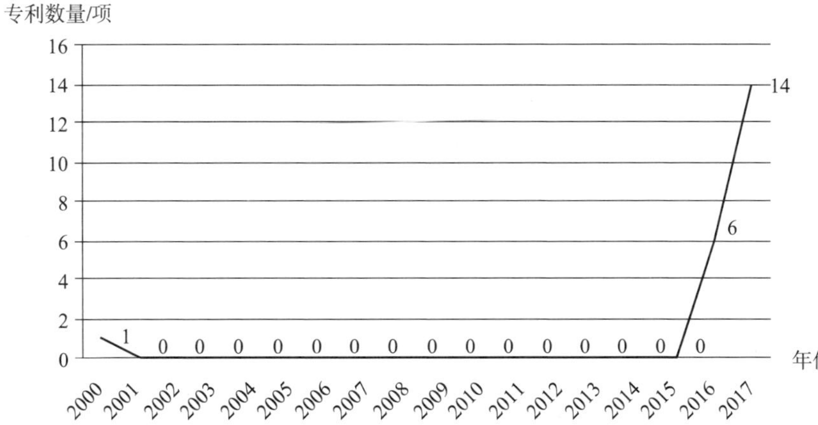

图 10-7 大柴旦工业园区各年份有效发明专利数量变化趋势图

4. 乌兰工业园区

如表 10-5 所示，截至 2018 年，乌兰工业园区各企业累计有效发明专利 20 项，来自 3 家企业。乌兰工业园区目前还没有园区管委会，由乌兰县发改委管理乌兰工业园区。乌兰工业园区与大柴旦工业园区的发展相较其他两个园区偏弱，专利申请总量不高，申请专利的企业也是乌兰工业园区中的老牌企业，如青海三江沃土生态农业科技有限公司、青海省盐业股份有限公司。由此可以看出，乌兰工业园区发展缺少新兴入驻企业的力量，该园区应该在园区管理、招商引资等方面加大力度。

表 10-5　乌兰工业园区各企业有效发明专利表

序号	企业名称	专利数
1	青海三江沃土生态农业科技有限公司	12
2	青海省盐业股份有限公司	7
3	青海友明盐化有限公司	1
专利数总计		20

数据来源：实地调研所得。

乌兰工业园区的专利申请情况与大柴旦工业园区的情况差不多，直至近 3 年乌兰工业园区的专利申请数量才有所上升，这两个园区与其他两个园区的发展差距较大，是试验区管委会和海西州州镇府在未来的管理中需要解决的问题（图 10-8）。

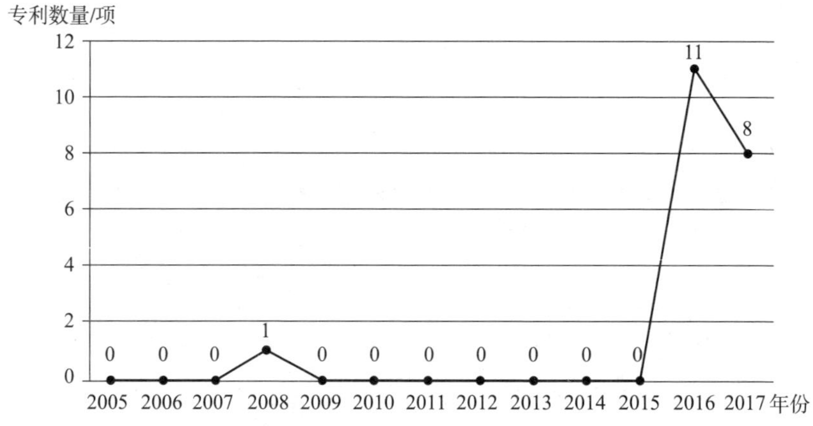

图 10-8　乌兰工业园区各年份有效发明专利数量变化趋势

五、试验区产业链搭建情况

柴达木循环经济试验区成立以来，依靠特有的丰富自然资源和四大产业园区协调发展，先后形成了 7 条主要产业链，依次为：以盐湖资源综合利用为核心、以钾资源开发为龙头的盐湖化工循环型产业链；以配套盐湖资源开发为主导的油气化工循环型产业链；以盐湖资源综合利用为基础的金属冶金产业链；以配套盐湖资源开发为前提的煤炭综合利用产业链；以太阳能、风能等可再生能源开发为核心的新能源产业链；以盐湖化工、煤化工、金属冶金、油气化工等为基础的新型材料产业链；以高原特色生物资源开发为核心的高原特色绿色生物产业链。

（1）盐湖化工循环型产业链。

试验区盐湖资源富集，钾盐、钠盐、镁盐、锂、锶、芒硝等矿藏储量居全国首位，溴、硼储量居第二位，具有储量大、品位高、类型全、资源组合好等特点，是试验区循环经济发展的重要支撑。

试验区盐湖化工产业围绕盐湖资源综合开发，以钾、钠资源开发为基础，以镁资源利用为突破口，以创建创新型盐湖化工循环经济特色产业集群为重点，构建以钾、钠、镁、锂、硼、溴等资源梯级开发为主和以配套平衡氯气、氯化氢气体为辅的盐湖资源综合开发产业体系（图 10-9）。深化盐湖资源的合理、有效利用，构建盐湖化工产业群和产业链，做大做强盐湖化工产业，使试验区成为全国最大，具有世界影响力的盐湖化工基地。

（2）油气化工循环型产业链。

试验区油气化工产业体系的发展以平衡盐湖资源综合利用副产氯气、氯化氢气体为核心，利用煤炭和天然气资源，积极推动油气化工与盐化产业融合，构建低碳烯烃、苯、聚氯乙烯、聚丙烯、环己酮等下游产业体系。试验区重点引导企业开展天然气甲醇产业改造升级项目建设，促进煤炭与天然气资源的最大化利用。通过石油催化裂解工艺生产的乙烯、丙烯，与盐化、有色副产的氯结合，生产聚乙烯、聚丙烯、三氯丙烷等下游产品；盐湖化工、有色副产盐酸可生产硼酸、聚氯乙烯等产品，实现石油主要产品与盐湖工业的连接。同时，为平衡盐湖资源综合利用副产的氯气、氯化氢气体，规划建设了下游市场成长性好的聚氯乙烯、环氧氯丙烷、聚丙烯、丙烯酸及其酯、工程塑料、合成树脂、化纤原料、高端精细化工和新材料产业等下游产品，以此推动石油天然气化工产业与煤炭综合利用、盐湖化工实现融合发展，将试验区打造成为区域性石油天然气化工基地。

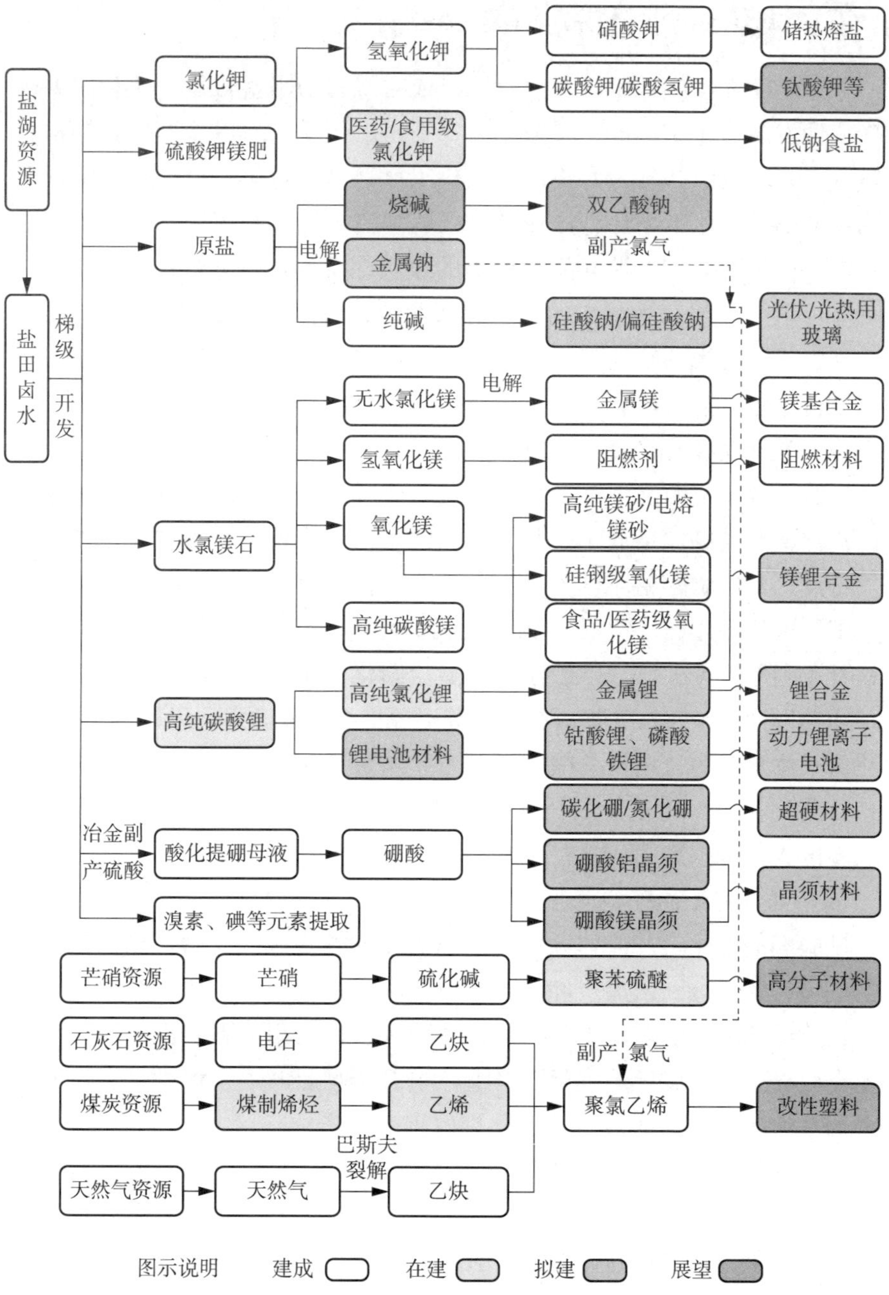

图 10-9　试验区盐湖化工产业链构建示意图

数据来源：柴达木循环经济试验区产业发展规划。

（3）金属冶金产业链。

试验区及其周边地区铁、镍、铅锌、铬、锰、锑、钼等黑色有色金属资源相对富集，黄金、白银等贵金属矿藏丰富，尤其是钾、钠、镁、锂等盐湖轻金属资源具有绝对资源优势，是试验区发展金属冶金产业体系的坚实保障。试验区金属冶金产业体系的发展，以优势黑色、有色金属资源为依托，以柴达木地区盐湖轻金属资源开发为龙头，通过优化产品结构，适度发展金属冶炼产业，合理规划布局冶炼项目，适度发展冶炼产业和精深加工产品，构建有色冶金产业链。同时，有效利用冶金项目副产的硫酸，与盐湖化工相结合，发展盐化工产品，延伸盐化工产业链。

（4）煤炭综合利用产业链。

试验区以盐湖资源综合利用为基础，重点建设煤焦油、粗苯加工、焦炉煤气甲醇、煤矸石砖等一批项目。采用先进的煤气化联合循环 IGCC 发电技术，建设煤、电、化一体化装置，构建以煤气化为核心的多联产能源化工循环产业链，重点发展煤制合成氨、尿素等产品，为盐湖化工和氯碱化工的发展提供原料；以现有焦炭、煤焦油产能为基础，构建焦煤开发—焦炭及焦油等综合利用的煤焦化产业链；以煤制烯烃项目为基础，发展烯烃、复合高分子材料、改性高分子材料等新材料产业。

（5）新能源产业链。

试验区新能源产业发展以全面融入丝绸之路经济带为契机，以规模化发展、产业配套基地建设、高效示范电站建设、电站运营管理等方面为重点，在稳步扩大电站建设规模的基础上，依托镁合金、机械、纯碱、玻璃、塑料等现有或发展中的产业，大力发展配套装备制造产业，适度发展相关投融资、研发设计、运营及管理等产业，着力构建集技术研发—装备制造—电站建设—运营维护—电能输送于一体的大规模、全产业链整体协同发展产业集群，努力将试验区新能源发展纳入全省重点专项发展规划，积极争取进入国家新能源建设产业基地名录，把试验区打造成为我国特色鲜明，集研发、制造、建设、运营于一体的新能源协同开发重要战略支点和最具国际影响力的规模化、高效化、清洁化新能源生产战略基地，以新能源产业一体化发展，打造“一带一路”新兴产业发展共同体。

（6）新型材料产业链。

材料工业是国民经济的基础产业，新材料产业是材料工业发展的先导，是国家重要的战略性新兴产业。试验区盐湖化工、油气化工、煤炭综合利用、金属冶金等产业体系基本形成，能够为新材料产业发展提供坚实的矿产品和初级加工原料保障。试验区新材料产业衍生种类繁多，涵盖了工程材料、改性材料、特种合金材料、复合材料等多个材料领域，发展前景十分广阔。

试验区顺应国际、国内新材料产业发展趋势和市场需求，立足试验区特色优势产业发展，抓住基础原材料转型提升的内在要求，加速推进资源深度开发，发展若干具有快速成长性的产业群。具体构架为：以镁、锂、锶等金属及特种钢材为基础，重点发展主要用于航空航天、船舶、车辆、轨道交通、建筑等领域的镁合金、镁锂合金、模具钢、合金结构钢等产品。以晶体硅、薄膜电池、锂电池正极材料、电解液及隔膜辅助材料、石墨及石墨烯新材料等为重点，发展先进电池材料，重点发展先进薄膜太阳能电池、大功率动力锂离子电池等产品，为全省打造国家级太阳能电池、锂离子电池产业基地奠定坚实基础。以即将形成的煤制烯烃、新型改性添加剂等产业为重点，大力发展聚甲醛、氯化聚氯乙烯、聚苯硫醚、改性塑料、玻璃纤维等新材料产品。以天然石材、高性能玻璃、隔热材料、硅灰石综合利用等为重点，积极发展超薄、超白平板玻璃材料、新型墙体材料等生态环保材料产品，构建形成盐湖化工新材料、轻质金属及其合金材料、改性塑料、高性能纤维与复合材料、特种钢材、新型建筑节能材料、环境友好材料和新能源材料等互为支撑、竞相发展的新材料产业链条，将试验区打造成为全国重要的、具有柴达木特色的，影响力突出、优势明显的新材料产业集聚区。

（7）高原特色生物产业链。

柴达木地区特殊的自然地理和气候条件孕育了独特的生物和植被体系，是全球高海拔地区生物多样性最集中的区域，为高原特色生物产业发展提供了丰富的动植物资源。试验区以提高柴达木生物产业自主创新能力为主线，突出高原生物产业发展的重点与特色，强化原料基地建设；按照技术、产品、企业、园区、产业的发展途径，不断延伸生物产业链，培育新品牌、开拓新市场，着力发展具有相对资源、技术优势的产品和产业。

高原特色生物产业搭建以绿色产业园建设为重点，大力培育龙头企业，推动合作组织产业化经营，在鼓励建立特色农畜产品生产基地的基础上，加快建设柴达木绿色产业园。积极推动上下游产业延伸，建立从原料生产到终端消费的全产业链，促进各环节有效衔接，推广以“种养殖—加工—综合利用”为特征的一体化工农业复合型循环经济发展模式。重点围绕农畜产品精深加工，大力培育有机食品、生物制药等产业，有针对性地开发骨肽、血红蛋白、枸杞黄酮、花青素、甜菜碱、枸杞籽油、枸杞软胶囊等高附加值产品。

发展白刺、锁阳、红景天等中藏药药材 GAP 种植，形成规模化的原料供应基地，开发中藏药饮片、超微粉、特效药产品等，带动生物医药产业发展，形成独具高原特色的生物产业集群和产业基地。

第二节　园区产业生态化水平评价指标体系与模型选择

一、多层级的生态化水平评价指标体系构建原则

评价指标的选择和量化是构建评价模型的基础，也是决定计算结果客观与否的关键。指标选取的质量直接影响着评价结果的质量，因此构建评价指标体系应遵循以下原则。

（1）科学性原则。科学性要求从事物的本质和客观规律出发。指标选取时要考虑所选指标是否具有代表性，能否客观全面地反映评价对象的现实情况。

（2）区域性原则。生态化所涉及的因素是因地而异的，柴达木循环经济试验区在地理位置上有其特殊性，因此选取指标时要考虑当地的实际情况，选取能很好反映不同区域特征的指标。

（3）可比性原则。评价指标的含义要明确、计算口径要一致，做到动态可比、横向可比。因此在选择生态化评价指标时既要从横向上保证各指标口径的一致，又要从纵向上保证历年的指标口径范围和计算方法一致，确保各项指标具有可比性。

（4）可操作性原则。评价的目的就是要应用与实践。选取评价指标时要考虑指标数据收集的可获得性和可测性，尽可能地利用现有的统计资料。评价方法及评价模型要合理、简明、方便，易于被接受。

二、多层级的生态化水平评价主体体系

构建评价指标体系，可以将抽象的研究对象按照其本质属性和特性分解成多个行为化、可操作的指标，并通过这些可量化的指标来反映研究对象的具体情况。通过对前人研究的梳理发现，现有的研究主要是针对某一个企业、某一类产业或某一个区域（城市）构建生态化水平评价指标体系进行评价。柴达木循环经济试验区产业生态化是一个涉及经济、生态等多方面的综合体，而且，试验区分成“一区四园”，“一区四园”又由规模大小不一、数量众多

的企业构成，因此本文将构建多层级的生态化水平评价指标体系，从微观、中观和宏观层次来评价其生态化水平，形成“点—线—网”的生态化水平评价指标体系。这样既能全面地了解试验区生态化发展情况，又能对试验区的产业、企业进行具体把握。

（一）企业层面的生态化水平评价

企业是产业存在的微观基础，是产业的主体，也是产业生态化发展的前提和基础，因此应把企业作为研究生态化发展的逻辑起点。资源的使用、污染物的排放等通常是通过企业的行为实现的。企业生产过程中的经营理念、管理方式、技术水平等多种因素都影响企业的行为，可能直接导致高耗能、高污染、高排放。一个企业对环境的污染可能会被环境自身消化掉，对环境不会造成太大的影响，但是多个企业共同对环境的污染，则可能会造成整个生态系统的破坏，影响到经济系统与生态系统的协调。作为生态环境脆弱区，试验区不能走“先污染，后治理”的老路，必须走生态化发展道路。

对企业的生态化水平进行评价，能对企业生态化发展情况及其存在的问题进行分析，如资源能源消耗情况和污染物的排放等。通过问题分析，倡导企业进行生态化发展，最大限度地节约资源、减少能耗，淘汰有毒材料和落后的工艺和设备；提高资源的使用效率、废弃物的回收利用率和减少污染物的排放，为整个产业的生态化发展奠定坚实的基础。

（二）产业层面的生态化水平评价

产业是具有某类共同特性的企业群或企业集合，是企业与园区之间的桥梁。基于产业层面的生态化评价，可以从中观层次对试验区生态化水平有较好把握。企业仅靠自身的力量不能完全实现生态化发展，这就需要借助产业的作用，通过企业间的合作或形成产业集群等方式来实现生态化发展。最终通过企业的聚集合作实现产业的生态化发展。

从横向来看，在产业层面优化产业结构，增强产业关联，合理推进产业集群，实现产业间的循环，即横向的循环。这既满足产业生态化的要求，又是实现产业生态化发展的重要途径。产业间的关联度强，产业结构合理，有利于减少废物的排放，减少污染和浪费，从而提高资源的利用效率和产业整体的运行效率。因此，可以说产业的生态化是一个横向的生态化。

产业链生态化与产业生态化相互对应，是一个纵向的生态化。产业链的生态化是发展循环经济的重要部分。通过向上游企业、下游企业延伸，模拟自然的生物链，形成一个闭环的产业链，即将A企业的废物给B企业作原材料，B企业的废物又给C企业作原材料……以此类推，最后将所有的废物消化在生产过程中。延伸产业链有利于加强上下游企业之间的耦合，提高资源的利用率，做到“零排放”、“零污染”，从而实现生态化发展。

（三）园区层面的生态化水平评价

园区是企业的聚集场所，是产业发展的空间载体。园区的生态化是企业、产业生态化的综合表现。园区具有对企业进行管理和服务的功能。首先，园区可以对入驻企业进行管理，有选择性地进行招商引资。对企业的“三废”排放及回收利用进行管理。其次，园区具有规划产业布局的功能，合理规划园区企业、产业的布局，让企业间能有效地相互利用废弃物作为生产的原材料，从而推动产业间的融合和产业链延伸，减少污染物的排放。最后，园区能为生态化发展提供一个良好的环境和发展平台，为企业提供完善的基础设施、优惠政策及技术攻关等服务。

通过企业、产业间的有效融合及衔接形成大循环，最终实现园区的生态化发展。因此从园区层面进行生态化水平评价，可以从整体上掌握园区生态化发展状况，间接地了解产业和企业的生态化水平，对园区企业进行有效的管理。

三、多层级的生态化水平评价指标体系

产业生态化水平反映生态环境系统和经济系统的和谐程度。为全面系统地掌握产业生态化水平发展情况，需构建一套简明、科学、可操作的评价指标体系。在产业生态化相关理论和经验研究的基础上，本书借鉴前人研究的成果，建立一个多层级的生态化水平评价指标体系[188-189]。

（一）企业生态化水平评价指标体系的构建

1. 指标体系

根据企业生态化的内涵，按照上述指标体系建立的思路和原则，将企业生态化评价指标体系分为三层：目标层、准则层和指标层，如表10-6所示。

表 10-6　企业生态化水平评价指标体系

目标层	准则层	指标层
企业生态化水平	经济效益	企业人均产值
		成本费用利润率
		资本收益率
		资产负债率
	节能减排与循环	万元产值能耗
		万元产值水耗
		工业废水达标率
		工业废气排放达标率
		工业固体废弃物处置率
		工业用水重复利用率
		工业固废综合利用率
		工业废气综合利用率
	发展潜力	环保投资率
		科技投入比例
		科研人员比例

2. 指标说明

①企业人均产值（万元/人）：一定时期内人均创造的价值，反映企业的生产能力。计算公式为：

$$企业人均产值=\frac{企业年产值}{企业职工总人数}$$

②成本费用利润率（%）：企业投入生产成本及费用的经济效益，同时也可以反映企业降低成本所取得的经济效益。计算公式为：

$$成本费用利润率=\frac{利润总额}{成本费用总额}\times100\%$$

③资本收益率（%）：一定时期内企业所获得的净利润与投入资本总额之比，反映企业运用投资所得资本获取收益的能力。计算公式为：

$$资本收益率=\frac{净利润}{实收资本}\times100\%$$

④资产负债率（%）：某时点（期末）负债总额与该时点资产总额之比，反映企业利用债权人提供的资金进行经营活动的能力。计算公式为：

$$资产负债率=\frac{负债总额}{资产总额}\times100\%$$

⑤万元产值能耗（吨标准煤/万元）：一定时期内一个国家（地区）每生产一个单位的国内（地区）生产总值所消耗的能源，反映企业对能源的利用效率。计算公式为：

$$万元产值能耗=\frac{总能耗}{工业总产值}$$

⑥万元产值水耗（立方米/万元）：万元产值水耗是必不可少的指标，衡量一个企业节水耗力高低，水资源的利用率、水资源承载能力和经济社会可持续发展状况，是评价企业生态化发展水平的必要指标。计算公式为：

$$万元产值水耗=\frac{水消耗量}{工业总产值}$$

⑦工业废水达标率（%）：企业经其所有排污口排到环境中并达到该地区排放标准的废水占外排废水总量的百分比。计算公式为：

$$工业废水排放达标率=\frac{工业废水排放达标量}{工业废水排放总量}\times 100\%$$

⑧工业废气排放达标率（%）：企业排到环境中并达到该地区排放标准的所有废气占外排废气总量的百分比。计算公式为：

$$工业废气排放达标率=\frac{工业废气排放达标量}{工业废气排放总量}\times 100\%$$

⑨工业固体废弃物处置率（%）：企业排放的所有固体废弃物且经过规定方法处理达到标准的固废总量占所有固废总量的百分比。计算公式为：

$$工业固体废弃物处置率=\frac{工业固废处置量+工业固废综合利用量}{工业固废排放总量}\times 100\%$$

⑩工业用水重复利用率（%）：工业重复用水量与工业用水量的比值。计算公式为：

$$工业用水重复利用率=\frac{工业用水重复利用总量}{工业用水总量}\times 100\%$$

⑪工业固废综合利用率（%）：通过回收、加工、循环、交换等方式，从固体废物中提取或者使其转化为可以利用的资源、能源和其他原材料的固体废物量（包括当年利用往年的工业固体废物累计贮存量）。计算公式为：

$$工业固废综合利用率=\frac{工业固废利用总量}{工业固废排放总量+综合利用往年贮存量}\times 100\%$$

⑫工业废气综合利用率（%）：企业排放的所有废气中被回收利用的总量占所排放的废气总量的百分比。计算公式为：

$$工业废气综合利用率=\frac{工业废气利用量}{工业废气排放总量}\times 100\%$$

⑬环保投资率（%）：企业在一定时期内用于环境保护投入的资金与其产值之比。计算公式为：

$$环保投资率=\frac{环保投资额}{年产值}\times 100\%$$

⑭科技投入比例（%）：企业在一定时期内用于科学技术研究投入的资金与其产值之比。计算公式为：

$$科技投入比例=\frac{科学投入总额}{年产值}\times 100\%$$

⑮科研人员比例（%）：企业内科研人员数量占员工总数的比例。计算公式为：

$$科研人员比率=\frac{科研人员数}{企业员工总数}\times 100\%$$

（二）产业生态化水平评价指标体系的构建

1. 指标体系

将产业生态化水平评价指标体系[190]分为：目标层、准则层和指标层。目标层为产业生态化水平；准则层分为经济效益、物质减量与循环、污染控制、发展潜力，指标层如表10-7所示。

表10-7　产业生态化水平评价指标体系表

目标层	准则层	指标层
产业生态化水平	经济效益	企业人均产值
		成本费用利润率
		资本收益率
		资产负债率
	物质减量与循环	万元产值能耗
		万元产值工业用水量
		工业固废综合利用率
		工业用水重复利用率
		工业废气综合利用率
	污染控制	万元产值工业废水排放量
		万元产值工业废气排放量
		万元产值工业固废产生量
	发展潜力	环保投资率
		科技投入占产值比例
		科研人员占职工比例

2. 指标说明

①万元产值工业废水排放量（吨/万元）。计算公式为：

$$万元产值工业废水排放量=\frac{工业废水排放量}{工业总产值}$$

②万元产值工业废气排放量（吨/万元）。计算公式为：

$$万元产值工业废气排放量=\frac{工业废气排放量}{工业总产值}$$

③万元产值工业固废产生量（吨/万元）。计算公式为：

$$万元产值工业固废排放量=\frac{工业固废产生量}{工业总产值}$$

其他各项指标含义与企业生态化水平评价指标体系类似指标的含义相同，此处不再赘述。

（三）产业链生态化水平评价指标体系的构建

1. 指标体系

将产业生态化水平评价指标体系分为目标层、准则层和指标层。目标层为产业生态化水平；准则层分为经济效益、物质减量与循环、污染控制、发展的稳定性、发展潜力，指标层如表 10-8 所示。

表 10-8　产业链生态化水平评价指标体系

目标层	准则层	指标层
产业链生态化水平	经济效益	人均产值
		主营业务成本比率
		资本收益率
		资产负债率
	物质减量与循环	万元产值能耗
		万元产值工业用水量
		工业固废综合利用率
		工业用水重复利用率
		工业废气综合利用率
	污染控制	万元产值工业废水排放量
		万元产值工业废气排放量
		万元产值工业固废产生量
	发展的稳定性	企业间的互补度
		企业间合作的稳定性
		产业链的延伸度
	发展潜力	环保投资率
		科技投入占产值比例
		科研人员占职工比例

2. 指标说明

①企业间的互补度：反映该产业链上个企业之间的互补程度，互补程度越高，企业间的耦合性越好，越利于产业链的构成。

②企业间合作的稳定性：反映产业链上企业间相互合作关系的稳定情况，关系越好合作越稳定，越有利于产业链的稳定发展。

③产业链的延伸度：指产业链的延伸程度，通过与规划的延伸长度的对比对其进行评价。

其他各项指标含义与企业/产业生态化水平评价指标体系类似指标的含义相同，此处不再赘述。

（四）园区生态化水平评价指标体系的构建

1. 指标体系

同上，将园区生态化水平评价指标体系分为：目标层、准则层和指标层。目标层为园区生态化水平；准则层分为经济发展、物质减量与循环、污染控制和发展潜力，指标层如表 10-9 所示。

表 10-9 园区生态化水平评价指标体系

目标层	准则层	指标层
试验区生态化水平	经济发展	园区 GDP
		GDP 年平均增长率
		第三产业比重
		城镇化率
	物质减量与循环	万元 GDP 综合能耗
		工业固废综合利用率
	污染控制	废水排放总量
		SO_2 排放量
		COD 排放量
		工业固体废物处置率
	发展潜力	科研投入占 GDP 比重
		R&D 人员占职工比重

2. 指标说明

①园区 GDP（亿元）：反映在一定时期内，园区的经济中所生产出的全部最终产品和劳务的价格。

②GDP 年平均增长率（%）：用报告期的 GDP 比较基期的 GDP 的增长幅度。

③第三产业比重（%）：第三产业占 GDP 的比例。

④城镇化率（%）。计算公式为：

$$城镇化率=\frac{城镇人口}{总人口}\times 100\%$$

⑤水资源产出率（%）。计算公式为：

$$水资源产出率=\frac{产品产值}{总取水量}\times 100\%$$

⑥单位生产总值工业废水排放量（万吨）。计算公式为：

$$单位生产总值工业废水排放量=\frac{工业废水排放量}{生产总值}$$

⑦单位生产总值 SO_2 排放量（吨）。计算公式为：

$$单位生产总值\ SO_2\ 排放量=\frac{SO_2\ 排放量}{生产总值}$$

⑧单位生产总值 COD 排放量（吨）。计算公式为：

$$单位生产总值\ COD\ 排放量=\frac{COD\ 排放量}{生产总值}$$

⑨环保投资占 GDP 比例（%）。计算公式为：

$$环保投资占\ GDP\ 比例=\frac{环保投资额}{GDP}\times 100\%$$

其他指标含义与企业/产业生态化水平评价指标体系的类似指标含义相同，此处不再赘述。

四、多层级的生态化水平评价模型构建

1. 企业生态化水平评价模型的选择

建立企业生态化水平评价模型的基本思路是：对企业生态化水平评价，采用各个生态化指标的完成情况来反映。因此需设定各项指标的参考目标值，然后用百分比法计算各项指标生态化指数，计算公式为：

$$CI=\sum_{i=1}^{n} W_i \cdot VI_i = 1,\ 2,\ 3,\ \cdots,\ n$$

其中，CI 为企业的生态化指数，$0\leqslant CI\leqslant 1$；W_i 为 i 指标的权重，VI_i 为 i 指标的完成情况，$0\leqslant VI_i\leqslant 1$。指标的完成情况得分根据其与目标值的相对比例进行计算，其公式为：

正向指标=实际值/目标值×100%

逆向指标=[1-(实际值/目标值)]×100%

2. 产业生态化水平评价模型的选择

产业层面的模型建立原理与企业和园区的类似，公式为：

$$HI=\sum_{i=1}^{n} W_i \cdot CI_i \quad i=1,2,3,\cdots,n$$

其中，HI 表示产业的生态化指数，$0\leqslant HI\leqslant 1$；W_i 为企业的产值占该产业总产值的比值；CI_i 为企业 i 生态化指数。

3. 产业链生态化水平评价模型的选择

产业链层面的模型建立原理与企业和园区的类似，产业链是由不同的上下游企业构成的，以企业为基础，公式为：

$$UI=\sum_{i=1}^{n} W_i \cdot CI_i \quad i=1,2,3,\cdots,n \cdot UI=\sum_{i=1}^{n} W_i CI_i$$

其中，UI 表示产业链的生态化指数，$0\leqslant UI\leqslant 1$；W_i 为企业的产值占该产业链总产值的比值；CI_i 为企业 i 生态化指数。

4. 园区生态化水平评价模型的选择

园区层面生态化水平评价模型建立的基本思路是：园区层面的生态化水平评价以园区内全部企业的生态化水平评价为基础，以企业规模（产值）为权重，加权计算出园区的生态化水平，公式为：

$$ZI=\sum_{i=1}^{n} W_i \cdot CI_i \; ZI=\sum_{i=1}^{n} W_i VI_i,\quad i=1,2,3,\cdots,n$$

其中，ZI 为园区的生态化指数，$0\leqslant ZI\leqslant 1$；W_i 为企业 i 的产值占园区总产值的比值；CI_i 为企业 i 的生态化指数。

五、生态化水平等级划分

本研究尝试将生态化水平分为五个等级（表 10-10）：红色预警区、橙色预警区、黄色预警区、蓝色安全区和绿色放心区。每一个区代表不同的生态化水平，反映不同的生态环境状况。

第一个等级生态化指数为 0-0.3（含 0.3），为红色预警区。该区产业生态化水平低，环境污染严重，人们生存受到严重威胁。此时经济效益差，生态环境恶劣，资源浪费和环境污染严重，生态化发展潜力低等问题十分突出。对此应积极采取强制措施对生态环境进行整治，控制资源浪费和污染物排放，以促进经济发展。

第二个等级生态化指数为 0.3-0.5（含 0.5），为橙色预警区。该区产业生态化水平较低，经济发展水平、生态环境状况和资源状况都不容乐观。环境污染达到了人们所能承受的阈值，并威胁到了人们的正常生产生活。做好环境保护，改善环境问题刻不容缓。

第三个等级生态化指数为0.5-0.7（含0.7），为黄色预警区。该区产业生态化水平稍好，但环境污染仍影响到了人们的正常生产生活，拉响了警报，警示人们要注意环境保护，节制自己的行为，控制污染物的排放。

第四个等级生态化指数为0.7-0.9（含0.9），为蓝色安全区。该区产业生态化水平较高，生态环境较好，经济发展未带来较大的环境污染问题。

第五个等级生态化指数为0.9-1（含1），为绿色放心区。该区产业生态化水平高，生态环境优越，资源充足，经济效益和生态效益和谐统一，此时主要任务就是预防环境问题的产生。

表10-10　生态化水平等级划分

生态化指数	0-0.3（含0.3）	0.3-0.5（含0.5）	0.5-0.7（含0.7）	0.7-0.9（含0.9）	0.9-1（含1）
等级	红色预警区	橙色预警区	黄色预警区	蓝色安全区	绿色放心区

第三节　产业生态化水平实证分析

本书构建了一个产业生态化评价模型，模型从企业、产业、产业链到园区环环相扣，形成一个完整的评价体系。但由于现实情况与构想往往存在偏差，例如，目前柴达木循环经济试验区产业链的发展还处于初级阶段，相关评价条件不完善，统计资料不健全，暂时无法进行产业链生态化水平评价。因此本研究汲取该评价模型的思想，在实际操作中对评价模型进行调整，分别对企业、产业和试验区的生态化水平进行了评价。

一、“点”状生态化水平实证分析

根据调研情况和园区企业的情况，本书选取了三家来自不同产业的具有代表性的企业进行实证分析。本书使用可获得的数据对柴达木循环经济试验区进行了点状生态化水平实证分析。三家企业的情况如下。

A公司是××集团有限公司的全资子公司。公司成立于2006年，设有19个部门，拥有职工1 400多人。公司主要以焦炭、洗精煤生产为主，并采集回收焦油、粗苯、硫铵及中温沥青、粗酚、工业萘、蒽油等产品。公司是循环经济试点企业之一，也是“煤—焦—化”循环经济产业链的重要组成部分。

B公司成立于2004年，拥有职工900人左右。公司设计年产能力132万吨，主要产品有铅精矿、锌精矿、硫精矿、金、银等。公司是第二批国家级绿色矿山试点单位之一，是“锌精矿—硫精矿—硫酸—硼酸—硼镁肥”产业链的重要组成部分，也是试验区龙头企业之一。

C公司成立于2008年，是由××股份有限公司和××有限公司共同出资组建。公司年产能力130万吨，产品主要有食用碱和轻质、重质纯碱等。公司遵循循环经济发展理念，综合利用盐、石灰石、煤炭等资源生产纯碱，是“石灰石—纯碱—氯化钙”产业链的重要组成部分。

（一）数据来源

根据指标体系设计原则及实际情况对评价指标体系进行调整，实际操作评价指标体系及各指标得分情况如表10-11所示。表中数据为园区企业调研数据，选取企业既定标准值或行业平均值作为目标值，根据公式整理计算得到。

表10-11　企业生态化水平评价指标完成情况得分表

目标值	准则层	指标层	A公司	B公司	C公司
企业生态化水平	经济效益	职工人均产值	1	1	0.716 2
		成本费用利用率	0	0.760 6	1
		权益净利率	0	0.405 2	0.986 1
		资产负债率	0.910 7	1	0.597 3
	节能减排与循环	万元产值能耗	1	1	0
		万元产值水耗	1	1	0.632 7
		万元废气排放量	1	1	0
		万元固废产生量	0.993 7	1	0.415 9
		工业用水重复利用率	1	0.6	1
	发展潜力	环保投资率	0.258 9	0.273 1	0.044 5
		科研投入比例	0.297 5	0.038 2	0.013 3

（二）模型计算

1. 权重确定

在综合评价中，各评价指标对于评价目标而言，其重要程度不一。要更为准确地进行评价，则需要标明各指标的重要程度，即权重。确定权重的方法有很多，有主观赋权法和客观赋权法。主观赋权法的主观性太强，评价结果容易受评价者自身因素的影响，所得结果的可信度不高，因此本书采用客观赋权法中的熵值法[191]。

熵值法原理：设有 m 个待评方案，n 项评价指标，形成原始指标数据矩阵，对于某项指标 x_j，指标值 x_{ij} 的差距越大，则该指标在综合评价中所起的作用越大；如果某项指标的指标值全部相等，则该指标在综合评价中不起作用。在信息论中，信息熵 $H(x)$ 是系统无序程度的度量。其中：

$$\sum_{i=1}^{n} P(X_i) inp(X_i) \qquad H(X) = -\sum_{i=1}^{n} P(X_i) inp(X_i)$$

一个系统的有序程度越高，则信息熵越大；反之越小。$H(X) = -\sum_{i=1}^{n} P(X_i) \mathrm{inp}(X_i)$ 所以，可以根据各项指标值的差异程度，利用信息熵来计算各指标的权重，为多指标综合评价提供依据。

用熵值法进行综合评价的步骤：

（1）将各指标同度量化，计算第 j 项指标下第 i 个方案指标值的比重 p_{ij}，如公式：

$$p_{ij} = \frac{x_{ij}}{\sum_{i=1}^{m} x_{ij}}$$

（2）计算第 j 项指标的熵值 e_j。

$$e_j = -k \sum_{i=1}^{m} p_{ij} \ln p_{ij}$$

其中，$k \geqslant 0$，ln 为自然对数，$e_j \geqslant 0$。如果 x_{ij} 对于给定的 j 全部相等，那么

$$p_{ij} = \frac{x_{ij}}{\sum_{i=1}^{m} x_{ij}} = \frac{1}{m}$$

此时 e_j 取极大值，即：

$$ej = -k \sum_{i=1}^{m} \times \frac{1}{m} \times \ln \frac{1}{m} = K \times \ln m$$

若设：$k = \frac{1}{\ln m}$，$\frac{1}{k \ln m}$ 则 $0 \leqslant e_j \leqslant 1$

（3）计算第 j 项指标的差异性系数 g_j。

对于给定的 j，x_{ij} 的差异性越小，则 e_j 越大；当 x_{ij} 全部相等时，$e_j = e_{max} = 1$，此时对于方案的比较，指标 x_j 毫无作用；当各方案的指标值相差越大时，e_j 越小，该项指标对于方案的比较，作用越大。

$$g_j = 1 - e_j$$

（4）定义权数 w_j。

$$w_j=\frac{g_j}{\sum_{j=1}^{n}g_j}$$

在计算过程中，时常会遇到一些极端值的情况，指标值为负时不能直接计算比重，也不能取对数，而为保证数据的完整性这些值又不能删去，因此需要对这些指标数据进行变换。改进熵值法有两种：功效系数法和标准化法。前者在变换数据时会人为地增加变量（由评价者决定其取值大小），导致结果的不确定性。后者不需要加入任何主观信息，评价结果是唯一的，并且利于缩小极端值对综合评价的影响，因此在此选择标准化法进行变换，公式如下：

$$x'_{ij}=\frac{x_{ij}-\bar{x}_j}{s_j}$$

其中，$\bar{x}_j$ 为第 j 项指标值的均值，s_j 为第 j 项指标值的标准差。

为消除负值，可将坐标平移，令：

$$Z_{ij}=a+x'_{ij}$$

其中，a 为平移幅度。然后用 Z_{ij}代替 x_{ij}按公式进行评价。

根据上述公式，利用 Excel 软件计算出各指标的权重，如表 10-12 所示。

表 10-12　企业生态化水平评价指标权重

目标层	权重	准则层	权重	指标层	权重
企业生态化水平	1	经济效益	0. 376 1	职工人均产值	0. 220 3
				成本费用利用率	0. 278 8
				权益净利率	0. 280 4
				资产负债率	0. 220 5
		节能减排与循环	0. 430 7	万元产值能耗	0. 188 3
				万元产值水耗	0. 189 5
				万元废气排放量	0. 187 7
				万元固废排放量	0. 187 5
				工业用水重复利用率	0. 247 0
		发展潜力	0. 193 2	环保投资率	0. 549 9
				科研投入比例	0. 450

2. 生态化水平计算

根据前文公式计算得到三个企业生态化水平，如表 10-13 所示。

表 10-13　企业生态化水平评价指标权重

	企业生态化水平	经济效益	节能减排与循环	发展潜力
A 公司	0. 641 9	0. 158 4	0. 430 2	0. 053 4
B 公司	0. 708 7	0. 288 3	0. 388 1	0. 032 3
C 公司	0. 515 2	0. 317 7	0. 191 6	0. 005 9

（三）结果分析

从表 10-13 中可以看到三家企业的生态化水平情况，B 公司生态化水平最高，为 0. 708 7，处于蓝色安全区，但靠近与黄色预警区的交界线，因此仍需加强推进生态化发展，提高企业生态化水平；A 公司和 C 公司生态化水平指数分别为 0. 641 9 和 0. 515 2，处于黄色预警区，这两个企业应做好节能减排工作和废物的回收利用，加大生态化投入。

从准则层指标来看，在经济效益方面，C 公司水平最高，其次分别是 B 公司和 A 公司。在节能减排与循环方面，A 公司水平最高，为 0. 430 2；其次是 B 公司为 0. 388 1；C 公司最低，为 0. 191 6，较 A 公司低了 55. 46%。在发展潜力方面，三家企业水平都不高，A 公司最高也仅为 0. 053 4。发展潜力主要体现在环保和科技投入两方面。可以发现，三家企业在这两个方面的投入得分较低，说明企业在这两个方面的投入较少。在实地调研中我们也发现大部分企业在国家政策的强制规定下，在环保方面进行了一定的投入；在科研方面，除部分实力雄厚的大型企业外均没有专门的科研人员和部门，科研投入较少。

综合上述三个企业的情况来看，首先，B 公司生态化水平最高，在节能减排与循环方面排第二。结合实地调研所了解的情况可知，公司在节能减排与循环利用方面也做了一定的努力。B 公司的主要污染物有生产中产生的固体废弃物和废水，冬季取暖排放的废气，生产过程中不产生废气。对于固体废弃物利用落差处理的方法进行堆放处理；对于部分不能利用的硫精矿和副产废机油，则销售给其他公司进一步利用。公司的废水主要来自井下凿岩、除尘等，公司建立专用蓄水池回收废水，但其循环利用情况较差。目前公司正在研究废水回收利用的技术和方法，以求实现废水的循环利用。在发展潜力方面，B 公司水平较高。公司较为注重环保和科技投入，在生产设备、技术和环保上均投入了大量资金。

其次，A 公司生态化水平排在第二，其节能减排与循环水平最高，但经济效益水平最低。从表 10-11 得分情况可知：A 公司经济效益水平最低的原因，公司的成本费用利用率和权益净利率得分均为 0，说明 A 公司目前正处于亏损状态。究其原因可能是受经济环境的影响较大。近年来经济增长放缓，受产能过剩和国家政策的影响，公司发展受到较大的冲击。虽然如此，其节能减排与循环水平最高，可以看出 A 公司比较注重环境保护。在废水处理上，公司生产中产生的大部分工业废水在生产过程中直接进行循环利用，其余部分用于绿化、洒水除尘等；在废气排放方面，公司将 70%以上的废气用于生活、锅炉和热电等，并引进先进设备进行实时监控，有效保证了废气的达标排放；在固体废弃物方面，公司将焦油渣拌入原煤炼焦，粗苯渣外售，部分废渣进行填埋处理。同时公司还增加了热电联产项目对剩余燃气加以利用，可供公司 60%的用电。当前公司正在研究 LNG 液化气的生产，并规划建设甲醇项目将废气吃干榨尽，延长产业链，最终实现零排放。

最后，C 公司生态化水平最低，其节能减排与循环水平也最低。可以看到，C 公司在能耗和废气排放上得分为 0，在万元固废产生量和水耗上得分也较低。在调研中我们也发现 C 公司最大的废弃物是废液。目前公司建立了废液排放站，将部分废液销售给××公司生产氯化钙，剩余部分暂存在山坳中无法利用，这不仅造成了资源浪费，对环境也带来了较大的压力。

综上分析，目前企业生态化发展水平参差不齐，各企业生态化发展的制约因素也各不相同。A 企业生态化发展受成本费用利用率、权益净利率、环保投资率和科研投入比例等短板指标影响；B 企业生态化发展受权益净利率、工业用水重复利用率、环保投资率和科研投入等短板指标的影响；C 企业生态化发展受资产负债率、万元产值能耗、万元废气排放量、万元固废产生量、环保投资率和科研投入比例等短板指标的影响。因此，企业在生态化发展中不仅要发展经济，也要做好节能减排与循环利用的相关工业，同时还应注重环保和科研的投入。

二、“线”状生态化水平实证分析

（一）数据来源

根据实际情况，本书选取采矿业和制造业为例进行实证分析。其中采矿业主要包括煤炭开采和洗选业，石油和天然气开采业，黑色金属矿采选业，有色金属矿采选业，非金属矿采选业和其他采矿业。制造业包括食品制造业，饮料制造业，石油加工、炼焦及核燃料加工业，化学原料及化学制品制造业，医药制造业，非金属矿物制品业，黑色金属冶炼及压延加工业，有色金属冶炼及压延加工业等。

此处根据指标体系设计原则及实际情况对评价指标体系进行调整，实际操作评价指标体系及各指标得分如表 10-14 至表 10-15 所示。其中数据来源于 2005—2018 年《海西州统计年鉴》和《青海统计年鉴》，以及青海省统计局、青海省科技厅、青海省环保局和青海省环境监测站等单位提供的资料，选取试验区平均水平和部分园区标准作为目标值，整理计算出采矿业和制造业的相关数据。

表 10-14　采矿业产业生态化水平评价指标完成情况得分

目标层	准则层	指标层	2005 年	2006 年	2007 年	2008 年	2009 年	2010 年	2011 年	2012 年	2013 年
采矿业生态化水平	经济效益	人均产值	1	1	1	1	0.923 4	1	1	1	1
		主营业务成本比率	0.978 3	0.948 4	0.998 1	1	1	0.973 9	1	1	1
		销售利润率	0.947 6	0.919 8	0.959 2	0.929 3	0.768 9	0.947 8	0.995 3	1	1
		资产负债率	0.957 1	0.893 9	0.917 6	0.947 5	1	1	1	1	1
	物质减量与循环	万元产值工业煤炭消耗	1	1	1	1	1	1	1	0.795 9	0.837 6
		万元产值工业用水量	1	1	1	1	1	1	1	1	1
		工业固废综合利用率	0.003 2	0.021 0	0.133 0	0.129 7	0.003 5	0.053 3	0.465 2	0.507 6	0.480 8
	污染控制	万元产值工业废水排放量	1	1	1	1	1	1	1	1	1
		万元产值工业废气排放量	1	1	1	1	1	1	1	1	1

续表

目标层	准则层	指标层	2005年	2006年	2007年	2008年	2009年	2010年	2011年	2012年	2013年
采矿业生态化水平	污染控制	万元产值工业固废产生量	1	1	0.901 2	1	1	1	1	1	1
	发展潜力①	R&D经费占产值比重	0.427 9	0.448 8	0.265 0	0.110 7	0.473 6	0.124 3	0.105 8	0.026 5	0.013 8
		R&D人员占职工比重	1	1	1	1	1	0.530 7	0.399 1	0.243 5	0.150 2

表10-15 制造业产业生态化水平评价指标完成情况得分

指标层	2005年	2006年	2007年	2008年	2009年	2010年	2011年	2012年	2013年
人均产值	0.600 4	0.721 6	0.717 8	1	1	0.952 6	0.800 7	0.926 9	0.836 4
主营业务成本比率	1	1	1	0.904 5	1	1	0.803 7	0.747 1	0.747 4
销售利润率	1	1	1	1	1	1	1	0.880 0	0.653 4
资产负债率	1	1	1	1	1	0.980 8	0.962 3	0.953 0	0.930 0
万元产值工业煤炭消耗	0.244 7	0.559 6	0.860 3	0.389 8	0.533 2	0	0	0.845 5	0.934 4
万元产值工业用水量	1	1	1	1	1	1	1	1	1
工业固废综合利用率	0.192 8	0.581 4	0.612 1	0.351 7	0.600 5	0.891 8	0.972 6	0.967 3	0.959 8
万元产值工业废水排放量	0.314 3	0.356 6	0.769 7	1	1	1	1	1	1
万元产值工业废气排放量	0.602 3	0	0	0	0.260 8	0.106 3	1	1	1
万元产值工业固废产生量	0	0	1	0.532 4	0.896 4	0.588 6	0	0	0
R&D经费占产值比例	0.307 0	2.842 4	0.401 4	0.053 2	0.393 5	1	1	1	0.741 1
R&D人员占职工比例	1	1	1	1	1	1	1	1	1

（二）模型计算

1. 权重确定

同样利用改进熵值法求得各指标的权重，如表10-16和表10-17所示。

① R&D经费和R&D人员2005—2008年的数据是由预测得来。考虑数据可获得性，2013—2017年物质减量与循环、污染控制、发展潜力选用2012年数值，制造业亦同。

表 10-16　采矿业产业生态化水平评价指标权重

目标层	权重	准则层	权重	指标层	权重
采矿业生态化水平	1	经济效益	0.339 0	人均产值	0.244 3
				主营业务成本比率	0.263 7
				销售利润率	0.249 4
				资产负债率	0.242 6
		物质减量与循环	0.229 4	万元产值工业煤炭消耗	0.324 1
				万元产值工业用水量	0.316 6
				工业固废综合利用率	0.359 3
		污染控制	0.257 3	万元产值工业废水排放量	0.330 1
				万元产值工业废气排放量	0.351 6
				万元产值工业固废产生量	0.318 2
		发展潜力	0.174 3	R&D 经费占产值比例	0.495 6
				R&D 人员占职工比例	0.504 4

表 10-17　制造业产业生态化水平评价指标权重

目标层	权重	准则层	权重	指标层	权重
制造业生态化水平	1	经济效益	0.353 8	人均产值	0.279 8
				主营业务成本比率	0.228 3
				销售利润率	0.266 7
				资产负债率	0.225 2
		物质减量与循环	0.271 2	万元产值工业煤炭消耗	0.343 4
				万元产值工业用水量	0.296 8
				工业固废综合利用率	0.359 8
		污染控制	0.223 0	万元产值工业废水排放量	0.303 1
				万元产值工业废气排放量	0.370 1
				万元产值工业固废产生量	0.326 9
		发展潜力	0.152 0	R&D 经费占产值比例	0.485 8
				R&D 人员占职工比例	0.514 2

2. 生态化水平计算

通过计算得到采矿业和制造业生态化水平，如表 10-18 和表 10-19 所示。

表 10-18　采矿业生态化水平结果明细

	2005 年	2006 年	2007 年	2008 年	2009 年	2010 年	2011 年	2012 年	2013 年	2014 年	2015 年	2016 年	2017 年
经济效益	0. 329 1	0. 318 9	0. 328 6	0. 328 7	0. 313 1	0. 332 3	0. 338 6	0. 339 0	0. 353 3	0. 273 0	0. 331 3	0. 316 5	0. 322 0
物质减量与循环	0. 147 2	0. 148 7	0. 157 9	0. 157 7	0. 147 3	0. 151 4	0. 185 3	0. 173 6	0. 1730	0. 1730	0. 173 6	0. 173 6	0. 173 6
污染控制	0. 257 3	0. 257 3	0. 249 2	0. 257 3	0. 257 3	0. 257 3	0. 257 3	0. 257 3	0. 257 3	0. 257 3	0. 257 3	0. 257 3	0. 257 3
发展潜力	0. 174 3	0. 139 3	0. 121 7	0. 100 5	0. 088 7	0. 058 1	0. 033 4	0. 023 6	0. 023 6	0. 023 6	0. 023 6	0. 023 6	0. 023 6
采矿业生态化水平	0. 907 9	0. 864 2	0. 857 4	0. 844 1	0. 806 3	0. 799 0	0. 814 6	0. 793 6	0. 807 9	0. 727 5	0. 785 8	0. 771 0	0. 776 6

表 10-19　制造业生态化水平结果明细

	2005 年	2006 年	2007 年	2008 年	2009 年	2010 年	2011 年	2012 年	2013 年	2014 年	2015 年	2016 年	2017 年
经济效益	0. 314 2	0. 326 2	0. 325 9	0. 346 1	0. 353 8	0. 347 6	0. 315 2	0. 311 1	0. 299 3	0. 253 9	0. 271 6	0. 310 1	0. 300 6
物质减量与循环	0. 122 1	0. 189 3	0. 220 3	0. 151 1	0. 188 7	0. 167 5	0. 175 4	0. 253 6	0. 253 6	0. 253 6	0. 253 6	0. 253 6	0. 253 6
污染控制	0. 071 0	0. 024 1	0. 124 9	0. 106 4	0. 154 5	0. 119 3	0. 150 1	0. 150 1	0. 150 1	0. 150 1	0. 150 1	0. 150 1	0. 150 1
发展潜力	0. 045 9	0. 104 8	0. 047 8	0. 051 4	0. 096 5	0. 102 7	0. 094 6	0. 106 9	0. 106 9	0. 106 9	0. 106 9	0. 106 9	0. 106 9
制造业生态化水平	0. 553 2	0. 644 5	0. 718 9	0. 655 0	0. 793 5	0. 737 1	0. 735 3	0. 821 7	0. 810 0	0. 764 6	0. 782 2	0. 820 7	0. 811 3

（三）结果分析

根据表 10-18 和表 10-19 的计算结果，分别作出采矿业和制造业生态化水平变化趋势图，如图 10-10 和图 10-11 所示。

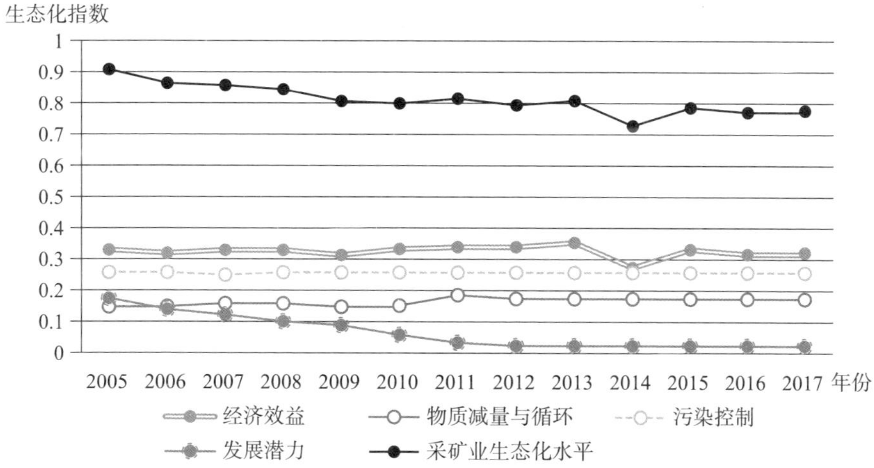

图 10-10　采矿业生态化水平变化趋势

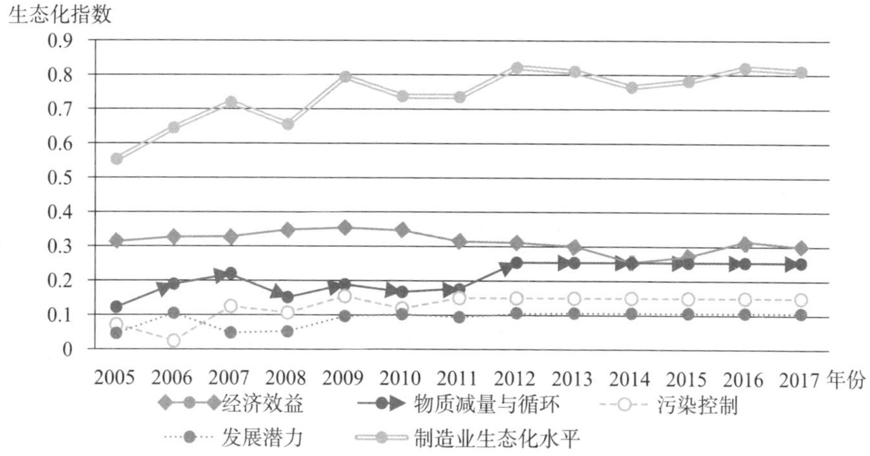

图 10-11　制造业生态化水平变化趋势

1. 采矿业生态化水平评价结果分析

图 10-10 为采矿业生态化水平变化趋势图。从图中可以看到近年来采矿业生态化水平的整体变化较为平稳，略有下降趋势，由 2005 年的 0.907 9 下降到 2017 年的 0.776 6，降低了 14.46%，但一直保持在蓝色

安全区域内。

具体来分析，从图 10-10 中可以看到 2014 年后采矿业生态化水平出现明显的下降。对应到准则层指标的变化情况来看，可以发现这几年经济效益和污染控制的变化不大，基本保持在同一水平上。物质减量与循环出现了一定的增长，由 2005 年的 0.147 2 增长到 2017 年的 0.173 6，增长了 0.026 4。而发展潜力却出现了下降，2017 年较 2005 年下降了 0.150 7。因此可知，采矿业生态化水平下降主要因为发展潜力指标的大幅下降。

再看其得分，从表 10-16 中可以看到采矿业生态化水平整体得分的情况较好。具体来看，经济效益和污染控制的得分较高，大部分得分为 1，基本达到了生态化发展的要求。而物质减量与循环和发展潜力得分不高。首先，物质减量与循环中的工业固废综合利用率得分较低，历年最高得分仅为 0.507 6，说明该项指标只完成了生态化发展要求的 50.76%。其次，发展潜力中的 R&D 经费占产值比重和 R&D 人员占职工比重的得分也较低，并且都呈下降趋势。R&D 经费占产值比重的得分由 2005 年的 0.427 9 下降到 2017 年的 0.013 8，下降了 910.20%。R&D 人员占职工比重的得分由 2005 年的 1 下降到 2017 年的 0.150 2，下降了 84.98%。由此可以看出，采矿业在研发方面的投入出现大幅减少。

综上所述，工业固废综合利用率、R&D 经费占产值比重和 R&D 人员占职工比重是采矿业生态化发展的短板。因此，应该重点加强对固体废弃物的综合利用；增加 R&D 经费和人才投入，提升采矿业生态化发展潜力。

2. 制造业生态化水平评价结果分析

图 10-11 是近几年制造业生态化水平的变化趋势图。从图中可以看到制造业生态化水平呈波动递增的趋势。由 2005 年的 0.553 2 提高到 2017 年的 0.811 3，增长了 46.66%，从黄色预警区进入到蓝色安全区域。其间形成了 7 个转折点，即 2007 年、2008 年、2009 年、2011 年、2012 年、2014 年和 2016 年，呈现“四升三降”的特征。首先，2007 年制造业生态化水平较 2006 年提高了 0.074 4。对应到准则层看可知，除经济效益、发展潜力降低外，物质减量与循环和污染控制都较 2006 年有所提高，尤其是污染控制提高了 0.100 8。其次，2007 年到 2008 年制造业生态化水平出现了大幅下降，降低了 0.0638。具体分析可知，准则层出现“两升两降”的特征，即经济效益和发展潜力呈上升趋势，共提高了 0.023 8；而物质减量与循环和污染控制出现下降趋势，

共降低了 0. 087 7。因此制造业生态化水平在这两年出现一升一降。再次，2017 年较 2008 年提高了 0. 156 3，其间在 2008—2009 年和 2011—2012 年出现了较大的提高，2009—2011 年和 2012—2017 年较为平稳。具体分析可知，除经济效益略有下降外，其他各项指标均不同程度的提高。

再结合表 10-15 得分来看，经济效益整体得分都较好。物质减量与循环中万元产值工业煤炭消耗在 2012 年以前得分都较低，且在 2010、2011 两年的得分为 0，仅在 2007 年和 2012 年以后得分在 0. 8 以上。可以看到在煤炭消耗的控制上并不稳定。固废综合利用率在 2010 年以后得分都较高，说明在固废综合利用上已接近目标要求。再看污染控制的具体情况，万元产值工业废水排放量在 2008 年以后的得分都是满分，说明该项指标已达到目标要求。万元产值工业废气排放量和万元产值工业固废产生量的得分情况稍差。万元产值工业废气排放量在 2011 年以前得分都较低，甚至为 0。万元产值工业固废产生量得分不容乐观，在 2011—2013 年的得分为 0，说明固废产生量未达到相关标准。最后发展潜力中 R&D 经费占产业比重得分较不稳定，最高值为 0. 714 6，最低值为 0. 079 7。

综合可知，制造业生态化水平呈上升趋势，但仍存在短板指标影响其发展，主要包括主营业务成本比率、销售利润率、万元产值工业固废产生量和 R&D 经费占产值比重等指标。

三、“网”状生态化水平实证分析

（一）数据来源

根据指标体系设计原则及实际情况对评价指标体系进行调整，表 10-20 是柴达木循环经济试验区生态化水平评价实际操作指标体系及其得分情况。表中数据根据 2010—2018 年《海西州统计年鉴》、青海省统计局以及试验区管委会提供的相关资料，选取《海西州国民经济和社会发展第十二个五年规划纲要》《生态县、生态市、生态省建设指标（修订稿）》等资料设计的相关指标为目标值整理计算而得。

表 10-20　柴达木循环经济试验区生态化水平评价指标完成情况得分

目标层	准则层	指标层	2005 年	2006 年	2007 年	2008 年	2009 年	2010 年	2011 年	2012 年	2013 年	2014 年	2015 年	2016 年	2017 年	2018 年
试验区生态化水平	经济发展	园区 GDP	1	1	1	1	0. 91	1	1	1	0. 91	0. 80	0. 94	1	1	1
		GDP 年平均增长率	1	1	1	1	0. 82	1	1	1	0. 82	1	1	1	0. 94	0. 77
		第三产业比重	0. 56	0. 52	0. 50	0. 44	0. 48	0. 45	0. 4	0. 39	0. 40	0. 24	0. 56	0. 64	0. 63	0. 60
		城镇化率	0. 89	0. 82	0. 81	0. 81	0. 81	0. 81	0. 93	0. 96	1	0. 53	0. 54	0. 73	0. 75	0. 77
	物质减量与循环	万元 GDP 综合能耗	—	—	0	0	0	0. 22	0. 13	0. 17	0. 22	0. 43	0. 49	0. 85	0. 74	0. 72
		工业固废综合利用率	0. 18	0. 36	0. 25	0. 26	0. 33	0. 51	0. 92	0. 91	0. 90	0. 90	0. 91	0. 92	0. 91	0. 90
	污染控制	废水排放总量	1	1	1	1	1	1	1	1	1	1	1	1	1	1
		SO_2 排放量	1	1	1	1	1	1	1	1	1	1	1	1	1	1
		COD 排放量	1	1	1	1	1	1	1	1	1	1	1	1	1	1
		工业固体废物处置率	—	—	0. 000 4	0. 003 7	0. 001 2	0. 001	0. 000 3	0. 000 3	0. 000 2	0. 001 3	0. 003 2	0. 003	0. 017	0. 019
	发展潜力	科研投入占 GDP 比重	0. 016	0. 055 9	0. 069	0. 063	0. 072	0. 077	0. 046	0. 070 4	0. 071 6	0. 41	0. 54	0. 61	0. 70	1
		R&D 人员占职工比重	0. 49	0. 86	0. 81	0. 53	0. 58	0. 38	0. 25	0. 26	0. 30	0. 60	0. 78	0. 47	0. 66	0. 58

（二）模型计算

1. 权重确定

利用熵值法求得各指标的权重（表 10-21）。

表 10-21　柴达木循环经济试验区生态化水平评价指标权重

目标层	权重	准则层	权重	指标层	权重
试验区生态化水平	1	经济发展	0. 405 3	园区 GDP	0. 063 5
				GDP 年平均增长率	0. 143 3
				第三产业比重	0. 111 1
				城镇化率	0. 087 4
		物质减量与循环	0. 175 2	万元 GDP 综合能耗	0. 113 4
				工业固废综合利用率	0. 061 9
		污染控制	0. 259 1	工业固体废物处置率	0. 050 2
				废水排放总量	0. 069 4
				SO_2 排放量	0. 076 1
				COD 排放量	0. 063 5
		发展潜力	0. 160 2	科研投入占 GDP 比重	0. 090 2
				R&D 人员占职工比重	0. 070 1

2. 生态化水平计算

通过计算得到园区生态化水平（表 10-22）。

表 10-22　柴达木循环经济试验区生态化水平结果明细

	2005 年	2006 年	2007 年	2008 年	2009 年	2010 年	2011 年	2012 年	2013 年	2014 年	2015 年	2016 年	2017 年	2018 年
经济发展	0. 21	0. 21	0. 20	0. 20	0. 18	0. 20	0. 20	0. 20	0. 27	0. 27	0. 31	0. 34	0. 33	0. 31
物质减量与循环	0. 07	0. 12	0. 11	0. 12	0. 10	0. 12	0. 17	0. 17	0. 10	0. 10	0. 11	0. 15	0. 14	0. 14
污染控制	0. 19	0. 19	0. 18	0. 18	0. 20	0. 26	0. 26	0. 26	0. 20	0. 20	0. 20	0. 20	0. 20	0. 20
发展潜力	0. 03	0. 06	0. 05	0. 04	0. 04	0. 03	0. 02	0. 02	0. 08	0. 08	0. 10	0. 09	0. 11	0. 13
试验区生态化水平	0. 50	0. 58	0. 57	0. 56	0. 55	0. 63	0. 68	0. 68	0. 65	0. 65	0. 72	0. 78	0. 78	0. 77

（三）结果分析

根据表 10-22 的计算结果如图 10-12 所示。

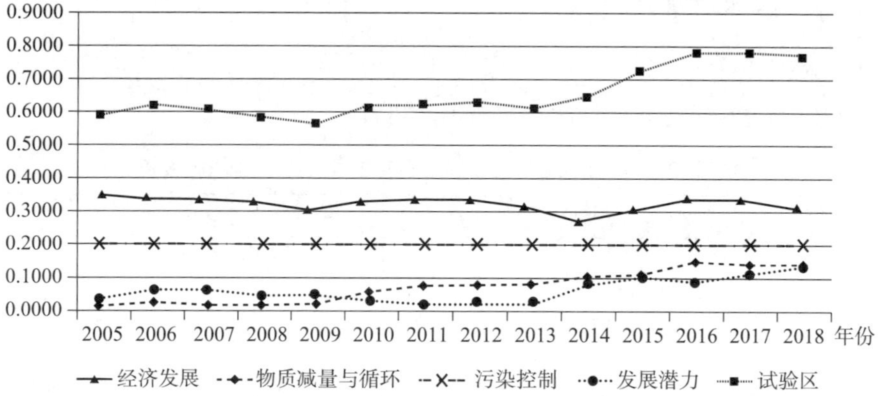

图 10-12　柴达木循环经济试验区生态化水平变化趋势

第一，从目标层来分析，从图 10-12 中可以看到柴达木循环经济试验区近年来生态化水平的变化情况，这几年试验区生态化指数主要落在黄色预警区内。从其变化趋势来看，试验区生态化水平呈现上升趋势，从 2005 年的 0. 589，上升到 2018 年的 0. 772，由橙色预警区进入到蓝色安全区，总体呈向好趋势。但其间生态化水平呈现出上下波动的变化状态，形成 2006 年、2009 年和 2012 年、2013 年三个转折点。首先，2005—2006 年试验区生态化水平得到了提高，其生态化指数较 2005 年提高了 0. 03。究其原因，物质减量与循环和发展潜力的生态化指数有了一定的提高。其次，2006—2009 年间，试验区生态化水平出现了小幅下降。结合表 10-21，具体到准则层指标来分析其原因可知，这三年生态化指数表现出“三降一升”的特征，即经济发展、物质减量与循环和发展潜力的生态化指数在下降，污染控制的生态化指数上升。通过几个指标的增减对比可以发现，下降的三个指标共下降了 0. 056，而上升的指标仅上升了 0. 001，因此试验区产业生态化指数最终降低了 0. 055。再次，2009—2012 年生态化水平出现了较快的提高，从 0. 562 8 提高到 0. 627 9，增长了 23. 79%。结合图具体分析原因可知，试验区生态化水平的提高主要受物质减量与循环和污染控制两个指标的影响，这两个指标出现了较大幅度增长，而其他三个指标变化趋势比较平稳。生态化水平进入了平稳发展阶段，随着产业生态化得不断推进，污染控制和物质减量与循环在达到一定水平后难以提升，抑制了试验区生态化水平的增长，但试验区的发展潜力持续上升，经济发展也较为平稳。

第二，具体到准则层分析来看，从图 10-12 中可以看到物质减量与循环指标的生态化指数前期呈增长趋势，尤其在 2009 年后出现较快的增长，而污染控制指数相对平衡，有缓慢提升。说明它们的生态化指数在提高，试验区在物质减量与循环和污染控制上取得了一定的成效。2015 年后，物质减量与循环和污染控制指标达到了统计期内的较高水平，但难以达到持续的高水平提升，发展潜力指标上升至 0. 1308、经济发展指标增长至 0. 3078，分别说明了随着产业生态化的推进，污染防治、产业生态化的成本不断上升等原因使得园区需要找寻生态建设与经济发展的平衡，同时生态经济、绿色经济表现出了良好的增长能力和发展潜力。

第三，结合各指标的得分分析可知（表 10-20），试验区生态化发展受到多个短板指标的影响。以 2018 年数据为例具体来看，经济发展中第三产业比重的得分较低，为 0. 6。污染控制中固废处置率虽然近年来得分有所提升但得分仍非常低。发展潜力中 R&D 人员占职工比重得分也较低。

综合以上分析可以发现，试验区生态化水平虽然呈上升趋势，但其生态化水平还有较大可提升空间。在第三产业比重、固废处置率和科研投入等方面还存在问题和不足，应加大投入予以改善。

四、评价结论

通过对柴达木循环经济试验区进行“点—线—网”状生态化水平的评价和分析可以得出以下结论。

第一，随着生态化理念的不断深入实践，试验区产业生态化取得了一定成效。制造业和试验区生态化水平均呈上升趋势，制造业生态化水平由黄色预警区进入到蓝色安全区，试验区生态化水平由橙色预警区进入到黄色预警区。说明试验区经济发展与环境保护之间的矛盾得到缓解。

第二，从等级划分来看，三个企业中有两个企业生态化水平处于黄色预警区，一个企业生态化水平处于蓝色安全区；制造业和采矿业生态化水平主要处于蓝色安全区，但采矿业生态化水平呈下降趋势；试验区生态化水平 2018 年上升至蓝色安全区。由此可知，试验区产业生态化发展虽取得了一定成绩，但其生态化水平不高，还有待进一步提高。

第三，产业生态化发展是一个漫长而曲折的过程。从产业来看，采矿业生态化水平呈现下降趋势，制造业生态化水平呈现出波动上升。从试验区整体情况来看，试验区生态化水平也呈现出波动上升的趋势，但经过九年的发展仍没突破黄色预警区进入蓝色安全区；尤其在 2011 年后产业生态化水平提升速度放慢，进入了艰难的过渡时期。由此可知，产业生态化发展既不是一蹴而就的，也不是一劳永逸的，而是一个漫长而曲折的过程。

第四，物质减量与循环和污染控制是产业生态化发展的重点。从各指标的权重中可以看到，物质减量与循环和污染控制占比较大。

第五，试验区产业生态化发展仍受到多个短板指标的制约。从前文的分析中可知，企业生态化发展的短板因素因企业不同而各异，但在经济、节能减排与循环和发展潜力中均有分布。产业生态化发展的短板因素主要集中在物质减量与循环、污染控制和发展潜力上。试验区生态化发展的短板因素在各准则层中均有分布。因此，可以看到物质减量与循环、污染控制和发展潜力是企业、产业和试验区生态化发展共同的短板。

第四节 园区产业生态化现存问题

一、主导产业发展层次较低，产业结构不合理

经过多年的发展，柴达木循环经济试验区取得了一定的成绩，但其产业生态化发展处于初级阶段，产业链紧密度和关联度不高，各大主导产业发展层次较低，开发模式仍较为粗放。石油、煤炭、盐湖化工、有色金属等资源导向型产业占整个试验区工业经济总量的90%，但仍以资源开采和初级加工为主，处于产业链的上游；产品多为基础原料型产品，精深加工、精细化工产品少，产品的技术含量低、附加值低，核心竞争力不强，对市场变化的应对能力不高。近年经济形势不好，企业生产成本上升，产品价格下降，经济效益受到了严重的影响，直接导致了试验区的宏观经济指标下降。例如煤炭企业以采掘和初级加工为主，近年受市场低迷和价格走低的影响，库存增加、利润下滑，部分企业已处于停产、半停产状态。

试验区产业结构不合理，仍以高耗能、高污染企业为主。化学原料和化学制品制造业、煤炭开采和洗选业、石油开采及加工业、有色金属矿采选业是污染物排放的主要来源，而其企业数量占全试验区企业数量的45.24%，产值占全试验区总产值的84.54%。这些高污染、高耗能产业的企业数量在试验区占较大比例，同时也是试验区经济的主要贡献者。产业结构不合理是阻碍产业生态化的重要因素。在发达国家，第三产业比重越来越大，物质生产部门在其国内生产总值中的比重越来越小，因此资源能源消耗、污染排放等随之降低，并逐渐实现生态化发展。柴达木循环经济试验区仍然以传统的发展模式为主，对资源的依赖性大，第二产业是试验区经济的主力，高污染、高

耗能企业在第二产业中占较大比例。

二、循环经济产业链尚未真正建立

循环经济产业链要求经济活动按照自然生态系统的规律，形成一个“资源—产品—再生资源”的物质反复循环流动过程，使整个经济系统基本上不产生或者只产生很少的废物，从根本上改变传统经济的“资源—产品—污染排放”物质单向流动的发展模式，使资源得到充分利用，避免因许多自然资源短缺与枯竭和灾难性的环境污染——诸如水源、空气污染和垃圾堆放等造成的恶果[192]。

因此，循环经济产业链有一个重要的基本特征和要求：在整体或局部会形成一个封闭的环状的循环流动链条。在这个循环链条上，每一个节点上的生产活动主要以上一个节点的生产废料或产品为基础。基本模型及运行方式如图 10-13 所示。

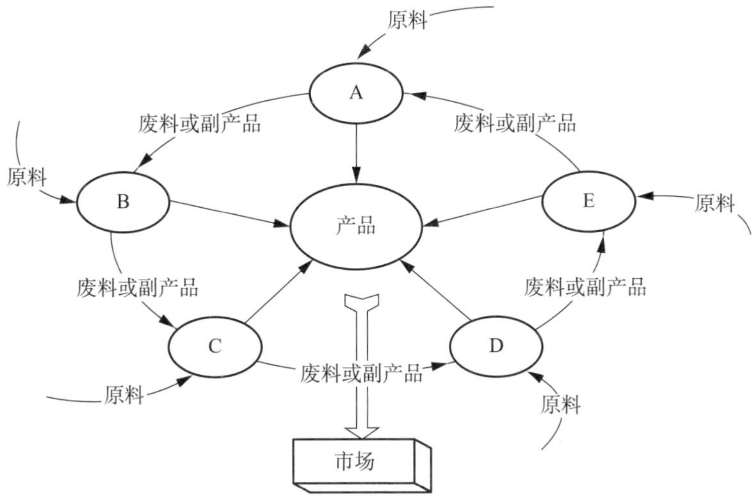

图 10-13 循环经济产业链基本模型图

目前，柴达木循环经济试验区已基本形成了七大主导产业体系，但是受多种因素的影响，试验区还未完全形成符合循环经济产业链特征和要求的经济形态。在实地调研中发现，试验区产业链发展处于初级阶段，以传统的“单线式”产业链为主，从原材料投入到最终产品产出，均是一个开放的系统，而非封闭的环状系统，如图 10-14 所示。

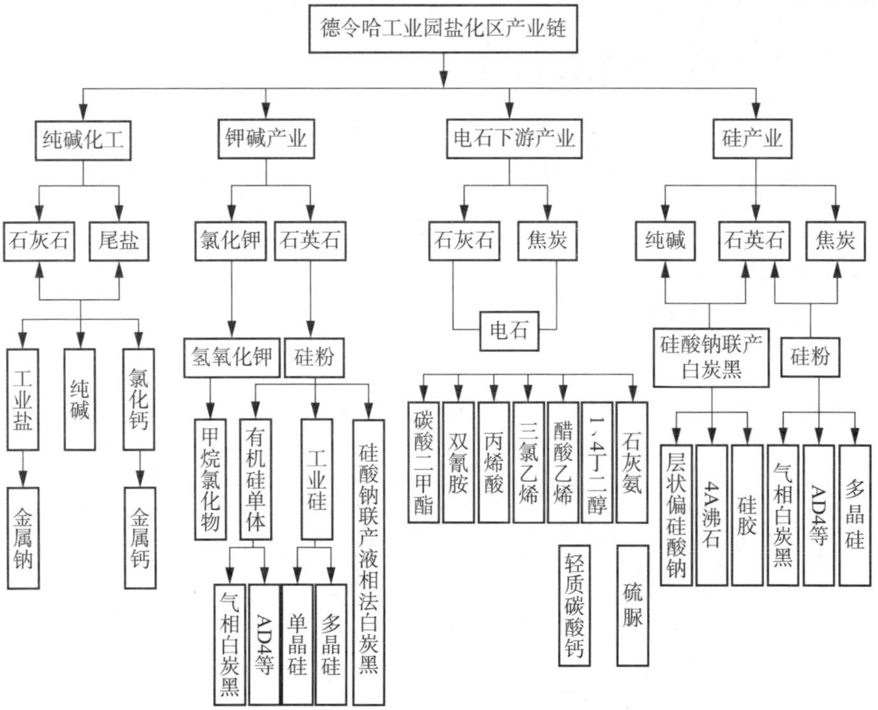

图 10-14　德令哈循环经济工业园盐化区产业链图

德令哈循环经济工业园盐化区产业链经过科学规划和精心设计得到不断地延伸，资源和废弃物得到有效的利用。但将产业链进行分解可以发现，该产业链是“线性”链条，不完全符合循环经济“3R”原则中的“再循环”原则；同时，产业之间的融合度不高，各产业还处于相对独立和封闭的状态，无法实现产业间副产品和废弃物等资源相互回收利用，实现“再利用”。调研中也发现，试验区内产业链条短，资源综合利用水平不高，仍有企业将废热、废气、固体废物等简单排放，没有进一步循环利用，不符合循环经济的“再利用”和“减量化”原则。

三、关键生态技术和人才短缺成为发展瓶颈

产业生态化本质上要求进行生态化创新，而生态化创新最重要的环节和工作就是生态技术的创新。产业的发展离不开技术的支撑，产业的升级离不开技术的升级，产业生态化同样离不开技术的生态化，即生态技术的广泛应用。在实地调研中，多位受访者谈到“限制试验区资源综合利用最重要的因素是技术和专业技术人才的短缺”“产业发展层次低主要是因为技术水平低”

“企业当前遇到的最大的困难就是缺乏专业技术人才”等问题。目前，人们认识到生态技术和人才的短缺已成为产业生态化发展的瓶颈。

试验区气候独特，四季不分明，常年干旱少雨、多风，属典型的高原干旱大陆性气候。全区多年年均降水量不足 200 毫米，年蒸发量 3 000 毫米左右，年均相对湿度不足 35%；太阳辐射强，日照时数长，昼夜温差大，年平均日照时数 2 916 小时，年总辐射量为 164~177 千卡/平方厘米，是青海省辐射量最多的地区，在全国范围内，仅次于西藏的中部和西南部；年平均气温在-5.6~5.2 摄氏度，日温差约为 12.6~19.8 摄氏度，是全国同纬度地区中温差最大的地区之一。除此之外，试验区地处西北偏远地区，发展程度较为落后，发展速度较慢，再加上海西州地区地广人稀，城镇化发展程度低，绿化面积少，所以试验区的人居环境较差，吸引并留住人才非常困难，这也是制约试验区发展的重要因素之一。

柴达木循环经济试验区主导产业体系初步建立，若想进一步完善与延伸产业链，必然离不开相关生态技术的支持。盐湖化工产业链的发展与延伸主要得益于生态技术的创新与运用。目前，试验区循环经济产业链尚未真正建立，其主要原因就是缺乏关键生态技术，这些技术的缺乏制约着产业链的深化和延伸。

表 10-23 中列出了试验区产业生态化发展所需要的急缺的生态技术。表中所列技术仅仅是其中的一部分，实际生产活动中还有许多精细的生态技术和方法制约着产业生态化发展。通过对这些生态技术的用途分析可知，这些技术的攻破能有效推进循环经济产业链的构建，产业链的深化与延伸，资源的综合利用和生态环境的保护。

表 10-23　试验区急缺的关键生态技术统计

序号	关键技术名称	技术及技术用途	运用领域
1	万吨级吸附法高纯碳酸锂产业生产技术	采用吸附法从高镁卤水中提取锂，实现高技术产业化，促进资源综合利用	盐湖化工
2	盐湖氯元素循环利用技术	氯元素平衡和有效利用，提出氯化聚氯乙烯（CPVC）合成新工艺和氯化铵法氯甲烷生产新工艺，解决盐湖资源循环经济产业链中氯气平衡和钙离子对盐湖二次污染问题	盐湖化工
3	无水氯化镁成套工艺与装置	实现盐湖水氯镁石脱水工艺产业化	盐湖化工

续表

序号	关键技术名称	技术及技术用途	运用领域
4	碳酸锂车间窑尾节能减排改造技术	对碳酸锂车间回转窑窑尾进行节能技术改造，达到减少能源消耗、提高资源利用率的目的	盐湖化工
5	金属矿床无废开采技术及环境整治工艺	包括无废开采技术、矿山固体废料高效填充技术、原地溶侵采矿技术等	有色金属
6	共伴生资源综合回收利用技术	提取盐湖卤水中的铷、溴等共生矿和伴生矿，回收资源共伴生稀有金属	有色金属
7	油气田钻井污水处理技术	钻井污水是钻进泥浆的高倍稀释混合物，成分复杂，对环境的污染严重，研制复合混凝剂处理污水	石油天然气
8	高原捣固炼焦技术	通过增加配煤中高挥发分、弱黏结性或不黏结性的低价煤的含量来扩大炼焦煤资源	煤炭化工
9	利用有机废弃物生产车用替代燃料技术	利用城市生活垃圾、污水处理产出的废渣等有机废弃物，生产车用压缩气体燃料	能源
10	有机废弃物高效生物堆肥处理技术	利用生活垃圾、市政污泥、畜禽粪便、作物秸秆和食品糟渣等生产有机肥	综合

资料来源：根据海西州统计局、海西州委宣传部、格尔木市统计局、格尔木昆仑经济开发区等部门提供的资料整理。

然而，关键生态技术的研发也离不开科研人员的支持，他们是试验区产业生态化发展的重要助推者。科研人员缺乏是当前试验区普遍存在的问题。在实证分析中也可以看到，不论是企业、产业还是试验区，在科研投入方面的得分都较低。科研投入将直接影响试验区的科研能力，从而制约关键生态技术的研发，影响试验区产业生态化发展。同时在实地调研中，很多企业包括管委会也谈及人才缺乏的问题。由于试验区气候干燥，环境较为恶劣，企业留人难，留专业技术人才更难。同时专业技术人才培养成本高，培养后的人才流失严重或培养后效果不明显，导致企业不太愿意花费过多的精力培养人才。因此，人才引不进、引进留不住或人才培养效果不佳等都成为相关人才短缺的重要原因。

综上可以看到，在资源导向型产业中，人才短缺制约着科研能力的提高，科研能力又影响着关键生态技术的研究与攻关，最终影响产业生态化的发展。因此，试验区必须加强人才的引进与培养、技术的引进与研发，通过生态技术的创新与突破提高试验区产业生态化水平。

四、产业生态化效果不佳，运营能耗大

自柴达木循环经济试验区成立以来，国家和地方政府出台了多项政策措施推进节能减排工作；同时试验区企业也加大了环保资金的投入，进行环保设施的建设及相关技术的研发，推进节能减排工作的有序开展。经过多年工作，试验区在“三废排放”和节约能源等方面取得了一定成绩，但节能减排工作仍面临较大压力。

试验区降低能耗和减少“三废”排放的工作仍然面临较大压力。试验区地处西北偏远地区，人才吸引能力差，技术发展缓慢且较为落后，所以试验区资源的开采利用技术能力粗放，资源浪费现象严重。试验区工业结构以原材料加工和初级产品再加工的重化工业为主，在资源综合开发和产业布局扩张的拉动下，纯碱、金属镁、高纯镁砂等项目相继开工和陆续投产，高耗能工业企业依然较多，能耗总量和单位工业增加值能耗将会进一步增长，节能减排的压力将会继续增加。同时，国家和省在考核单位 GDP 能耗下降能力的基础上新增了能源消耗考核，试验区发展受到能源消耗强度、能源消费总量的双重制约，所以在试验区循环经济发展水平的评价指标体系中，能耗准层评分比较低。

物质减量与循环和污染控制是影响产业生态化水平的关键。例如 2013 年试验区生态化水平并不高，主要因为物质减量与循环中的万元 GDP 综合能耗，污染控制中的工业固体废弃物处置率和工业固体废物处置率的得分较低，离目标要求还有一定的距离。2015—2018 年试验区的生态化水平变化不大，主要因为再污染防治、物质减量与循环等方面没有取得明显进展。因此可以看到节能减排能力弱将直接导致产业生态化水平难以提高。从试验区自身纵向比较来看，“三废”治理虽取得了一定的成效，但节能减排压力仍然较大。相比发展较好的工业园区，柴达木循环经济试验区的节能减排形势严峻，推进产业生态化发展任重道远。

目前试验区资源开采利用效率偏低，资源配置模式不够合理，导致资源综合开发推进困难。就盐湖化工产业来讲，试验区盐湖资源开发基本采用“一湖一企”或“一湖两企”模式，由于资源综合利用技术水平较低，不少企业在盐湖资源开采上存在采富弃贫、采厚丢薄的问题，资源浪费严重。同时，在“一湖一企”或“一湖两企”的开发模式驱动下，企业往往将资源开发利用局限于自身擅长的一种或两种盐湖资源，由于缺乏技术、人才等支持，对其他盐湖资源的开发缺乏重视，导致盐湖资源的综合开发利用推进困难。

五、产业生态化配套基础设施服务存在不足

产业生态化发展离不开配套基础设施服务，如上海化学工业区和泰达都有着较为完善的基础设施服务体系，因此，柴达木循环经济试验区要走产业生态化发展道路，也应配备完善的基础设施。

柴达木循环经济试验区面积达 25.6 万平方千米，但人口仅有 56 万人，是典型的地广人稀的区域，并且柴达木盆地地理环境自成一体，比较封闭，远离西宁等经济发达地区。试验区正处于全面发展、快速推进的阶段，随着落地项目的日益增多，对工业园区基础设施，尤其是交通、电力、供水供气管网和污染集中处理设施提出了较高要求。近年来发展步伐的不断加快，试验区基础设施建设速度已逐渐不能跟上循环经济快速发展的要求，诸如公路路网密度不足，办公区域与生产加工区域距离远、路况差；铁路运力调度困难，各环节收费较多，运输成本逐年增加，企业不堪重负，连续性运力不足；工程性缺水问题依然存在；大电网支撑较弱，电网吸纳新能源发电能力不足，难以满足新能源大规模发展；环保基础设施覆盖面窄等。面对目前的发展，试验区基础设施建设的投入资金相对短缺，且基础设施的建设成本高、建设难度大、利用率低，这直接导致了试验区内基础设施及相关服务难以满足产业的发展，在一定程度上增加了企业入驻试验区的成本，阻碍了试验区的发展。综合起来，试验区配套基础设施存在的不足主要表现在以下方面。

首先，试验区内公路网亟待完善。目前，柴达木循环经济试验区基本形成以格尔木、德令哈为中心，以三条国道和六条省道为主骨架的公路网，但仍不能满足试验区经济快速发展的需要。公路密度不足，资源地和加工地距离较远，路况差，部分矿区或厂区甚至没有公路通达。

其次，试验区内铁路运能严重供不应求。铁路运输具有单车装载量大、运输能力大、车速较高、受气候和自然条件影响较小、运输成本低等优势，适合大宗产品的运输。试验区以盐湖化工、石油化工、金属冶炼、煤炭化工等重工业为主，其产品如钾肥、金属产品、煤炭等，同时，试验区东西、南北跨度大，距离省会西宁市 500 千米以上，因此铁路运输是试验区产品输出的最优选择方式。但是，目前青藏铁路是试验区内唯一的铁路交通大动脉，境内全长仅有约 500 千米，远远无法满足货物运输需要，一些小型企业只能通过公路运输输出产品，使产品成本有所提高，降低了产品的竞争力。并且，试验区内需不足，工业项目原料又主要来自本地，从内地运进的往往是空车皮，而国家规定铁路不能收取空驶费，从内地调入空车皮既浪费运力资源，

又造成亏损，因此，铁路公司考虑到成本问题会减少空车皮的运进，这也就造成了试验区车皮不足的问题。

再次，试验区水利设施不健全，水资源供需矛盾突出。试验区水资源总量为 116.55 亿立方米，其中地表水 107.03 亿立方米，地下水 52.06 亿立方米。单位面积占有的水资源量为 3.87 万立方米/平方千米，是全省平均水平（8.74 万立方米/平方千米）的 44.30%，全国平均水平（29.17 万立方米/平方千米）的 13.30%。试验区的格尔木河、巴音河、香日德河、察苏河等流域，资源性缺水较为严重，与工程性缺水和农业用水效率低下问题并存。由于试验区水资源分布在时间上和空间上不均，水利设施不健全，无法合理地调配水资源来缓解水资源供需不平衡。

此外还有试验区大型电网未实现全覆盖，部分偏远地区工业生产用电紧张；物流配送中心、大型货运场站的规划和建设不足；园区环境整治和绿化工作略显滞后；供排水系统和污水处理系统还需进一步完善。

第五节 园区产业生态化路径

自柴达木循环经济试验区诞生以来，从国家到地方政府的各个层面，对试验区内园区发展、产业发展和企业发展进行了科学规划、准确定位，制定了一揽子政策和措施助推试验区乃至青海省经济实现跨越式发展。但是，试验区与其他园区相比，经济基础薄弱，起步晚、起点低，要实现跨越式发展不会一蹴而就，发展的道路也不是直线型的，而是螺旋上升的。柴达木循环经济试验区发展循环经济，实现产业生态化发展，更面临资金、技术等诸多因素的制约，因此，为试验区产业生态化制定科学的路径显得尤为重要。

布莱登（Braden R. Allenby）在 2005 年提出的产业生态系统的三级进化理论，为我们确定柴达木循环经济试验区产业生态化的路径提供了理论支持。柴达木循环经济试验区的产业生态化实现路径，也应该采取“三级进化”的策略：第一级，企业作为产业及产业链上的微观主体，首先要实现生态化；第二级，对产业中的上游、中游和下游已经实现生态化的企业进行链式整合，实现产业链的生态化；第三级，在一定的地理空间上对诸多产业进行整合，构建大的产业集群，各产业之间及产业与社区经济活动、社会生活进行横向和纵向的关联，实现资源、产品、废弃物的内部循环，从而实现全面的生态化[193]。

一、总体思路和发展目标

（一）总体思路

坚持把生态文明建设放在更加突出的战略位置，以主体功能区战略为依托，以生态环境为保障，落实“一优两高”战略；以加快经济发展方式转变和实现经济发展提质增效为目标，全力推进试验区产业生态化，大力发展具有柴达木特色的高原生态经济，着力提高发展质量和效益，加快形成区域比较优势充分发挥、要素资源合理有效配置的绿色、循环、低碳产业发展新格局，构建生态文明新时代的空间格局、产业结构、生产方式、生活方式，努力走出一条资源富集、生态脆弱地区实现科学发展的新路子。

（二）发展目标

综合考虑柴达木循环经济试验区经济和社会发展条件和趋势，立足加快推进产业生态化发展，促进发展方式的转型升级，确立试验区发展目标，使试验区经济社会发展建立在资源能支持、环境可容纳、生态受保护的基础上，努力将试验区打造成为展示全国生态文明建设成就的先行区。2020 年试验区生态经济体系已初步形成，基础设施建设基本完善，资源循环利用水平得以提升，关键生态技术得到突破，循环经济产业链有效延伸，传统产业基本完成转型升级；产业结构优化升级和节能减排工作取得重大进展；生态环境破坏得到有效遏制，生态文明程度得到提高。到 2025 年，循环经济产业链基本建成，并形成局部产业“网”，资源得到有效利用，资源综合利用率高于 70%；基本建立起循环持续的资源利用体系、完善的生态经济体系和高效的支撑保障体系，生态系统进入良性循环轨道；生态化水平得到提高，进入蓝色安全区。

二、“点”状生态化路径选择

企业是产业最基本的构成要素，企业的生态化水平将直接影响产业的生态化水平，因此，实现产业生态化的第一步是实现企业生态化。对于柴达木循环经济试验区来说，绝大多数企业都是资源型企业，资源型企业实现生态化，对整个试验区生态化发展具有重要意义。企业实现生态化可以从以下几个方面入手：明确生态化目标，制定生态化战略，培育生态化文化，实施清洁生产机制，如图 10-15 所示。

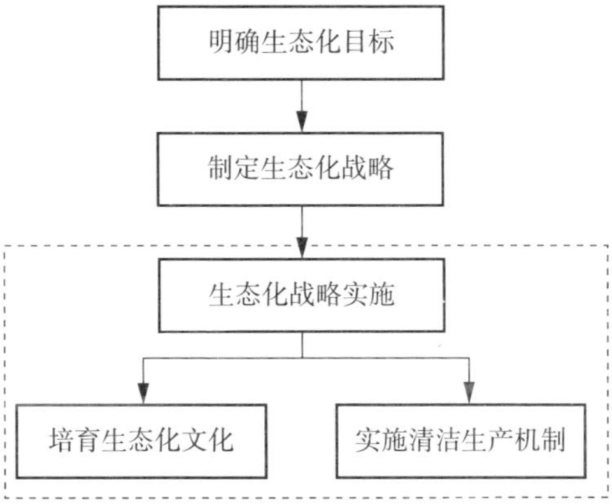

图 10-15 “点”状生态化实现路径

（一）明确生态化目标

任何活动都是围绕着一定的目标开展的，目标是活动预期的理想结果。只有先有了明确的目标，才能保证后续实现既定目标的活动得到有序的开展。走“点”状生态化路径，首先也应明确生态化目标。

企业进行生态化发展，应将生态化作为企业发展的重要目标之一。在生态化发展总体思想和目标的指导下，企业将生态化发展的总目标逐层分解成各个小目标，例如在一定时期内，经济效益应取得什么样的成果，节能减排量应达到多少，环境保护和科技投入应达到多大比例等。企业各部门据此制订出各自近期、中期及长期目标和计划。最终将各目标转化成具体行动，实现生态化发展总体目标。

（二）制定生态化战略

在企业管理过程中，战略的概念指的是一个组织打算实现它的目标和使命的途径和方法。战略包括对实现组织目标和使命的各种方案的制订和评价，以及最终选定将要实行的方案[194]。企业在明确生态化发展目标后，应将生态化发展提升到战略层面，制订出可行的实施方案以保证生态化的有序实现。

企业制定生态化战略，就是要为实现生态化目标提出具体可行的行动方案。企业是一个系统，任何一个目标都需要各部门的密切配合才能完成。因此，首先企业要分析其内外部环境和条件，制定出生态化发展总战略；其次将生态化发展总战略分解落实到各部门；最后各部门根据总体战略规划提出具体的行动方案。

企业生态化战略主要涉及两个方面：生产生态化和管理生态化。生产生态化保证生产原材料的生态化、生产过程生态化、生产工艺生态化和产品生态化。为保证生产生态化的实现，必须进行有效的生态化管理。例如，生产部门如何管理提高生产效率，减少资源消耗；企业如何树立生态文化，调整组织结构，做好对员工环保知识的宣传教育，保证企业上下与企业生态化发展总战略一致，积极履行相关的环保职责等。

（三）生态化战略实施

实现企业生态化目标需要将生态化战略落地。生态化战略实施可以通过以下两方面实现：培育企业生态化文化和实施清洁生产机制。培育企业生态化文化，将生态化管理上升到思想文化层面，让员工自觉履行生态化发展职责。实施清洁生产机制，实现全过程的生态化发展。

1. 培育企业生态化文化

意识能够对实践活动产生导向作用。培育企业生态化文化，形成良好的文化氛围，有助于企业贯彻落实国家颁布的关于生态环境保护的法律法规；有助于企业员工自觉加入清洁生产工作；有助于企业员工形成节约的良好习惯以降低企业运营成本。

试验区内的企业所处生态环境脆弱，培育生态化文化显得尤为重要，应从以下几个方面入手。

首先，将生态化文化渗入到企业文化中。结合试验区内企业所处的实际地理位置、生态环境状况，组织企业员工认识生态环境的脆弱性和难以修复性，牢固树立可持续发展观念，并将生态保护、走可持续发展道路的观念渗入到企业的管理及规章制度中，通过文化的力量让企业员工自觉保护生态环境。

其次，组织开展相关的法律教育和环境保护宣传。通过媒体、网络、公益活动等多种途径、多种方法、多种媒介，灵活安排，向企业员工开展有关生态环境保护与资源综合利用的法律法规如《循环经济促进法》《环境保护法》《清洁生产促进法》《矿产资源法》等教育活动。

最后，开展企业生产技术与工艺创新活动，激发企业员工创新意识和创新精神，互相交流介绍有利于节约资源、减少废物排放和资源回收利用的小方法、小技巧，并使之形成习惯。

2. 实施清洁生产机制

推行清洁生产是实现产业生态化的重要途径，是发展循环经济的重要内容。清洁生产与传统的末端治理有所不同，它强调的是全过程的治理，如图 10-16所示。

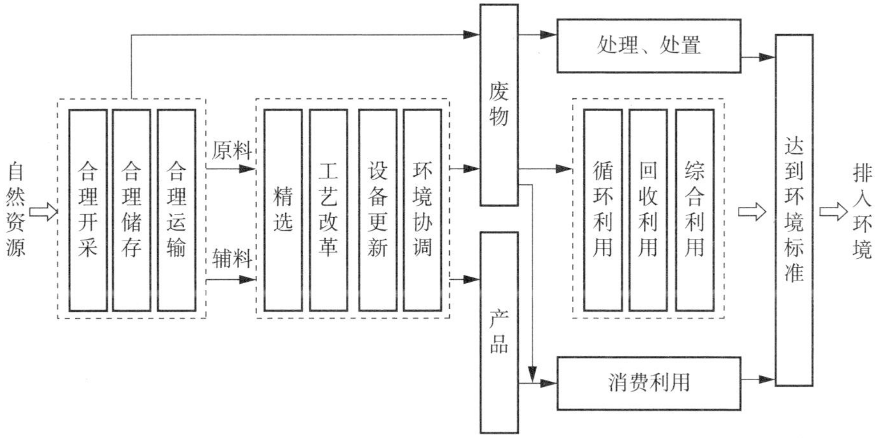

图 10-16 清洁生产流程模型图

企业是清洁生产的直接实施者，是具有能动性、代表性的微观经济载体。柴达木循环经济试验区内的企业要积极开展清洁生产，贯彻落实国家的有关政策法规。试验区内企业以资源型企业为主，且多为重工业。推行清洁生产，能从源头上减少和避免污染，提高资源的利用率，减少对环境的破坏，保障人的健康安全，同时促进试验区内工业企业的可持续发展。开展清洁生产可以采取以下措施。

第一，建立清洁生产的相关制度，引导和规范企业及员工的生产行为，保证清洁生产的有效实施；建立清洁生产激励机制，鼓励创新，以调动全体职工参与清洁生产的积极性。

第二，建立清洁生产信息系统，向企业全体员工提供有关清洁生产技术、工艺、设备和产品等方面的信息，并组织编制企业的清洁生产指南和指导手册，指导企业开展清洁生产。

第三，改进产品设计，将环境因素考虑到产品开发设计的所有环节里，即保证产品在生产中能耗最小、污染最少；在使用中效率最高、污染最少；在废弃后回收便利、污染最少。

第四，在生产过程中，选择绿色材料。选择清洁原材料、可再生材料、可循环材料、无毒材料等有利于环境保护的材料替代不可再生的、不可循环的、有毒的材料等。

第五，对生产技术工艺进行改进，对生产设备进行更新，淘汰资源浪费高、环境污染大的生产技术、工艺和设备。

第六，加强技术研发和创新，加大对资源的综合利用。对生产过程中产生的废水、废气和固体废物等进行回收利用，尽量做到污染物的“零排放”。

（四）“点”状生态化典型案例分析

青海盐湖工业股份有限公司是盐湖化工的龙头企业，也是盐湖化工产业链的主导环节。公司在发展中积极发挥带头作用，发展循环经济，开展节能减排，提高资源综合利用能力，走生态化发展之路。

1. 企业简介

青海盐湖工业股份有限公司（以下简称盐湖股份）是青海省国有资产监督管理委员会管理的省属上市国有企业，公司位于中国最大的干涸内陆盐湖——察尔汗盐湖，是中国目前最大的钾肥工业生产基地，中国钾肥制造行业排头兵企业，也是国家级柴达木循环经济试验区内的龙头企业，国家第三批创新型试点企业。

公司以盐湖资源为基础，以柴达木盆地丰富的煤炭、天然气、石灰石等资源为依托，合理配置资源，做精做专盐湖现有产业，全面推动盐湖资源综合利用再上新台阶，形成具有循环经济、节能减排、可持续发展理念的完整工业体系。

2. 生态化发展分析

（1）生态化发展战略和目标。

盐湖股份将生态化发展提到了战略层面，提出了公司的两大战略：资源循环再利用战略、可持续发展战略。未来10年的主要发展目标是：建成三大基地，即大型钾工业基地、大型镁工业基地和大型锂工业基地；形成五大产业集群即钾盐产业群—氯化钾、硝酸钾、碳酸钾、氢氧化钾，钠盐产业群—纯碱、烧碱、氯酸钠，镁盐产业群—金属镁、氧化镁、氢氧化镁，锂盐产业群—碳酸锂、金属锂、氢氧化锂，氯盐产业群—聚氯乙烯、甲醇、尿素、乌洛托品、ADC发泡剂产业群；通过产业间的融合和产业链的延伸，实现资源的综合利用。

（2）生态化发展措施。

在生态化制度和考核方面，盐湖股份高度重视生态化发展，将环境保护作为一项重要工作，将环境保护和节能减排纳入公司的重要议事日程。每年初公司组织召开的“安全生产暨环境保护工作会议”均对环境保护工作进行了整体部署和安排，明确了环境保护目标，并与所属各单位、部门负责人签订《环保目标责任书》和《辐射安全目标责任书》，将环保考核指标、总量控制和节能减排等目标任务层层分解，通过监督和考核，确保责任落实到位。

根据公司节能减排特点和要求，将节约原矿、水、电作为全年各项工作的重点，进行单独考核，并与各职能部门、车间和班组工作结合，使节能降耗深入每位员工心中，提高了原矿回收率，降低了单位产品水耗和电耗。同时，公司在国家法律法规的要求下，严格执行环评和环保制度，坚决杜绝高能耗、高污染项目，努力实现企业经济效益和环保效益的协调统一。

在节能减排方面，公司在所属各单位积极推广使用节能灯具，遏制长明灯和长流水等浪费资源的现象。进行节电装置实验，将部分较大功率设备安装变频装置，以实现节能降耗的目的。同时，公司还加强生产中跑、冒、滴、漏的整治和考核，将生产中产生的尾矿等全部回收利用，从而降低水、电、原材料等能耗。公司行政工作中也注重节约资源，实施无纸化办公，减少资源的消耗。

在环保设施方面，盐湖股份积极建立并运行相关环保设施，以实现节能减排。公司按环境影响评价要求安装了袋式除尘器，旋风除尘器、水喷淋除尘、湿法脱硫除尘器等设备，并建立了环保设施管理制度、运行台账、检修台账、维护保养台等，每季度对各环保设施运行情况进行一次检查。同时公司对于新建项目的主要环保设施如脱硝装置、脱硫装置、除尘设施、污染物在线监控系统、污水处理厂、污水蒸发池、渣场等均按照环保“三同时”要求与主体工程进行同步设计、同步建设，并同步投入试运行。

在员工环保意识方面，盐湖股份通过各种宣传活动来提高员工环保意识。公司充分发挥网络和宣传媒体的作用，定期通过 OA 办公平台大力宣传国家、省州市环保方针、政策及法律法规，并使用内部刊物《盐湖报》进行环境保护宣传报道。同时公司还通过组织开展“6·5”世界环境日等活动，带动全员参与，提高员工的环保意识，从而推动环境保护文化的建设。

三、“线”状生态化路径选择

“线”状生态化主要是对产业进行结构调整和优化，对产业链进行进一步延伸，使资源得以综合利用，以最低限度减少产业链尾端废物排放，实现“减量化”目标。目前，柴达木循环经济试验区符合生态化要求和特征的产业链基本符合“线”状生态化特征，通过对某一种产业或依托某一种资源进行细分，对产品和废料进行深入开发，形成具有多条链条的产业体系。“线”状生态化的实现，一方面需要政府的规划引导，另一方面需要企业的推动。因此要实现“线”状生态化，首先应做好产业规划，其次通过招商引资等促成产业链的形成，实施产业结构重组，深度延伸产业链，最后对产业链形成过程进行有效监控，如图 10-17 所示。

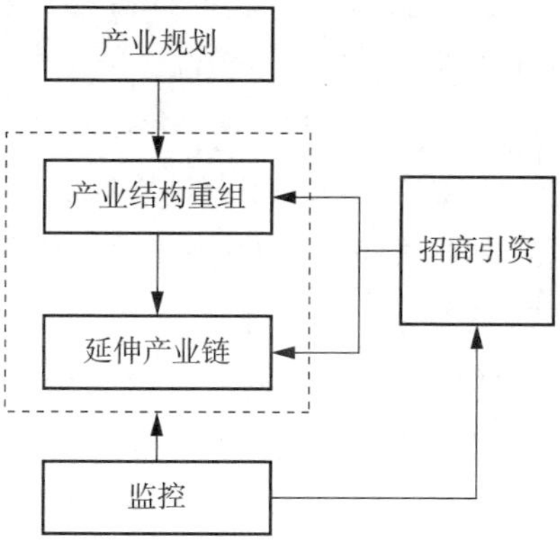

图 10-17 “线”状生态化实现路径

（一）科学规划产业

规划要预先考虑为何做、做什么和怎么做等问题。科学合理的规划可以促进优势产业和相关产业的发展，促进产业间的融合和产业链的延伸。因此，要实现“线”状生态化，首先要做好产业规划。自柴达木循环经济试验区成立以来，相关部门先后编制了试验区及园区产业发展的相关规划，包括《青海省柴达木循环经济试验区总体规划》《柴达木循环经济试验区主导产业体系规划》等。在规划中分析了试验区产业发展的优势和不足，构建了七大主导产业体系，并按照循环经济理念对各主导产业体系进行了整体规划和产业链设计，以实现“减量化、再利用、再循环”。同时对四大园区中的格尔木循环经济工业园、德令哈循环经济工业园、大柴旦循环经济工业园也分别编制了详细的发展规划。目前试验区各园区及产业正按照规划稳步推进。

（二）实施产业结构重组

目前试验区传统产业比重仍然较大，因此，为了实现试验区产业生态化，海西州政府及试验区相关管理部门要实施产业结构的生态重组，并调整产业政策[195-196]。

第一，在经济结构调整中优先先考虑发展生态产业，严格限制高耗能、高污染、高排放和无发展潜力的产业发展；严格审批开发区的设立，避免盲目立项和重复性建设；淘汰非生态化设计的生产工艺和产品，加快产业结构调整步伐，推动产业优化升级；对市场产能过剩、发展前景不大、对生态环境危害较大的产业坚决、逐步地进行生态化改造或予以“关、停、并、转”

目前试验区七大主导产业正围绕产业规划稳步地推进，试验区管委会也积极采取措施推进产业链的建设，并取得一定的成效。试验区管委会将招商引资项目细化为产业集群类、产业链延伸及精细化工类和新兴产业类项目，并进行招商引资。产业集群类项目主要围绕盐湖化工产业链、煤化工产业链、新材料产业链和新能源产业链进行招商引资。产业链延伸及精细化工类项目主要围绕盐湖化工产业链、油气化工产业链、金属冶金产业链、新材料产业链和煤化工产业链进行招商引资。新兴产业类项目则围绕新能源产业链、特色生物产业链、新材料产业链、油气化工产业链及其他项目进行招商引资。围绕主导产业有目的地、针对性地招商引资，促进产业链的延伸和完善。试验区还应进一步强化招商引资工作，深入分析试验区产业发展条件和发展方向，明确招商引资的重点和目标；充分发挥招商引资的作用，对弱链和缺链进行有效的补充，不断推进产业的融合和产业链的完善。

（五）做好产业链监控

产业链的形成是一个漫长的过程，也是一个动态的过程。产业链形成过程中也可能出现断链等问题。例如，产业链的形成受多方面的影响，可能受外部发展环境影响或自身经营问题，某个点上的企业出现停产或倒闭，从而出现弱链或断链的问题。对产业链进行全程的监控，可以有效地预防或解决产业链中出现的问题。

试验区应做好相关的产业链监控方案，对产业链的建设情况进行定期检查、实时监督。首先是对已有产业链的监控。定期梳理产业链建设情况，当产业链中某个环节出现弱链、缺链或其他相关问题时，立即组织进行问题分析。若是产业链本身规划出现问题，则邀请专家把脉分析，对症下药，重新调整产业链发展规划；若需要补充链条，则及时将问题反馈到招商部门，做好招商方案，进行相关项目招商。

其次是对产业链建设过程的监督。监督好产业链相关项目是否按照签约要求进行建设；项目的建设是否达到了产业链建设的目标；项目建设中是否有其他违规行为等。

最后是对招商引资的监督。在招商引资中要明确招商的目标，紧紧围绕主导产业进行招商，以防招商中盲目追求利益和数量。招商应有利于提升试验区发展水平；有利于延伸、完善产业链；有利于循环经济发展；有利于绿色发展。

（六）“线”状生态化典型案例分析

柴达木循环经济试验区成立至今，各产业、产业链发展仍处于初级阶段。

七大主导产业中，仅盐湖化工产业基本形成了较为完善的产业链条，符合“线”状生态化模式。

盐湖化工产业链主要围绕盐湖卤水资源综合开发，以钾、钠资源开发为基础，构建以钾资源开发为龙头的盐湖化工循环型产业体系。经过梯级开发和综合利用，盐湖化工产业链已基本形成，如图10-18所示。

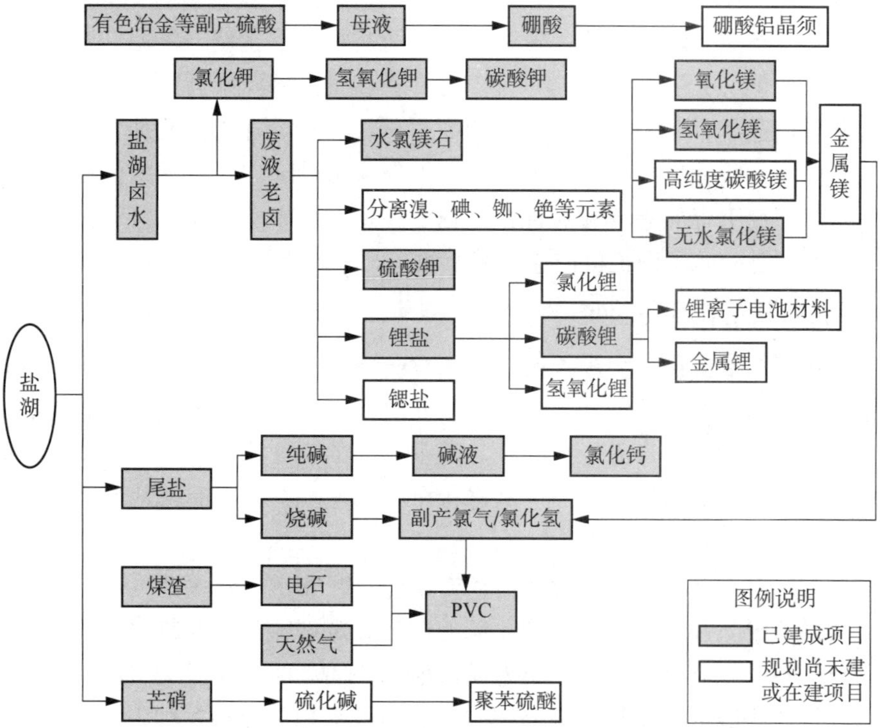

图10-18 盐湖化工产业链

试验区通过逐级分离提取盐湖钾、钠、镁、锂、硼等主要成分，开发氯化钾、氯化钠、碳酸锂、硼酸等下游系列产品，提升产品的附加值。同时综合利用盐湖提钾老卤、尾盐资源，与煤化工、石油天然气化工相结合，发展纯碱、PVC、镁基合金等产品。具体发展路线如下：第一，以盐湖卤水制取光卤石为原料，生产氯化钾肥。通过氯化钾生成氢氧化钾，并进一步生成碳酸钾；将氯化钾与硫酸镁结合生产硫酸钾镁肥，并进一步生成硫酸钾。第二，利用生产钾肥后的废液老卤进一步提取锂、硼、溴、碘等元素。利用水氯镁石制取金属镁，下一步可进一步发展镁基合金等。第三，利用提取钾后的尾液，制取碳酸锂和硼酸。计划进一步发展锂电池、锂合金、硼的化合物和硼酸铝晶须等下游产品。第四，利用副产的固体尾盐，并配套本地丰富的石灰石等资源生产纯碱和烧碱，将纯碱生产中排放的废弃碱液进一步利用，生产氯化钙。第五，结合石油天然气化工、煤化工产生的煤渣，依托电解副产的氯气、氯化氢气体，生产氯乙烯，再聚合成 PVC 等产品，推动氯平衡产业的发展。

综上所述，盐湖化工产业通过梯级开发和综合利用，不断推进产业链的延伸和与其他产业的融合，以实现资源的综合利用，降低资源消耗和污染物排放量，逐渐实现“线”状生态化发展。

四、“网”状生态化路径选择

“网”状生态化是指由企业生态化过渡到产业和产业链生态化，然后经过产业共生和耦合实现各企业或产业之间的物质相互循环流动、废物交换利用，形成“原材料—产品—废弃物—再利用”的封闭环形产业生态化系统[198]。每个产业都是该“网”上的一个节点，每种资源都能被最充分地综合利用，每种废弃物都能被最充分地再利用，体现了循环经济“减量化”“再利用”“再循环”的“3R”原则[199-200]。

产业集群是不同行业、工业、企业关联的循环经济模式[201]。它集中不同的工业企业，在一定的空间地域内形成一个密集分布的产业系统或综合体[202-203]。这样的集群通常布局在工业园区内，可共享各种基础设施及相关服务[204]。因此要实现“网”状生态化，应经历这样一个过程：从企业（产业）间相互关联、不断融合逐渐形成产业集群，最终由各个集群耦合形成园区（区域），如图 10-19 所示。

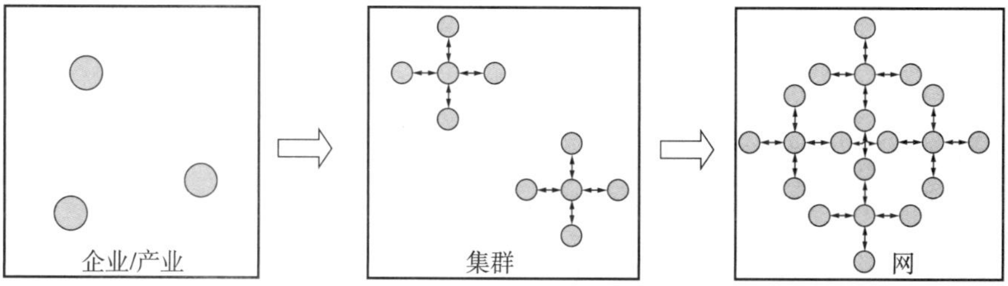

图 10-19 “网”状生态化路径图

（一）产业集群发展

产业集群生态化[205]是指根据产业集群的不同框架，将不同产业间的关系加以协调，并使之与区域环境条件相融合，不断发掘集群内生资源，建立稳定、良性循环的发展过程。产业集群生态化主要以一个大型或特大型企业集团为主体，其下属企业众多，拥有规模大小不同的、能够相互关联的企业；企业集团高层管理者能够统一规划、统一协调，集中力量对生态化产业链进行设计和建设。在我国，山东鲁北产业集群生态化模式就是典型的代表。该模式主要是以鲁北集团为主体构建起来的产业集群，通过高相关度契合、独有特色的生态产业链，发展成为国内外知名的循环经济的典范，其开创的中国鲁北循环经济模式被联合国环境规划署确定为中国生态工业的典型。鲁北集团通过“磷铵硫酸水泥联产”“清洁发电与盐、碱联产”海水“一水多用”“钛白粉清洁生产链”及“油、盐化工相结合”等多条产业链的耦合，形成了紧密共生的鲁北工业生态系统[206]（图 10-20）。

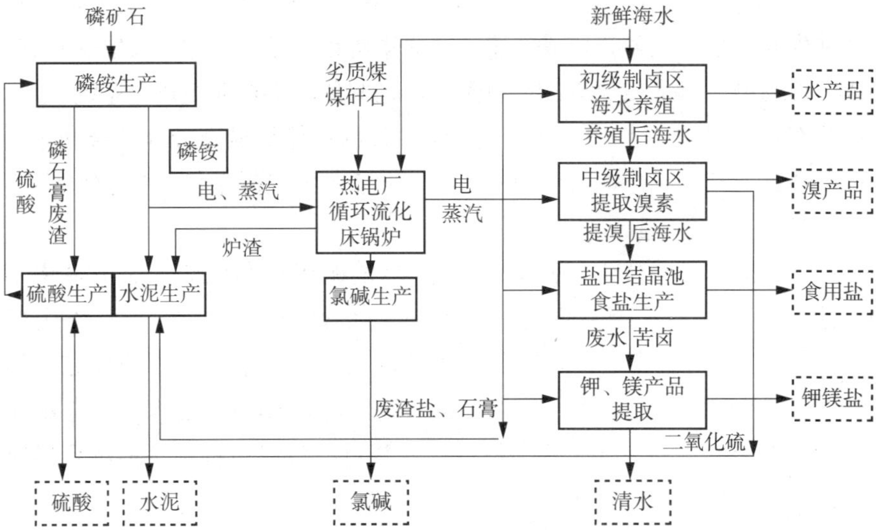

图 10-20　山东鲁北产业集群生态化模式图

柴达木循环经济试验区内产业类型众多，如盐湖化工、油气化工、煤化工、金属冶炼等；同时也有大型企业集团，如盐湖股份、西部矿业等，不仅具备较接近的产业类型，而且也具备一定的实力。因此，试验区应该选择有条件的企业作为试点，走集团生态化道路。

试验区内大型企业集团（如盐湖股份、青海昆仑碱业、庆华集团等）应该尝试利用自主研发的链接技术，依据产业间的内在联系，将不同的产品和产业链科学地组合，使各系统间相互关联、耦合，形成一个完整的生态工业系统，产业链上的各个节点紧密关联，副产物和废弃物在系统内得到充分利用。让试验区内盐酸、盐湖卤水、硫酸等成为系统内的物质流；蒸汽、电力的合理利用构成能量流；盐石膏、磷石膏、炉渣等回收再利用构成废物流。通过物质的充分循环利用、能量的多级集成使用和信息交换共享，实现工业生产与自然环境的和谐统一。

在设计产业链时，一方面，需要对原有的产业链节点企业进行生态化改造，使之符合产业生态化要求，另一方面，对产业链关键节点企业进行生态化设计和生态化重建，以保障“网”的系统性和完整性。

然而，产业生态化发展的关键是技术创新，往往关键节点企业严重依赖于关键生态技术。因此，大型企业集团要特别重视关键生态技术的研发和创新，如新型污水封闭循环技术、石膏制硫酸联产水泥新技术、脱硫石膏粉煤灰资源化技术等，并将其实现产业化，从而对试验区产业生态化发展与建设提供较好的技术支撑。

（二）园区全循环模式发展

园区产业全循环模式主要适用园区内企业众多、产业类型较多、企业不隶属同一个企业集团，并且园区距离居民区的区位较为合理又能够实现合理能量的交换。丹麦卡伦堡循环经济工业园区是世界上建立时间最早、运行最为成功的生态工业园，已经成为全球循环经济发展模式及开展循环经济研究的典型代表[207-208]。丹麦卡伦堡循环经济工业园区建设于20世纪50年代，是在商业基础上逐步形成的。园区内所有企业通过彼此利用“废物”，建立一种和谐复杂的互利互惠的“工业共生体系”，一方面实现了废弃物的最小化排放甚至“零排放”，另一方面实现了合作企业降低生产成本，获得直接的经济效益（图10-21）。该园区内形成了以发电厂（阿斯内斯火力发电厂）、炼油厂（斯塔托尔炼油厂）、制药厂为核心（诺沃诺迪斯科制药公司），覆盖经济领域、社会生活领域等各个方面的网状的循环经济发展模式。经过多年的发展，三大核心厂商发展成为丹麦全国最大的燃煤火力发电厂、最大的炼油厂、最大的制药公司，以及大型的济普洛克石膏墙板厂和土壤修复公司等[209]。

柴达木循环经济试验区内企业众多，种类多样，园区产业全循环模式适用试验区的发展。产业集群将部分大中小型企业联系起来形成一个大的集团，而园区产业全循环模式则将这些不同的集群和零散的企业串联起来形成一个大的“网”。企业间相互利用废弃物作为原材料，以期形成一个全封闭的循环系统，实现“零排放”“零污染”。

园区产业全循环模式有效地实现了企业、社区、生态环境的有机结合，使废弃物“资源化”并得到高效利用，基本实现了经济效益、社会效益、生

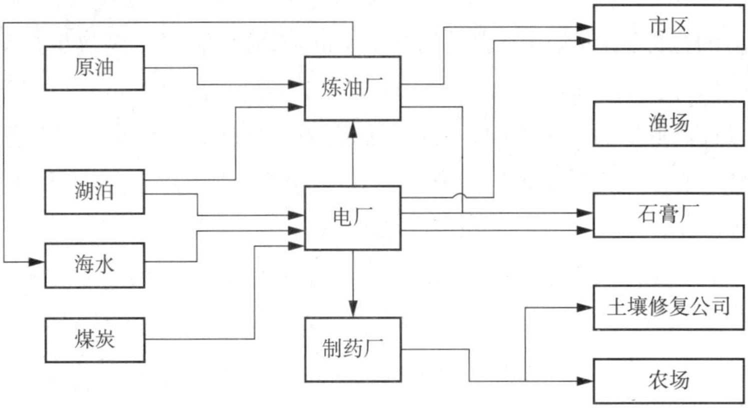

图 10-21 卡伦堡循环经济工业园区发展模式简图

态效益的有机统一，因此，园区产业全循环模式是实现“网”状生态化的有效途径。

（三）“网”状生态化典型案例分析

柴达木循环经济试验区“一区四园”抓住机遇，加快对园区的建设，完善基础设施，加快产业建设，扩大产业规模，推进试验区发展。目前，试验区已基本具备了“网”状生态化发展的基础，下一步应加快推进产业集群，为实现园区全循环发展奠定基础。

1. 现状分析

经过多年的建设，柴达木循环经济试验区得到了快速的发展。试验区基础设施建设进一步完善，七大主导产业基本形成。格尔木循环经济工业园基本形成了盐湖化工产业、煤炭综合利用产业、油气化工产业、金属冶炼产业、新能源产业、新材料产业和特色生物产业。德令哈循环经济工业园形成了盐湖化工产业、煤炭综合利用产业、新材料产业和特色生物产业。乌兰循环经济工业园形成了煤炭综合利用产业、新能源产业和特色生物产业。大柴旦循环经济工业园形成了盐湖化工产业、煤炭综合利用产业和新材料产业。

各大产业相继建成，产业链得到不断延伸，产业间不断地融合，形成局部的循环经济产业链。目前，试验区初步形成了多产业融合的循环经济产业链，如“煤—焦—盐化工”产业链、“有色金属—天然气—盐化工”产业链、“油气—盐化工”产业链、“煤化工—盐化工—建材”产业链、“铁矿—焦炭—钢铁”产业链、“锌精矿—硫精矿—硫酸—硼酸—硼镁肥”产业链、“硫酸—铁精矿—水泥及硫酸—电力—水泥”产业链等，同时也在逐步形成产业集群，如盐湖化工产业集群。

2. 未来发展方向

目前试验区已形成长短不同的产业链条，各园区内形成了不同规模的产业集聚。但要形成“网”状生态化发展还有很长一段路要走。因此，当前试验区应该加快产业链延伸和产业间融合，推进产业集群发展，最终形成产业“网”，提高资源利用效率，减少污染排放，实现“网”状生态化发展。

柴达木循环经济试验区内工业园区众多，因此可先从各个园区构建产业链和产业网，在各园区形成小“网”，再由各个小“网”融合成大“网”，实现试验区“网”状生态化。目前四个园区中格尔木循环经济工业园基础设施最为完善，工业基础良好，已基本具备构建产业链、产业网的条件，可以率先开始实施“网”状生态化发展，为其他三个园区做示范。

格尔木循环工业园应以盐湖化工为基础，加大对盐湖化工下游产品的开发和高值化利用，加快与金属冶炼、油气化工、煤化工、新能源、新材料和特色生物产业的融合发展，并配套发展现代物流业、工业旅游业等产业，形成局部的循环产业网。第一，围绕钾资源开发，发展壮大盐湖化工产业。第二，加强对铅、钢铁和镍钴等金属采选冶炼等传统产业的改造升级，以及共伴生矿产资源和矿山废弃物的综合利用。第三，建设以高品质成品油为主的石油炼化、甲醇汽油、天然气液化项目，并以平衡盐湖资源综合利用副产的氯气和氯化氢气体为导向，实现油气化工与盐湖化工的融合。第四，以配套盐湖化工构建循环产业体系为目的，发展煤制烯烃，与煤电结合，构建 IGCC 多联产系统，形成“盐—煤—油—气—电—金属”一体化发展，实现煤化工与盐湖化工、石油化工、金属冶炼等多产业融合。第五，充分利用丰富的太阳能、风能资源，发展新能源产业。第六，以盐湖化工、金属冶炼、油气化工、煤化工、新能源等产业为基础，大力发展镁合金、化工新材料、特种钢材、光伏材料及组件，硅系材料、新型建材等高附加值产品，实现新材料产业的融合发展。第七，依托格尔木特色动植物资源优势，积极发展枸杞、牛、羊等种养殖基地，形成“种养殖—加工—销售”产业链。第八，在以上产业的基础上，配套发展现代物流业，满足园区货运需求；发展工业旅游业，如盐湖旅游、枸杞种植观光、昆仑山文化体验等，对旅游资源进行深度的开发。

在不断推进产业链延伸和产业融合的同时，应加强资源的综合利用与管理。首先，合理规划利用水资源，加强对取水、用水和排水的管理，在实现“零排放”的同时，增加水资源的循环利用，减少生产中的水耗。其次，通过利用先进的生产工艺和节能设备，减少能源资源的消耗，提高能源资源的利用率。例如，利用钢铁企业、煤化工企业的余热发电或供暖；利用工业固体废渣生产建筑材料，提高资源综合利用效率。最后，建立完善环境监管体系，加强对污染物排放的监测和管理，控制污染排放量。

其他三个园区应加快完善基础设施，完善交通网、电网和水利设施等，为园区发展提供良好的基础服务。同时加快产业链延伸，推进产业融合，对有条件的企业、产业进行重点扶持，延伸产业链和打造产业集群，推动园区全循环发展。将生产中的废水通过生物净化处理，再次输送给企业或周边居民循环利用；将金属冶炼、油气化工等企业产生的余热输送给周边居民供暖；将生产中的固体废物再次回收利用，不能用于生产的可用于道路建设中，这样既创造了价值还能够减少大量的污染物排放。

通过产业链延伸、产业耦合、产业集群发展和园区融合，推动试验区全循环模式的实现。形成一个闭路的循环产业，将有效治理“三废”排放问题，提高资源利用率，实现试验区经济效益、社会效益、生态效益的统一。

参考文献

[1] 习近平．习近平谈治国理政：第2卷［M］．北京：外文出版社，2017：393.

[2] 习近平．推动我国生态文明建设迈上新台阶［J］．奋斗，2019（3）：1-16.

[3] 习近平．推动我国生态文明建设迈上新台阶［J］．奋斗，2019（3）：1-16.

[4] Humphrey J，Schmitz H. Governance and Upgrading：Linking Research on Industrial Districts and Global Value Chains［R］．Brighton：Institute of Development Studies，2000：1-31.

[5] KAPLINSKY R，MORRIS M. A Handbook for Value Chain Research［R］．Prepared for the IDRC，2001：9-22.

[6] KUZNETS S. Modern Economic Growth：Findings and Reflections［J］．American Economic Review，1973，63（3）：829-846.

[7] POOH，TSC. Beyond the Global Production Networks：A Case of Further Upgrading of Taiwan's Information Technology Industry［J］．Technology and Globalization，2004，1：130-145.

[8] 刘志彪，王建优．制造业的产能过剩与产业升级战略［J］．经济学家，2000（01）：64-69.

[9] 张耀辉．产业创新的理论探索一高新产业发展规律研究［M］．北京：中国计划出版，2002：1-18.

[10] 潘悦．在全球化产业链条中加速升级换代—我国加工贸易的产业升级状况分析［J］．中国工业经济，2002（06）：27-36.

[11] 金京，戴翔，张二震．全球要素分工背景下的中国产业转型升级［J］.中国工业经济，2013（11）：57-69.

[12] 刘颖．产业转型升级与税制优化问题研究［D］．南昌：江西财经大学，2014：20-38.

［13］李珊珊．天津市经济发展的实证分析［J］．中国商论，2015（11）：111-114.

［14］何璇，张旭亮．浙江省产业转型升级对劳动力需求的影响［J］．经济地理，2015（4）：123-127.

［15］于刃刚．配第—克拉克定理评述［J］．经济学动态，1996（08）：63-65.

［16］Kuznets S S. Modern economic growth：rate，structure，and spread［J］．Journal of Political Economy，1966，37（145）：475-476.

［17］吴敬琏．中国应当走一条什么样的工业化道路？［J］．管理世界，2006（08）：1-7.

［18］纪玉山，王朔峰，张洋．谨防“霍夫曼陷阱”走重化工业“轻型化”道路［J］．学习与探索，2005（05）：212-215.

［19］ROSTO W W. The Stages of Economic Growth：A Non-Communist Manifesto［M］．Cambridge University Press，1960：4-16.

［20］许经勇．刘易斯二元经济结构理论与我国现实［J］．吉首大学学报：社会科学版，2012，33（01）：105-108，156.

［21］Adelman J. Worldly philosopher：the odyssey of Albert O. Hirschman［M］．Princeton University Press，2013：1-729.

［22］亚当·斯密．国富论［M］．谢宗林，李华夏，译．北京：中央编译出版社，2011：593-607，783-800.

［23］段亚丁，车维汉．国外李嘉图比较优势理论实证研究之评述［J］．国际贸易问题，2014（04）：164-172.

［24］何慧爽，刘东勋．要素禀赋论与国际产业转移的刚性及其突破［J］．国际经贸探索，2006（03）：19-23.

［25］金泓汎．“雁行形态”理论与亚太地区的崛起［J］．世界经济研究，1989（04）：67-72，52.

［26］任勇，陈燕平，周国梅，等．我国循环经济的发展模式［J］．中国人口·资源与环境，2005（05）：141-146.

［27］GEREFFI G. International Trade and Industrial Upgrading in the Apparel Commodity Chain［J］．Journal of International Economics，1999，48：37-70.

［28］HUMPHREY J. Industrial Organization and manufacturingcompetitiven-ess in developing Countries［J］．Special Issue of World Development，2002，23（1）：1-7.

[29] KAPLINSKY R, MORRIS M. A Handbook for Value Chain Research [R]. Prepared for the IDRC, 2001: 8-16.

[30] HUMPHREY J, SCHMITZ H. Chain governance and upgrading: taking stock in Schmitz Local enterprises in the global economy [J]. Cheltenham Elgar, 2004: 349-381.

[31] 蒋兴明. 产业转型升级内涵路径研究 [J]. 经济问题探索, 2014 (12): 43-49.

[32] 李永红, 张淑雯. 大数据驱动传统产业转型升级的路径—基于大数据价值链视角 [J]. 科技管理研究, 2019, 39 (07): 156-162.

[33] GEREFFI G, KORZENIEWICZ M. Commodity Chains and Global Capitalism [M]. Westport, CT: Praeger, 1994: 17-67.

[34] CYINNW. Technoiogy Development of Korea's Electronics Industry: Learning from Multinational Enterprises through OEM [J]. The European Joumal of Develop-ment Research, 2000: 159-187.

[35] KAPLINSKY R, MORRIS M. A Handbook for Value Chain Research [R]. Prepared for the IDRC, 2001: 9-22.

[36] HUMPHREY J, SCHMITZ H. Governance in Global Value Chainsf [R]. IDS Bulletin, 2001: 19-27.

[37] LANGE D, BOIVIE S, HENDERSON A. The Parenting Paradox: How Multibusi-ness Diversifiers Endorse Disruptive Technologies While Their Corporate Children Struggle [J]. Academy of Management Journal, 2009 (52): 179-198.

[38] 樊杰. 我国煤矿城市产业结构转换问题研究 [J]. 地理学报, 1993 (03): 218-226.

[39] 张米尔, 孔令伟. 资源型城市产业转型的模式选择 [J]. 西安交通大学学报: 社会科学版, 2003, (01): 29-31, 39.

[40] 王德鲁, 张米尔. 强相关型产业转型企业技术能力发展的路径选择 [J]. 科学学与科学技术管理, 2005, (11): 85-88.

[41] 叶蔓. 资源型城市产业转型模式识别研究 [J]. 低温建筑技术, 2010, 32 (12): 119-120.

[42] 刘语轩. 资源型城市转型的资源约束与转型路径分析 [J]. 生产力研究, 2009 (24): 27-28, 56.

[43] 曹贤忠, 曾刚. 基于熵权 TOPSIS 法的经济技术开发区产业转型升级模式选择研究—以芜湖市为例 [J]. 经济地理, 2014 (04): 13-18.

[44] 周璞，刘天科，王昊．我国资源型城市经济转型升级路径思考 [J]．资源与产业，2017，11：1-6.

[45] 罗序斌．“互联网+”背景下中国传统制造业转型升级研究 [J]．金融教育研究，2019，32（01）：18-29.

[46] 周振华．产业结构演进的一般动因分析 [J]．财经科学，1990（03）：1-6.

[47] 丁焕峰．技术扩散与产业结构优化的理论关系分析 [J]．工业技术经济，2006（05）：95-98.

[48] 洪银兴．论创新驱动经济发展战略 [J]．经济学家，2013（01）：5-11.

[49] 杜传忠，许冰．技术进步与产业结构升级的就业效应—2000—2014年省级面板数据分析 [J]．科技进步与对策，2017（13）：55-60.

[50] 陈昌兵．新时代我国经济高质量发展动力转换研究 [J]．上海经济研究，2018（05）：16-24，41.

[51] Kaldor N. Capital accumulation and economic growth [M]. The theory of capital. Palgrave Macmillan，London，1961：177-222.

[52] KUZNETS S. Modern Economic Growth：Findings and Reflections [J]. American Economic Review，1973，63（3）：829-846.

[53] ALCKSANDRAI P. Econonomic Growth，Structural Change and Quality Upgrading in New Member States [R]. EIBURS Project，European investment Bank Working Paper，2009：1-22.

[54] 约翰·H·摩尔．产出结构变化的测量 [J]．收入和财富评论，1987（3）：3-15.

[55] 马涛，李鹏雁，马文东．新型工业化的区域产业结构升级测度指标体系研究 [J]．燕山大学学报，2004（3）：275-277.

[56] 邬义钧．我国产业结构优化升级的目标和效益评价方法 [J]．中南财经政法大学学报，2006（06）：73-77.

[57] 唐德才．工业化进程、产业结构与环境污染—基于制造业行业和区域的面板数据模型 [J]．软科学，2009，23（10）：6-11.

[58] 白林，刘兵．资源型城市工业结构合理性问题探讨—以淮南市为例 [J]．价格理论与实践，2010（12）：70-71.

[59] 龚轶，王铮，顾高翔．技术创新与产业结构优化——一个基于自主体的模拟 [J]．科研管理，2015，36（08）：44-51.

［60］杨立勋，高瑜．西北五省区工业转型升级测度及评价［J］．统计与决策，2016，（22）：109-112.

［61］徐杰芳．煤炭资源型城市绿色发展路径研究——基于生态效率的研究［D］．安徽大学，2018：66-93.

［62］潘为华，潘红玉，陈亮，等．中国制造业转型升级发展的评价指标体系及综合指数［J］．科学决策，2019（09）：28-48.

［63］王建军，刘守跃，束燕霞．青海省产业结构演变中的技术选择探析［J］．青海社会科学，2019（03）：56-61.

［64］陈晓玲．基于循环经济视角的青海省资源型产业的技术评价与选择［D］．西宁：青海大学，2011.

［65］王丽娜．青海省资源型产业转型问题研究［D］．西宁：青海大学，2013：26-41.

［66］连晓明．青海资源型产业集群可持续发展能力评价研究［D］．西宁：青海师范大学，2013：16-21.

［67］戴鹏．新常态下青海省产业转型升级的路径探索［J］．青海社会科学，2017（05）：107-112.

［68］汪冰．关于中国经济新常态的内涵、特征及对策研究［J］．中共山西省直机关党校学报，2016（01）：68-70.

［69］全永强．新常态背景下顺德市中小企业融资策略研究［D］．昆明：云南师范大学，2014：32-38.

［70］沈满洪．生态经济学［M］．北京：中国环境科学出版社，2008：1-26.

［71］魏澄荣，程春生．以生态经济推动社会主义和谐社会的构建［J］．商业时代，2008（03）：4-5.

［72］Wackernagel M，Onisto L，Callejas Linares A. Ecological Footprints of Nations：How Much nature do they use? How Much nature do they have?［R］Toronot：Inter-nationalCouncil for Iocal Environmental Initiatives，1997：1-8.

［73］孙东林，刘圣，姚成，等．用能值分析理论修改生物承载力的计算方法—以苏北互花米草生态系统为例［J］．南京大学学报：自然科学版，2007（9）：502-507.

［74］陆宏芳，沈善瑞，陈洁，等．生态经济系统的一种整合评价方法：能值理论与分析方法［J］．生态环境，2005（1）：121-126.

［75］王丽．基于能值分析的大连市生态经济系统可持续性评价［D］．大

连：辽宁师范大学，2008：5-16.

[76] 杨德伟，陈治谏，倪华勇，蒋莉，廖晓勇．基于能值分析的四川省生态经济系统可持续性评估 [J]. 长江流域资源与环境，2006（03）：303-309.

[77] 陆宏芳，沈善瑞，陈洁，等．生态经济系统的一种整合评价方法：能值理论与分析方法 [J]. 生态环境，2005（1）：121-126.

[78] ODUM H T. Self-organization，transformity and information [J]. Science，1983，1132-1139.

[79] 王建军，张承亮．基于 TFP 改进的生态足迹模型研究 [J]. 生态经济，2013（1）：69-71.

[80] 孙东林，刘圣，姚成，等．用能值分析理论修改生物承载力的计算方法—以苏北互花米草生态系统为例 [J]. 南京大学学报：自然科学版，2007（9）：502-507.

[81] 洪棉棉，王菲凤．基于能值分析的生态足迹模型的改进及实证研究 [J]. 福建师范大学学报：自然科学版，2009（4）：113-119.

[82] 卡尔·马克思．资本论第 1 卷 [M]. 北京：人民出版社，1975：425.

[83] 中共中央马克思恩格斯列宁斯大林著作编译局．马克思恩格斯全集第 1 版第 26 卷 [M]. 北京：人民出版社，2008：122.

[84] 卡尔·马克思．1884 年经济学哲学手稿 [M]. 北京：人民出版社，1972：120，11.

[85] 中国中央马克思恩格斯列宁斯大林著作编译局．马克思恩格斯选集第二版第 3 卷 [M]. 北京：人民出版社，1995：298.

[86] 中国中央马克思恩格斯列宁斯大林著作编译局．马克思恩格斯文集第 6 卷 [M]. 北京：人民出版社，2009：394.

[87] 中国中央马克思恩格斯列宁斯大林著作编译局．马克思恩格斯文集第 7 卷 [M]. 北京：人民出版社，2009：729.

[88] 卡尔·马克思．资本论第 3 卷 [M]. 北京：人民出版社，1975：728，713，922，857，575，118.

[89] 中共中央马克思恩格斯列宁斯大林著作编译局．马克思恩格斯全集第 25 卷 [M]. 北京：人民出版社，1974：117.

[90] 中共中央马克思恩格斯列宁斯大林著作编译局．马克思恩格斯选集第 2 卷 [M]. 北京：人民出版社，1975：117.

[91] 陈寿朋，杨立新．生态环境问题的道德因素及其调适方法 [J]. 甘肃社会科学，2006（3）：78-81.

［92］中国中央马克思恩格斯列宁斯大林著作编译局．马克思恩格斯选集第3卷［M］．2版．北京：人民出版社，1995：383.

［93］中共中央马克思恩格斯列宁斯大林著作编译局．马克思恩格斯全集第25卷［M］．北京：人民出版社，1974：864.

［94］中共中央马克思恩格斯列宁斯大林著作编译局．马克思恩格斯全集第25卷［M］．北京：人民出版社，1974：117-118.

［95］中共中央马克思恩格斯列宁斯大林著作编译局．马克思恩格斯全集第46卷［M］．北京：人民出版社，1979：298，94.

［96］蔡仕炳．生态学马克思主义消费观研究［D］．福州：福建师范大学，2010：19-29.

［97］中共中央马克思恩格斯列宁斯大林著作编译局．马克思恩格斯全集第23卷［M］．北京：人民出版社，1972：552.

［98］约翰·贝拉米·福斯特．马克思的生态学—唯物主义与自然［M］．北京：高等教育出版社，2006：182.

［99］刘仁胜．生态马克思主义的生态价值观［J］．江汉论坛，2007（7）：58-62.

［100］中共中央马克思恩格斯列宁斯大林著作编译局．马克思恩格斯全集第25卷下［M］．北京：人民出版社，1978：926-927.

［101］胡洪彬．从毛泽东到胡锦涛：生态环境建设思想60年［J］．江西师范大学学报（哲学社会科学版），2009（12）：16-22.

［102］黄娟，贺青春．毛泽东的生态经济观及其评析［J］．毛泽东思想研究，2010（1）：41-43.

［103］毛泽东．毛泽东选集第4卷［M］．北京：人民出版社，1991：1316.

［104］毛泽东．毛泽东选集第7卷［M］．北京：人民出版社，1999：160.

［105］毛泽东．毛泽东文集第6卷［M］．北京：人民出版社，1999：447.

［106］申娇．毛泽东与邓小平生态环境建设思想比较研究［D］．临汾：山西师范大学，2013：16-22.

［107］邓小平．邓小平文选第三卷［M］．北京：人民出版社，1993：275，21.

［108］邓小平．邓小平文选第二卷［M］．北京：人民出版社，1994：133.

［109］秦书生，隋学佳，郑雪．邓小平生态思想探析［J］．党政干部学刊，2013（5）：10-72.

［110］丁伟，张云昌．中国特色的绿化之路—写在全民义务植树开展二十周年之际［N］．人民日报，2001-03-19.

［111］江泽民．论有中国特色社会主义［M］．北京：中央文献出版社，2002：279.

［112］江泽民．江泽民文选第1卷［M］．北京：人民出版社，2006：415.

［113］周彦霞，秦书生．江泽民生态思想探析［J］．学术论坛，2012（9）：22-25.

［114］胡洪彬．胡锦涛生态环境建设思想研究［J］．重庆邮电大学学报：社会科学版，2010（4）：8-13.

［115］胡锦涛．在江苏考察工作时的讲话［N］．人民日报，2005-10-13.

［116］胡锦涛．在中央人口资源环境工作座谈会上的讲话［N］．人民日报，2005-3-12.

［117］胡锦涛．中国共产党第十七次全国代表大会上的讲话［N］．新华社，2007-10-15.

［118］钟柄林，詹鄞森．高瞻远瞩生态情怀—记习近平与长汀水土流失治理［J］．炎黄纵横，2013（9）：4-6.

［119］习近平．发展不能走老路［J］．西部大开发，2013：4.

［120］习近平．全面贯彻落实党的十八大精神要突出抓好六个方面工作［J］．求是，2013（1）：3-7.

［121］习近平．生态省建设是一项长期战略任务［J］．西部大开发，2013（03）：5.

［122］习近平．习近平发表重要演讲吁共建“丝绸之路经济带”［N］．新华网，2013-9-7.

［123］习近平．习近平参加贵州团审议［N］．新华网，2014-3-7.

［124］张志强，张娟．胡锦涛和谐动力论探析［J］．宁夏党校学报，2013，20（01）：90-92.

［125］王连芳．当代中国共产党人的生态文明思想研究［D］．保定：河北大学，2012：100-122.

［126］ROBERT F，NICOLAS G. Strategies for Manufacturing［J］. Scientific American，1989，261（3）：94-102.

［127］保罗·霍肯．商业生态学：可持续发展的宣言［M］．上海：上海译文出版社，2001：4.

［128］ERKMAN S. Idustrial Ecology：An Historical View［J］. Journal of Cleaner Production，1997，261（3）：1-10.

［129］MICAH D L，WILLIAME. Kastenberg. Industrial Ecology and Energy Systems：A First Step [J]. Journal ofResources Coversation and Recycling，1998：24.

[130] AUDRA J，POTT C. Eco-Industrial Parks：an ecological approach to industrial land-use planning and design [J]. Landscape and Urban Planning，1998，42：239-257.

[131] KORHONEN J. Industrial ecosystem evolution of North Karelia heating energy system [J]. Regional Environmental Change，2003，3 (4)：128-139.

[132] 刘则渊，代锦．产业生态化与我国经济的可持续发展道路 [J]. 自然辩证法研究，1994，10 (12)：38-42.

[133] 厉无畏，王慧敏．产业发展的趋势研判与理性思考 [J]. 中国工业经济，2002 (4)：5-11.

[134] 赵林飞．产业生态化的若干问题研究 [D]. 杭州：浙江大学，2003：10-19.

[135] 陈柳钦．产业发展的可持续性趋势—产业生态化 [J]. 未来与发展，2006 (5)：31-34.

[136] 宋宝莉，何东，刘传辉．产业生态化：农民集中居住区产业发展的必然选择—基于对成都市新津县的调研 [J]. 改革与战略，2012，28 (3)：108-146.

[137] 穆亮红．生态文明视野下的新型工业化道路研究 [D]. 福州：福建师范大学，2014.

[138] 陈洪波．“产业生态化和生态产业化”的逻辑内涵与实现途径 [J]. 生态经济，2018，34 (10)：209-213，220.

[139] 杨洪．闽西生态文明视角下的产业生态化发展研究 [J]. 资源节约与环保，2019 (01)：113-114.

[140] 袁增伟，毕军，张炳，等．传统产业生态化模式研究及应用 [J]. 中国人口·资源与环境，2004，14 (2)：108-111.

[141] 钟真宜，罗建中，陈敏．推进产业生态化实现可持续发展 [J]. 中国环保产业，2008，5：28-30.

[142] 张文龙，张伟根．产业生态化：经济发展模式转型的必然选择 [J]. 社会科学家，2010 (7)：44-48.

[143] 吴巨培，彭福扬．产业生态化发展及其实现路径 [J]. 湖南社会科学，2013 (5)：149-151.

[144] 刘淑茹，闫玉恒，党继强．循环经济发展视角的中国工业结构合理化分析 [J]. 工业技术经济，2015 (10)：107-113.

［145］张国俊，王珏晗，庄大昌．广州市产业生态化时空演变特征及驱动因素［J］．地理研究，2018，37（06）：1070-1086.

［146］张艳辉．基于生态学视角对产业经济理论的重新阐释［J］．产业经济研究，2005（4）：31-38.

［147］曲向荣．产业生态学［M］．北京：清华大学出版社，2012.40，88.

［148］樊海林，程远．产业生态：一个企业竞争的视角［J］．中国工业经济，2004（3）：29-36.

［149］王如松，周涛，陈亮，等．产业生态学基础［M］．北京：新华出版社，2006：69.

［150］袁增伟，毕军．产业生态学最新研究进展及趋势展望［J］．生态学报，2006，26（8）：2711.

［151］曲向荣．产业生态学［M］．北京：清华大学出版社，2012：40，88.

［152］尹磊，罗瑞华．产业生态理论发展研究述评［J］．商业时代，2011（7）：111-112.

［153］孙广生．循环经济的运行机制与发展战略—基于产业链视角的分析［M］．北京：中国经济出版社，2013：45-47.

［154］魏一鸣，傅小锋，陈长杰．中国可持续发展管理理论与实践［M］．北京：科学出版社，2005：12-13.

［155］World Business Council for Sustainable Development，2000：Eco efficiency：creating More Value with Less Impact［M］．WBCSD，North Yorkshire，UK，1-2.

［156］World Business Council for Sustainable Development，2000：Measuring Eco efficiency：A Guide to Reporting Company Performance［M］．WBCSD，North Yorkshire，UK，8-9.

［157］程春生．产业生态化与福建可持续发展［J］．福建论坛·人文社会科学版，2007（1）：114-116.

［158］高红．低碳经济视角的产业生态化研究［D］．武汉：武汉理工大学，2012：17-20.

［159］王兆华．循环经济：区域产业共生网络—生态工业园发展的理论和实践［M］．北京：经济科学出版社，2007：9-41.

［160］李慧明，朱红伟，廖卓玲．论循环经济与产业生态系统之构建［J］．现代财经，2005，25（4）：8-11.

［161］齐振宏，王培成，冉春燕．基于循环经济的生态产业链共生耦合

研究理论述评［J］. 生态经济：学术版，2009（2）：185-188.

［162］孟祥林，李东升. 产业生态化：从理论与实践论平衡理念下的发展模式［J］. 生态经济，2009（6）：142-147.

［163］宋帅官. 循环经济视角下产业集群的生态化［J］. 经营与管理，2009（8）：21-23.

［164］刘轶. 循环经济对产业集群生态化转型的启示与路径分析［J］. 特区经济，2009（7）：218-219.

［165］陈钊. 区域经济生态化研究［M］. 成都：四川大学出版社，2011：42-48.

［166］STERNN. The Economics of Climate Change：The Stern Review［M］. Cambridge，UK：Cambridge University Press，2007：122-132.

［167］庄贵阳. 中国经济低碳发展的途径与潜力分析［J］. 国际技术经济研究，2005，8（3）：79-87.

［168］方时姣. 低碳经济的实质是能源经济革命［EB/OL］.（2009-05-20）国际能源网.

［169］史立山. 构建低碳经济发展模式的途径［J］. 中国市场，2010，29：82-85.

［170］苏振锋. 低碳经济、生态经济、循环经济和绿色经济的关系探析［J］. 科技创新与生产力，2010（6）：19-22.

［171］薛维忠. 低碳经济、生态经济、循环经济和绿色经济的关系分析［J］. 科技创新与生产力，2011，02：50-52，60.

［172］帖征. 西部资源型地区循环经济产业集群发展问题研究—以青海柴达木地区循环经济试验区为例［J］. 全国商情（理论研究），2011（07）：10-11.

［173］尚拜. 青海省草地资源概况［J］. 养殖与饲料，2010（11）：93-95.

［174］朱辉. 青海省生态环境现状及其质量评价［J］. 青海环境，2004（3）：12.

［175］青海省统计局. 青海省 2017 年国民经济和社会发展统计公报~（［1］）［N］. 青海日报，2018-02-27（006）.

［176］刘旄. 循环经济发展研究［D］. 天津：天津大学，2012：45-62.

［177］郭婧，魏珍，任君，等. 基于熵权灰色关联法的高寒贫困山区生态脆弱性分析—以青海省海东市为例［J］. 水土保持通报，2019，39（03）：191-199.

[178] 袁平，徐斌，章力建．县域可持续发展评价中的生态足迹动态研究——以内蒙古阿鲁科尔沁旗为例［J］．中国农业科学，2007（04）：773-781.

[179]《马克思恩格斯选集》第3卷，人民出版社，1972年版：77.

[180]《马克思恩格斯选集》第25卷，人民出版社，1974年版：926-927.

[181] 上海财经大学课题组，徐国祥．上海“创新驱动，转型发展”评价指标体系研究［J］．科学发展，2014（05）：5-16.

[182] 吴海建，韩嵩，周丽，等．创新驱动发展评价指标体系设计及实证研究［J］．中国统计，2015（02）：53-54.

[183] 郭毓东，徐亚纯，郝祖涛．基于AHP和熵值法的绿色物流发展指标权重研究—以长株潭两型社会城市群为例［J］．科技管理研究，2013，33（18）：57-62.

[184] 申志东．运用层次分析法构建国有企业绩效评价体系［J］．审计研究，2013（02）：106-112.

[185] 赵宗福，孙发平，苏海红等．青海蓝皮书2012年青海经济社会形势分析与预测［M］．社会科学文献出版社，2012：92-102.

[186] 林玟均．青海大学构建“东西南北中”服务社会科研框架［N］．青海日报，2012-1-6.

[187] 董少兰．绿色经营的生态伦理追求［D］．西安：陕西师范大学，2011.

[188] 马瑞先．基于循环经济的企业生态化发展模式研究［D］．哈尔滨：哈尔滨工程大学，2008：114-157.

[189] 尹坚．工业园产业生态化评价指标体系及其升级路径研究［D］．镇江：江苏大学，2013：43-51.

[190] 曲向荣．产业生态学［M］．北京：清华大学出版社，2012：195-199.

[191] 吴群英，汪少华．产业群生态化模式研究及实证分析［J］．科技进步与对策，2006（3）：22.

[192] 袁增伟，毕军，张炳，等．传统产业生态化模式研究及应用［J］．中国人口资源与环境，2004，14（2）：108-111.

[193] 张承亮．青海柴达木循环经济试验区产业生态化研究［D］．西宁：青海大学，2013：37-43.

[194] 王建军．企业管理学［M］．青海：青海人民出版社，2008：97.

[195] 张欲非．区域产业生态化系统构建研究［D］．哈尔滨：哈尔滨工业大学，2007：42-60.

［196］周哲．生态工业复杂适应系统研究［D］．北京：清华大学，2005：66-97.

［197］尹婷婷．从产业招商到产业链招商［N］．成都日报，2014-3-23.

［198］袁增伟，毕军．生态产业共生网络形成机理及其系统解析框架［J］．生态学报，2007（8）：3182-3188.

［199］彭涛．工业共生效益分析—以九发工业园为例［J］．生态经济，2007（5）：172-175.

［200］吴群英，汪少华．产业群生态化模式研究及实证分析［J］．科技进步与对策，2006（3）：22.

［201］舒建玲．以生态产业推动我国循环经济的发展［J］．生态经济，2008（6）：135-139.

［202］耿馄．产业集群生态化发展模式探索—以苏南地区为例［J］．宏观经济管理，2006（5）：60-62.

［203］危旭芳．生态产业集群的基本模式及其构建路径［J］．江西社会科学，2008（5）：194-199.

［204］韩良．典型生态产业园区发展模式及其借鉴［J］．地理科学，2006（2）：237-243.

［205］王志．产业集群生态化发展研究［D］．中国海洋大学，2008：3-12.

［206］路琨．面向工业园区的循环经济理论与方法研究［D］．天津：天津大学，2007.

［207］蓝庆新．卡伦堡循环经济工业园区启示［J］．中国国情电力，2006（2）：55-57.

［208］周兵，黄志亮．论国外循环经济理论及实践［J］．经济纵横，2006（4）：40-46.

［209］蓝庆新．来自丹麦卡伦堡循环经济工业园的启示［J］．环境经济，2006（4）：60-63.

重要术语索引表

后 记

本书基于本人主持完成的国家社科基金项目“柴达木循环经济试验区产业生态化问题研究”（13BJY001）、青海省软科学研究计划项目“新常态下青海省产业转型升级研究”（2016-ZJ-606）。项目顺利通过鉴定后，汲取了课题鉴定专家的建议，深入开展了全产业领域的研究，最终在“青海省两级财政专项——应用经济学重点学科建设项目”的支持下，得以出版此书。在课题研究和出书过程中，得到了青海省社会科学规划办的指导和帮助，得到了青海省科技厅、青海大学和财经学院的大力支持，特此予以感谢。

感谢青海师范大学王士勇教授、王小梅教授，青海民族大学郭华教授、徐建龙教授、李毅教授，青海省委党校杨浩然教授、严维青教授、马桂芳教授，青海省社科院马生林研究员、朱华研究员，青海经济研究院李勇研究员、戴鹏副研究员对课题报告提出的宝贵建议。

感谢青海师范大学张剑勇教授，青海大学财经学院曲波教授、张小红教授，在原课题研究过程中的支持与贡献。

感谢硕士研究生程昱翔、李志霞、齐行义、康艺铷、寇修德、尹小金、赵司楠、李娜等学生在资料收集、数据测算等过程中的帮助。

感谢青海省工信厅、省科技厅、省生态环境厅、省统计局、省市场监督局、柴达木国家级循环经济试验区在数据、资料方面提供的支持；感谢西部矿业、西宁特钢、盐湖集团、瀚海集团等公司在调研方面给予的帮助。

感谢中国经济出版社冀意老师的辛勤工作。

感谢本人参阅过的相关文献的作者。

基于生态文明建设引领的产业转型升级研究，任重而道远，对青海而言尤甚。2020 年 8 月，在全省生态环境保护警示教育大会上，青海省委书记“不保护好生态，青海在全国还有什么地位？不履行好责任，青海怎么向党和人民交代？不发掘好潜力，青海的未来有何出路？”的三问振聋发聩，因此，不断地把方向、找思路、学方法，最大限度地担起“为青海的绿水青山、金山银山站好岗放好哨”的责任，走生态优先、绿色发展的路子，探索让生态资产价值成为可持续发展的资本之道，对本人来说义不容辞。希望本书能为相关研究提供参考。同时，衷心希望各位先达与同行们对本书的不足之处进行批评指正。

王建军
于青海大学
2020 年 12 月 4 日